HISTOIRE MILITAIRE
DE
REDON

AVEC NOTICES SUR

Le Pont de Rieux — Accles — Beaumont — Beaubois et Renac
Le Plessix-Raoust — Les châteaux de Rochefort et Rieux
La croix d'Acclés

PAR

J. TRÉVÉDY

Ancien président du Tribunal de Quimper

Vice-président honoraire de la Société Archéologique du Finistère

REDON

IMPRIMERIE L. CHESNAIS, RUE THIERS

CAILLIÈRE, ÉDITEUR, 5, PLACE DU PALAIS, RENNES

Contraste insuffisant
NF Z 43-120-14

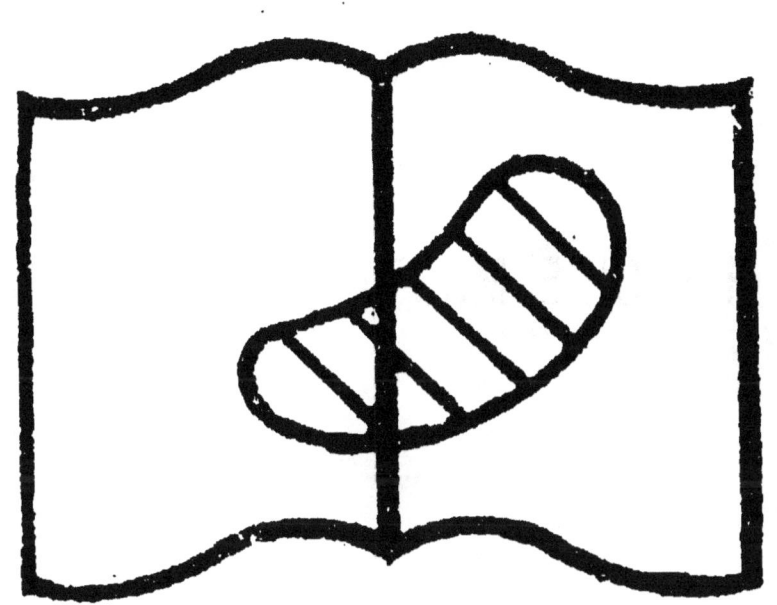

Illisibilité partielle

HISTOIRE MILITAIRE DE REDON

DERNIERS VESTIGES DES MURS DE REDON

HISTOIRE MILITAIRE
DE
REDON

PAR

J. TRÉVÉDY

Ancien président du tribunal de Quimper

Vice-président honoraire de la Société archéologique du Finistère

REDON

Imprimerie L. CHESNAIS, Rue Thiers

CAILLÈRE, Editeur, 8, Place du Palais, Rennes.

1898

En 1864, M. l'abbé Jausions, depuis bénédictin, a publié l'*Histoire abrégée de la ville et de l'abbaye de Redon* ; mais il s'est borné à l'histoire religieuse et civile. J'essaie de compléter ce travail en disant l'*histoire militaire* de Redon. Puissent les pages qui suivent offrir au lecteur le même intérêt que le livre de mon prédécesseur !... Mais je n'ose l'espérer.

Du moins puis-je dire qu'au cours de ce travail j'ai éprouvé un sentiment analogue à celui qui anima l'abbé Jausions. Enfant de Redon, élève du collège St-Sauveur, l'abbé offrait son livre à la ville et au collège en hommage de piété filiale. Attaché comme substitut au tribunal de Redon, j'ai trouvé dans cette première résidence d'aimables relations et de réconfortantes amitiés qui, après plus de trente années, me restent toujours chères. J'offre mon travail à Redon en preuve de mon fidèle et reconnaissant souvenir.

J. TRÉVÉDY,
Ancien président du tribunal de Quimper.
Vice-président honoraire de la Société archéologique
du Finistère.

Extrait du *Journal de Redon*

HISTOIRE MILITAIRE DE REDON

Chapitre Ier

ORIGINES -- JUSQU'AU XIVe SIÈCLE

I.

La ville de Redon doit son existence à l'abbaye Saint-Sauveur. Non que l'abbaye ait fondé la ville par un acte d'autorité ; c'est au contraire la ville qui, comme il s'est fait ailleurs (1), est spontanément venue s'abriter sous les murs et le patronage de l'abbaye.

En 832, Ratuili donna à saint Convoïon l'angle qu'enserrent la Vilaine et l'Oust au-dessus de leur confluent ; et cette donation fut confirmée, l'année suivante, par Nominoë, au nom de Louis le Débonnaire. Ce territoire, qui, après plus de dix siècles, forme exactement la commune de Redon, était alors coupé de bois et de prairies souvent couvertes par les eaux, et devait être presque désert. Mais les moines vont être agriculteurs, maîtres d'école, civilisateurs ; et, comme sur tant de points de notre Bretagne, ils vont

---

(1). Ex. : en Bretagne : Quimperlé, Tréguier, Dol, St-Méen, etc.

exercer à Redon cette faculté d'*attraction* qui semble lui privilège.

La sainteté de Convoion et de ses successeurs, les reliques que garde leur église, les indulgences que l'abbaye a obtenues attirent les pèlerins : il faut que ceux-ci trouvent à la porte du monastère le vivre et le couvert ; et plus d'un retenu par un motif de dévotion y fixera sa demeure.

D'autres causes d'ordre tout différent concourront avec cette première cause à la fondation de la ville.

L'abbaye était exempte d'impôts et placée sous la protection du souverain (1): les habitants de la ville jouiront de cette exemption et de cette protection. Sans doute la sauvegarde religieuse ne les garantira pas de toute violence ; mais du moins la violence sera réprimée, comme nous le verrons bientôt. Enfin les vassaux de l'abbaye seront moins exposés aux entreprises hostiles que les vassaux d'une seigneurie laïque ; car les abbés ne sont pas de ces seigneurs batailleurs, qui, cherchant noise à leurs voisins, attirent sur leurs domaines de cruelles représailles.

Enfin le lieu est heureusement situé pour le commerce maritime ; or les ducs, renonçant pour eux-mêmes aux péages et impôts qui se lèvent sur les mar-

---

(1). V. rescrit impérial du temps de saint Convoion, c'est-à-dire antérieur à 868. Cartulaire de St-Sauveur publié par M. de Courson, Appendice p. 364.

Concurremment avec le Cartulaire je citerai souvent l'aveu rendu au Roi en 1580, par Paul Hector Scoti, abbé commendataire. Je dois la communication d'une copie de cet acte à M. Guihaire, ancien avoué à Redon, et je lui renouvelle ici mes remerciments. M. Guihaire, avec la patience scrupuleuse d'un bénédictin, a tiré de belles copies de titres de St-Sauveur ; et son cabinet est comme une *succursale* du chartrier de la célèbre abbaye.

chandises, les ont transigées à cause de la
modicité du tribut dont elle se contente (1) et
retient les commerçants.

Toutes ces causes concordantes assurèrent le rapide
accroissement de la ville. La preuve de cet accroissement se trouve dans les faits suivants.

II.

L'abbaye de Saint-Sauveur respectée une première
fois par les Normands, puis ravagée par eux, ne
se releva de ses ruines qu'après 868 (mort de saint
Convoïon). Or, moins de deux siècles plus tard (en
1062), les habitants de Redon sont assez nombreux et
se croient assez forts pour se soustraire à la légère
redevance jusque-là payée. Le duc Conan II passe à
Redon et l'affaire lui est soumise. Son conseil juge, et
la sentence nous montre bouchers, boulangers, cordon-
niers, selliers, corroyeurs, etc., exerçant leurs indus-
tries en ville (2).

Bientôt ces artisans comptent dans leur *clientèle*
(selon l'expression moderne) des bourgeois riches, possesseurs de maisons assez vastes pour recevoir le duc,
témoin « Barbotin surnommé Blanche-gueule » dont
Alain Fergent était l'hôte, quand il fut atteint de la

---

(1). Cette prérogative existait en 1026. — Cartulaire de Redon
publié par M. de Courson. Prolégomènes.

(2). Cartulaire. Prolégomènes, pr. LXVI et suivantes.

maladie qui détermina sa retraite à St-Sauveur. (1112) (1).

La même année, Conan III succédant à son père fait une riche donation à l'abbaye ; à cet acte solennel comparaissent comme témoins avec des nobles « nombre de bourgeois de Redon. » (2).

Un fait historique postérieur de quatorze années montre en même temps et la richesse des bourgeois de Redon à cette époque, et la protection donnée par le pouvoir souverain aux vassaux de Saint-Sauveur.

En 1126, Olivier de Pont-Château, Savari, vicomte de Donges, et d'autres entrèrent en armes « sur le domaine de l'abbaye » c'est-à-dire la ville et ses alentours, « se livrèrent au pillage, enlevèrent des vassaux et les mirent à rançon. » Ces vassaux ne sont assurément pas de pauvres paysans ; mais des bourgeois dont la bourse bien garnie peut racheter la liberté. Au premier appel de l'abbé, le duc Conan III accourt ; les envahisseurs se sont retranchés dans l'église, Conan les assiége, s'en empare, les emprisonne et il exige d'eux la réparation des dommages. (3)

Un peu plus tard, le géographe arabe Edrisi, qui écrivait dans la première moitié du XIIe siècle, nous montre en Redon une ville florissante et aisée puisque,

---

(1). Lobineau. Hist. p. 123. C'est aussi « in domo Barbotini Albæ Gulæ » que la donation de Conan fut dressée. Chr. latine de l'abbaye. Cit. de l'abbé Jausions, p. 57.

(2). « ... Multi de burgiensibus... » Cartulaire. Prolégomènes. — Mais il ne faut pas inférer de ces mots « une communauté municipale régulièrement constituée ». Abbé Jausions, p. 72. — « La municipalité de Guingamp, qui apparait vers 1380, et la première organisée en Bretagne (après la commune jurée de St-Malo) a tout l'air d'être sortie d'un germe semé par la main libérale de Charles de Blois. » M. de la Borderie. Règne de Jean IV. Revue de Bretagne. 1893 II p. 91-92.

(3). Lobineau, hist. 130, pr. col. 169.

dit-il « les maisons en sont jolies et bien habitées. »
Il est vrai qu'Edrisi ne reconnaît pas à Redon une
grande importance commerciale (1) ; mais ce renseignement, fût-il exact pour le XII° siècle, (ce qui peut
sembler douteux), avait cessé de l'être avant la fin du
XIII°.

C'est ce que va démontrer l'acte qui suit.

En 1289, l'abbé de St-Sauveur et le « commun des
bourgeois de Redon », représentés par l'un d'eux,
Raoul Benoist, plaident ensemble contre le seigneur de
Rieux. L'objet du litige est l'entretien d'une des portes
du pont de Rieux dite *porte Redonense*. C'était celle
qui s'ouvrait pour le passage des navires montant à
Redon ou en descendant. (2)

Et ces navires étaient en grand nombre ! C'est au
point que, dans une enquête faite vers l'année 1400, plusieurs témoins déposent qu'une seule marée amenait
souvent dans le port cent cinquante navires chargés. (3)
Que beaucoup de ces navires fussent de grosses barques,
c'est probable ; du moins le nombre des arrivages est-il
la preuve d'un commerce actif ; et les mêmes témoins
déposent que les marchandises encombraient les rues
laissant à peine le passage libre aux cavaliers.

Ces renseignements nous montrent en Redon un des
principaux entrepôts de la Bretagne.

---

(1). Géographie d'Edrisi. Cité par M. de Courson.

(2). Blancs Manteaux n° 46. p. 529. Cité par M. de Courson.
Redonensis, dont *Redonense* semble la traduction, veut dire *de
Rennes* ; et *Rotonensis*, du vieux mot *Roton*, veut dire *de Redon*.
Dans l'espèce, M. de Courson a pris *Redonense* au sens de *Redonnaise*.
Peut-être le texte porte-t-il *Rodonense* comme il porte *Rodon* ?

(3). Monasticon benedictinum. Cité par M. de Courson.

On voit que pour Redon, comme beaucoup d'autres villes, il avait fait bon, selon le proverbe allemand, vivre sous la crosse. (1)

Mais le document que nous citons se réfère à l'époque antérieure aux guerres de Blois et de Montfort ; il ajoute que « dès le début de ces guerres, le commerce commença à diminuer... » Nous verrons pourtant que, après la guerre commencée, entre 1342 et 1350, le commerce était encore si actif, qu'une imposition de 12 ou même de 8 deniers par livre de marchandise vendue fut la principale ressource pour la construction des murs de la ville.

La paix tardive de 1364 ne rendit pas l'essor au commerce breton.

La victoire d'Auray a fait Jean IV maître plus absolu que ne furent ses prédécesseurs : « fort avide, toujours à sec de finances et grand inventeur de gabelles et subsides » (2), ajoutons : harcelé d'exigences par *ses amis* les Anglais, il frappe de taxes « les particuliers et les marchandises. » Ce n'est pas le moyen de rendre l'activité au commerce maritime.

Vers le temps où Redon voyait diminuer son importance commerciale, il allait, par une sorte de compensation, (insuffisante il est vrai) acquérir l'importance militaire.

---

(1). M. de Courson. Prolégomènes.
(2). Expressions d'Hévin : *Questions féodales*, p. 76 et 77. Hévin n'aime pas Jean IV... (Ni moi non plus ; je tiens pour Jeanne de Penthièvre). Mais il faut être juste et tenir compte à Jean IV des exigences des Anglais. Vingt années de pillage ne les avaient pas rassasiés, et ils exigèrent de Jean IV, une somme totale de seize ou dix-sept millions (*au minimum*) de notre monnaie. Il faut dire aussi que postérieurement Jean IV favorisa le commerce et la marine. M. de la Borderie. *Règne de Jean IV*. Revue de Bretagne... 1893. II. p. 83-84.

III.

A l'époque romaine, c'est-à-dire il y a deux mille ans, la vallée de la Vilaine devant Redon était marécageuse et en partie couverte par les eaux (1) ; elle eût été infranchissable si elle n'avait été coupée par une chaussée qui, dès le commencement du XIIe siècle, portait comme aujourd'hui le nom de St-Nicolas (2). On peut croire que cette chaussée se prolongeait à travers le lit de la Vilaine en un radier ou pavé, sur lequel, aux heures de basse mer, la rivière était guéable. C'est sans

---

(1). Aucun doute sur ce point. — On peut voir un souvenir éloigné de cet état ancien dans le nom de *Grande mer* donné par l'aveu de 1580 à une partie de la rivière entre Brains et Massérac. (La copie de l'aveu qui m'a été communiquée dit *Messac* ; mais il faut de toute nécessité lire *Massérac*, ou, selon l'orthographe ancienne, *Macerac*.

Au commencement de notre siècle, cette plaine portait encore le nom de *vieille mer* ; et aujourd'hui on la nomme les *Iles de Brains*, en mémoire sans doute des découpures qu'y faisait autrefois la Vilaine, divisée en plusieurs bras.

Il reste deux vestiges de cette *vieille grande mer*: Le lac Murin (commune d'Avessac) et le lac de Gannedel au bout ouest de Brains, qui devait s'étendre sur la plaine basse de Renac jusqu'au pont de St. Julien. — (Rens. fourni par M. Thélohan, ancien maire de Redon).

Lors de la construction du canal entre Redon et St-Nicolas, il fut trouvé à une grande profondeur des débris que l'on jugea être les restes d'une galère romaine. — A la même époque, à la place de l'écluse de St-Nicolas, on trouva dans les vases un moulin du moyen-âge. (Je tiens ces renseignements de M. O'Neil, employé aux travaux des ponts et chaussées.) — Lors de la construction du remblais du chemin de fer entre Redon et Cado (1857), j'ai vu sortir des vases un mât de navire. Pour juger de la rapidité avec laquelle la vallée se surélève, il suffira de remarquer que les apports des vases ont presque nivelé l'ancien lit de la Vilaine détournée, il y a un siècle, en 1785, entre la Belle-Anguille et Redon.

(2). La chaussée est signalée sous ce nom en 1127. C'est « au bout de la chaussée en vue de Redon » qu'Olivier de Pontchâteau vint faire amende honorable à l'abbé. Lobineau, p. 131 et pr. col. 166. Ci-dessus p. 4.

douté ce gué qui, avant la fondation de l'abbaye avait fait donner au lieu le nom de *Roton* (en breton *gué*), nom qui est devenu *Rodon*, (1) puis enfin *Redon*.

Plus tard, le gué fut remplacé par un pont de bois. Est-ce l'abbé de Redon qui en fut le constructeur ? C'est ce que nous ne pouvons dire ; mais du moins est-il certain que c'est l'abbé qui, au XV⁰ siècle, (2) remplaça le vieux pont de bois par un pont de pierres qui a subsisté jusqu'à nos jours (3).

Le pont de Redon avait une extrême importance.

La voie romaine allant directement de Nantes à Vannes franchissait la Vilaine au Gué de l'Ile près de la Roche-Bernard. C'est vers ce point que César a passé la Vilaine, si jamais il l'a passée. (4) Mais ce n'est pas là que les Romains pouvaient jeter un pont. Lorsqu'ils eurent construit à quelques kilomètres plus haut un pont devant Rieux, la voie qui passait sur ce pont venant de Nantes à Blain pour gagner Vannes, se trouva être sinon la plus courte, du moins la plus commode de Nantes à Vannes (5).

Or les deux ponts de Rieux et de Redon ont été

---

(1) L'acte de 1089 cité plus haut porte *Rodon*. Ci-dessus p. 5.

(2). Morice, hist. II. p. XIV.

(3). Le pont menaçait ruine en 1855, et dès cette époque on en demandait la reconstruction : elle s'est faite entre 1865 et 1870.

(4). Sur ce point M. Kerviler (*Armorique et Bretagne*. I. p. 118).
M. de Courson (Carte de Bretagne du Cartulaire) a tracé par ce point la route suivie de Nantes à Vannes par les légions de César. Plusieurs pensent aujourd'hui que le théâtre de sa victoire sur les Vénètes est la plaine alors maritime au-dessous de Guérande.

(5). La route pour laquelle le pont semble avoir été construit était celle d'Angers par Candé, Blain, Allaire et Vannes ; mais elle rencontrait à Blain la route de Nantes à Rennes. (M. Kerviler, p. 259).

pendant plusieurs siècles et jusqu'à nos jours les seuls jetés sur la Vilaine au-dessous de Messac.

Le pont de Rieux avait un avantage : situé au-dessous du confluent de la Vilaine et de l'Oust, il faisait passer en même temps les deux rivières. Au contraire le pont de Redon étant au-dessus du confluent, le voyageur de Nantes à Vannes une fois entré à Redon trouvait devant lui l'Oust qu'il devait passer en bateau ; mais le pont de Redon mettait Nantes en communication directe avec le pays au nord de l'Oust.

Le pont de Redon allait prendre encore plus d'importance quand il se trouva seul, après la ruine du pont de Rieux, vers le milieu du XVIe siècle (1).

Ainsi s'explique l'importance stratégique de Redon aux siècles passés.

A l'époque de sa grande prospérité, c'est-à-dire jusque dans la première moitié du XIVe siècle, la ville de Redon n'était pas close de murs. C'est ce que nous apprend un vénérable redonnais alors centenaire, Guillaume Le Lambert, entendu comme témoin dans une enquête faite en 1408 (2).

---

(1). 1542 est la date donnée par Ogée qui, par malheur ne dit pas où il l'a prise (v° *Rieux*). Il est du moins certain que le pont subsistait encore en 1484 : (le duc François II en saisit le péage) ; mais il était en mauvais état. (Lettres du duc, 8 octobre 1484. Morice. Pr. III, col. 457).

(2). Blancs Manteaux N° 46, p. 559. Cité par M. de Courson.

Chapitre II.

LES MURS DE LA VILLE

C'est seulement au milieu du XIVe siècle, au cours des guerres de Blois et de Montfort, qu'un abbé de St-Sauveur, Jean de Tréal, construisit, dans les circonstances que nous dirons bientôt, les murs dont nous voyons aujourd'hui les restes.

Un auteur a écrit : « Redon était une ville fortifiée mais n'était pas une ville forte (2). » Ce jeu de mots exprime-t-il une idée juste, si l'on se réfère au XIVe siècle ? Je ne le pense pas.

Il est bien vrai que Redon n'a jamais été une place comparable à Brest, Concarneau, Vitré, Dinan et bien d'autres, mais, à l'époque où les garnisons éparpillées en nombre de places et de châteaux étaient nécessairement peu nombreuses (3), Redon offrait un avantage : l'exi-

---

(2). Ogée. II. art. *Redon*.

(3). En preuve, même pour la fin du XVIe siècle, voir dans *Documents sur la Ligue* (Bibliophiles bretons 1880) : Etats des garnisons royales en 1591, p. 90, et en 1595, p. 179.

guité de son enceinte qui était à peine de cinq hectares et demi.

Nous relevons cette mesure approximative sur un plan du dernier siècle (1788) conservé à la mairie de Redon. Ce plan figure les murs de la ville dans presque toute leur longueur, et indique la direction du reste qui, dès cette époque, n'existait plus : il donne aux murs un développement de moins de cinq cents toises ou mille mètres (474 toises, 948 mètres).

Les murs circonscrivent un polygône irrégulier enserré, dans le sens de la longueur, entre la Vilaine vers l'est, et une douve au fond de laquelle coulait un ruisseau vers le nord-ouest. La rue portant encore aujourd'hui le nom de *rue de la Douve* et le cours du ruisseau marquent l'emplacement de la douve et par suite celui du mur. (1) Suivant son cours naturel, le ruisseau longeait le mur tournant de l'ouest au sud et venait tomber dans la Vilaine au-dessous du pont, au point où le canal de Brest à Nantes entre aujourd'hui dans la rivière. La distance du mur ouest au rempart longeant la Vilaine est à peine de cent trente mètres.

Le plan figure trois portes et au moins deux poternes. La première porte s'ouvrait au nord-est, en avant de la belle tour avec flèche bâtie aux XIII° et XIV° siècles. Cette porte était dite *de Notre-Dame* ou *du Pesle* (2) ;

---

(1). L'abbé Jausions remarque (p. 35) que « les jardins qui bordent la rue des Douves sont composés de deux parties, l'une haute, l'autre basse. Cette terrasse, dit-il, est l'ancien mur de ville plus ou moins rasé. »

(2). L'annotateur d'Ogée dit à tort : *du Poêle*. Le Pesle était un domaine sur lequel a été bâtie la sous-préfecture actuelle. — « Domaine

parce qu'elle conduisait à l'église paroissiale, au faubourg de Notre-Dame et au domaine dit le Pesle ; — une autre s'ouvrait en face du pont, dite de *St-Nicolas* ou de *la Digue* ; — la troisième s'ouvrait au sud-ouest, au point où se trouve aujourd'hui le pont sur le canal au-dessus de son entrée dans la Vilaine ; cette porte était dite *de Ste-Anne* ou *d'Aucfer* ; elle donnait accès au faubourg Saint-Pierre par lequel sortait la route de Vannes qui passait l'Oust à Aucfer.

Une des poternes donnait accès à la Vilaine et aux moulins de l'abbaye, dits moulins *de Port-Nihan* (1) : elle s'ouvrait au bas de la rue actuelle des Moulins (2). Une seconde poterne s'ouvrait, à l'opposite, sur la douve et le ruisseau, près du *gouvernement*, au-dessous de la halle neuve. (3)

Enfin le plan semble figurer une troisième poterne dans le mur vers le sud-ouest, au bout d'une ruelle parallèle à la grande rue et venant du *gouvernement* au mur sud-ouest.

Le plan figure huit tours et deux bastions : la première défendant le mur nord, presque à l'angle nord ; — la seconde, un peu à l'est, accostant la porte Notre-Dame de-

---

proche le cimetière de l'église paroissiale... contenant quatre journaux. » Aveu de 1580. L'église N.-D. empruntait au voisinage de ce domaine le nom de Notre-Dame *du Pesle* (même aveu.

Cette porte est nommée *Porte neuve* dans l'aveu de 1580.

(1). Aveu de 1580 : — « Les quatre moulins de Port-Nihan ». En marge : « Il n'y a plus que deux moulins... Un moulin à draps. »

(2). Il y a quarante ans, on nommait cette ruelle indifféremment des *Moulins*, de *Port-Nihan* ou de la *Poterne*.

(3). Le *Gouvernement*, l'Hôtel où la ville logeait le gouverneur, aux derniers siècles. Quand les gouverneurs ne résidèrent plus, les villes leur payèrent une indemnité de logement.

vant la tour de l'église ; — la troisième dans le mur est, vers l'enclos actuel du collège Saint-Sauveur ; — la quatrième à l'angle sud est, au-dessous de la porte et du pont de Saint-Nicolas ; — la cinquième dans le mur sud ; — les trois autres le long du mur ouest au bord du ruisseau.

Il y avait eu autrefois quatre autres tours ; une accostant la porte Saint-Nicolas (1), une autre à l'angle de l'enclos Saint-Sauveur, au bord de la Vilaine ; (2) et deux autres aux angles du mur ouest vers le sud et le nord, remplacées par les bastions dont nous allons parler (3).

Le plan ne semble donner à aucune des tours la saillie très développée adoptée sous le duc François II et qui fait comme la transition entre les tours plus anciennes et les bastions du XVIe siècle.

C'est sans doute au XVIe siècle que les deux bastions figurés au plan furent substitués aux deux tours d'angle dont je viens de parler.

L'angle nord était la partie la plus exposée. C'est vers ce point que se présentait l'ennemi arrivant par le faubourg Notre-Dame, auquel accédaient comme aujourd'hui les routes de Rennes, Malestroit et Guer. (4)

---

(1) Elle est mentionnée dans l'aveu de 1580 : « Une maison dite la *Tour Guiho* joignant aux murailles près de la porte par où l'on va de la ville de Redon au port du dit lieu.... »

(2) Cette tour était sans doute ruinée dès 1788 : on en voyait encore quelques vestiges en 1855. La tour voisine subsiste encore très malheureusement masquée.

(3) Comme on le voit, les tours n'étaient distantes l'une de l'autre que que de 67 mètres en moyenne

(4) Nous devrions dire les routes de Rennes et Renac, car la route de Redon à Rennes ne passait pas comme aujourd'hui par Renac : nous en avons la preuve dans cette énonciation de l'aveu de 1580. « Art. St-Gilles, la frairie de St-Gilles. — Le village de *la Porte* entre le chemin qui conduit de Redon à Rennes et le chemin de Redon à Renac. » *La Porte*, qui existe encore, était donc près de l'embranchement.

Aussi est-ce vers ce point que les défenses étaient le plus multipliées.

N'oublions pas que hors de la ville le plan nous montre le pont défendu de l'autre bord de la Vilaine par une tête de pont formée d'une porte garnie sans doute d'un pont-levis et de quelques défenses. Cette porte se nommait porte de *la Mée,* du nom du pays de la Mée auquel elle donnait accès. (2)

Le mur n'avait de défense naturelle que du côté de la Vilaine qui en baignait le pied ; même en été, aux heures où le flux surélève les eaux, la Vilaine est profonde ; à basse mer, les vases liquides sur lesquelles elle coule rendent son lit difficile à franchir.

De l'autre côté, le ruisseau assez abondant quand il reçoit, en hiver, les eaux des collines dont il longe le pied, devait nécessairement remplir le fond de la douve. Mais il est probable que quelque barrage établi à l'angle nord partageait les eaux du ruisseau, et en détournait une partie dans la douve profondément creusée de ce point à la Vilaine entre Saint-Sauveur et la promenade actuelle. Redon devenait ainsi une île entourée par la Vilaine et les deux bras du ruisseau ; et, avec les moyens d'attaque en usage autrefois, il suffisait de peu de monde pour défendre une place de dimension si réduite.

---

(1) « La Mée, en latin *Media*, pays du Nantais, ainsi nommé à cause qu'il se trouve entre les rivières d'Erdre et Loire. » (Lobineau pr col. 1806). — Il faut ajouter . . . et Vilaine. » — La Mée formait au XIIIe siècle une juridiction dont Geoffroy de Châteaubriant était sénéchal en 1201 et 1205. (Lobineau, p. 182 et 192.) La Mée a formé aussi un archidiaconé de l'évêché de Nantes. (Carte de Bretagne au cartulaire de Redon).

Le nom de la Mée s'est conservé dans celui d'une commune du canton de Bain, *Ercé-en-Lamée,* voisine de la Mée et qui a fait anciennement partie de la *Mée.*

Chapitre III.

GUERRES DE BLOIS-MONTFORT (1342-1364)

I.

L'histoire militaire de Redon, comme celle de plusieurs autres villes bretonnes, ne commence qu'aux guerres de Blois-Montfort.

Nous avons dit que, avant cette époque, la ville n'était pas enceinte de murs ; peut-être (mais c'est douteux) était-elle, comme d'autres villes à cette époque, entourée de quelques ouvrages de défenses, par exemple de « palis avec fossés » ; et il semble que l'abbé de Saint-Sauveur et les habitants en avaient la garde. (1)

Lorsque s'ouvrit la question de la succession de Bretagne, l'abbé Jean de Tréal se déclara pour Jeanne de Penthièvre (2).

---

(1). C'est ce que nous verrons plus loin.

(2). Jean de Tréal n'est pas compris dans la liste donnée par l'abbé Jausions (Note C. p. VII à XIV), et qu'il a empruntée à D. Morice. C'est une omission de l'imprimeur. On remarque (p. XII) l'absence du n° XXXIV Toutefois Jean de Tréal doit être placé non sous le n° omis, mais sous le n° XXXIII donné à son successeur Mathieu Le Bar.

Dès le début des hostilités, Redon eut une vive alerte. Aux premiers mois de 1342 (1), du haut de leur terrasse, les religieux aperçoivent un navire remontant la Vilaine et une flotille qui le suit. Le navire entre dans le port et Louis d'Espagne débarque en hâte avec une poignée d'hommes ; il est blessé, il annonce que les Anglais ont détruit son armée « aux champs de Quimperlé ; » et que les navires qui vont arriver sont chargés d'Anglais. Il s'empare de tous les chevaux qu'il peut trouver et part à toute bride vers Rennes. Quelques heures après, Gautier de Mauny et ses Anglais débarquent à leur tour, et traversent la ville à la suite de Louis d'Espagne ; mais, désespérant de l'atteindre, ils reviennent le soir à Redon, pour s'embarquer le lendemain. (2) On ne dit pas que les Anglais aient pillé la ville : Mauny sans doute ne leur en laissa pas le loisir, tant il était impatient de retourner à la guerre. (3)

Mais les Anglais ont flairé un facile et opulent butin. Peu après Mauny, voici venir, avec ses terribles *routiers*, Hue de Caverlé, qui sera un des tenants Anglais du combat des Trente (1351). L'abbé et les bourgeois

---

(1). Cette date est donnée approximativement par la date du second siège d'Hennebont (Juin 1342) qui est postérieur à la défaite de Louis d'Espagne. Lobineau p. 328.

(2). Lobineau, p. 325.

(3) Ce chef célèbre se nommait en réalité *Masny* ou *Masni*, et il était du Haynault, (Siméon Luce. Hist. de du Guesclin, p. 44.) Froissard l'a inexactement nommé Mauny, et de là une confusion avec les Mauny, cousins de du Guesclin, et, comme lui, fidèles à Charles de Blois.

Levot a admis Gauthier de Mauny dans sa *Galerie Bretonne* ; et une *Géographie historique des Côtes du nord*, qui fait partie de l'enseignement officiel des écoles, nous révèle (p. 92) que Charles de Blois « pour se venger » des exploits de Mauny, en 1342, « fit l'année suivante, raser le château de Mauny, (comm. de Landehen.) » — Imaginations !

essaient en vain de résister ; et, quelques jours plus tard, la nouvelle est portée à Charles de Blois que « Redon et Malestroit ont été emportés de vive force ». A quoi le prince répond : « Béni soit Dieu de tout ce qu'il nous donne ! » (1).

Ce renseignement consigné au procès de canonisation de Charles de Blois va nous permettre de fixer la date de la venue de Caverlé.

Caverlé pilla la ville et l'abbaye, emmena l'abbé prisonnier et lui imposa une lourde rançon garantie par de nombreuses cautions, et qui n'était pas encore acquittée quand la guerre finit, vingt-deux ans plus tard. Il semble même que Caverlé songeait à fortifier l'abbaye pour s'y établir ; mais il courut à d'autres pillages, laissant la ville en la possession de Charles de Blois.

Dans ce fait, les historiens ont vu sans doute — et avec raison — un acte de brigandage plutôt que de guerre : c'est pourquoi peut-être ils n'en parlent que incidemment et sans en donner la date (2). Cette date nous pouvons l'inférer avec certitude du document que nous venons de citer.

Nous voyons en effet que la prise de Redon par Caverlé et l'occupation de Malestroit par le Roi d'Angleterre sont du même temps. Or, quand il devint maître de Malestroit, le Roi Edouard venait de prendre terre à Brest, où l'évêque de Cornouaille vint le saluer, le 4 novembre 1342,

---

(1). P. V. de l'enquête de canonisation XXII⁰ témoin. Thibaud de Blossac, chevalier. Lobineau. Pr. col. 552... « Vi captas... » Ces mots permettent de croire à un essai de résistance.

(2). Lobineau p. 376.

et il allait mettre le siège devant Vannes dans le courant du même mois. (1)

C'est donc aux premières semaines de novembre que Caverlé surprit Redon. (2)

La captivité de Jean de Tréal ne dut pas être longue : sa rançon une fois promise et cautionnée, Caverlé n'avait aucune raison de le retenir.

Jean de Tréal et les bourgeois de Redon avaient accueilli leur disgrâce avec moins de résignation que Charles de Blois ; ils pouvaient prévoir le retour de ces violences : aussi le premier soin de l'abbé, d'accord avec les bourgeois, fut-il de commencer « à clore la ville de fortes murailles et de bons fossés pour oster le moyen aux ennemis de la surprendre : une contribution de douze deniers par livre sur les marchandises débarquées à Redon fut consentie par les habitants. » (3)

Telle fut l'activité apportée à la construction que, dès 1350, le Roi nommait Jean, sire de Rieux, « capitaine du chastel de Redon ». Le sire de Rieux devait y entretenir 29 hommes d'armes et 30 archers, dont le nombre

---

(1) Lobineau p. 330 ;

(2) Que la captivité de Jean de Tréal ait suivi de près le début de la guerre, cela est rendu certain : 1° par un des chroniqueurs de Saint-Sauveur ; il dit : « Ceux de Redon furent *des premiers* qui se ressentirent des malheurs du temps » ; 2° par ce fait : remis en liberté l'abbé eut le temps de clore la ville avant 1350.

Une lettre du pape Innocent écrite en 1355 mentionne la captivité de l'abbé mais sans en donner la date. (*Gallia Christiana* XIV. p. 954.).

Hue de Caverlé combattit aux Trente en 1351, fut pris à Montmuran en 1354 (Lobineau p. 347) ; prit du Guesclin à Juigné du Maine à une date non précisée (id. p. 364) et lui imposa une rançon de 30.000 écus.

C'est le traité passé entre le duc Jean IV et Jean de Tréal, en 1364, qui nous révèle le nom de Caverlé — Voir au chap. suivant.

(3) Monasticon benedictinum. Cité par M. de Courson. Le témoin Guillaume Le Lambert dit *huit* deniers. v. Chap. 1er. p. 6 et 9.

allait être augmenté en 1355. Le Roi, par lettre du 4 février 1351, assura à Jean de Rieux une rente de 600 livres (1) ; et celui-ci, pour subvenir aux frais de la guerre, n'hésitait pas à engager aussitôt sa terre de Rieux. (2) Voilà le dévouement, ou si l'on veut employer une expression moderne, le *patriotisme* de nos preux bretons !

II.

La maison de Rieux est des plus illustres de Bretagne ; ses possessions étaient voisines de Redon ; son histoire est souvent mêlée à celle de la ville. Pour ces diverses raisons, il nous semble permis de dire ici quelques mots des sires de Rieux.

Le capitaine de Redon dont nous parlons est Jean Ier du nom. Son fils, Jean II, sera maréchal de France ; le fils puiné de Jean II, Pierre, succédera à la dignité de son père ; le frère ainé de Pierre, Jean III, fidèle au duc Jean V, en 1420, mourra avant d'être parvenu aux honneurs ; mais son fils François sera lieutenant général du Roi, épousera Jeanne de Rohan, petite fille du duc Jean IV, et sera père de Jean, maréchal de Bretagne, tuteur de la duchesse Anne.

Voilà pour l'illustration de la maison de Rieux, aux XIVe et XVe siècles ; voici pour sa puissance territoriale.

La seigneurie était très ancienne puisqu'elle est nommée

---

(1) Le P. Anselme. Gén. de Rieux. VII. p. 764.
(2) Le 12 mars 1352, le roi lui donnait 2000 écus d'or pour l'aider à la dégager. P. Anselme. VII. p. 764

dans un acte de l'année 1021. Elle avait son chef lieu au château de Rieux qui fut la résidence ordinaire de Alain le Grand après ses victoires sur les Normands. (1)

Bornée au sud ouest par le ruisseau affluent de la Vilaine qui sépare aujourd'hui les communes de Béganne et Péaule, elle s'étendait jusqu'à la Vilaine et l'Oust, divisée en deux châtellenies : Rieux et Peillac ; de plus, sur la rive gauche de la Vilaine devant Rieux, elle possédait la châtellenie de Fégréac : la seigneurie comprenait en tout quinze paroisses. (2)

Tels étaient les domaines du sire de Rieux, en 1295, quand il reconnut devoir cinq chevaliers à l'*ost* du duc.(1)

Cette déclaration était passée par Guillaume de Rieux, père de Jean 1er, capitaine de Redon. Au lieu de cinq chevaliers, le fils de Jean 1er, Jean II, maréchal de France, reconnaitra bientôt en devoir seize. Le mariage du futur maréchal avec l'héritière de Rochefort, baronne d'Ancenis et vicomtesse de Donges, lui avait apporté ces trois seigneuries comprenant quarante cinq paroisses ; et faisait de lui un des plus grands seigneurs de Bretagne. De ce moment, les Rieux seront du nombre des seigneurs bretons que les Rois de France essaieront de gagner à leurs intérêts, et ils n'y réussiront que trop !

---

(1) Lobineau p. 69, 70.
Le Cartulaire. (p. 375.) montre Alain à Rieux, en 888. On a dit qu'il avait été couronné dans l'église d'Allaire en 878.

(2) M. de la Borderie, Géographie féodale de la Bretagne.

(3) Lobineau, pr. Col, 438. La déclaration du seigneur de Rieux est rangée sous la baillie de Nantes, à cause de Fégréac, bien que le chef lieu et le corps principal de Rieux fussent en Broerec ou Vannes.

III.

Jean 1ᵉʳ de Rieux chargé de garder Redon pour Charles de Blois avait épousé Isabeau, sœur d'Olivier de Clisson, ardent partisan de Jean de Montfort ; et, comme il arriva plus tard, au temps de la Ligue, (1) les deux beaux-frères servaient avec un égal dévouement dans les camps opposés.

Guerroyant ailleurs en ce moment, Jean de Rieux n'entra pas tout de suite en possession de la capitainerie, ou il ne put exercer le commandement en personne ; du 1ᵉʳ avril au 6 juin 1352, le « chastel de Redon » fut gardé par un capitaine nommé Thobie La Rage, « écuyer génevois » ; (2) Baude Doria, amiral de Bretagne, l'avait « préposé à la garde et sûreté de la place avec quatorze autres écuyers suffisamment montés et armés, Guillaume Gandoufle, connétable des arbalétriers et quarante-neuf autres arbalétriers de sa compagnie. » (3)

Au printemps de 1352, Guy de Nesle maréchal de France, capitaine général pour le Roi en Bretagne, Maine, Anjou, et « lieutenant général de Monsieur et Madame de Bretagne », préparait l'expédition qui allait

---

(1) Il suffira de rappeler le combat de Loudéac (mars 1591) où Saint Laurent, lieutenant de Mercœur, avait affaire à son beau-père, le marquis de Coetquen, et son beau-frère le comte de Combourg, qui fut tué.

(2) C'est-à-dire *suisse*, à moins qu'il ne faille lire *génois* ou selon la forme ancienne *gennois*, ce qui semble assez probable.

(3). Certificat donné par Baude Doré (Doria) le 26 février 1352 (v. s.) Morice pr. I. col. 1485.

se terminer par le combat de Mauron (14 août) où lui-même allait périr. Il nommait « lieutenant au pays de Redon et de la Mée, Bonabès de Rougé, sire de Derval, » (1) et il chargeait celui-ci de recevoir de Thobie la Rage le chastel de Redon. (2)

La garde de la ville fut confiée à Geffroy de Coesmes, qui l'exerçait, à ce qu'il semble, sous l'autorité de Jean de Rieux.

En 1354, Jean de Rieux et Pierre Angier, tous deux chevaliers, prennent ensemble le titre de « gardes et capitaines de la ville de Redon et des pays environnans. » Ils ont sous leurs ordres des « gens d'armes et de pié » assez nombreux pour que les gages d'un mois s'élèvent à la somme considérable pour le temps de six cents livres. (3)

Jean de Rieux avait sans doute encore le titre de capitaine de Redon, quand il mourut à Paris, le 7 août 1357. A ce moment, la place était toujours aux mains de Charles de Blois et des Français ; et elle allait leur rester jusqu'après la bataille d'Auray (29 septembre 1364).

En construisant le mur de ville, Jean de Tréal avait sauvé la ville d'une seconde visite des routiers anglais, (4) ; après la guerre, nous allons voir l'abbé acquérir encore d'autres titres à la reconnaissance de Redon.

(1) Bonabès de Rougé, sire de Derval, fut fait prisonnier à Poitiers, le 19 septembre 1356. — Les deux seigneuries avaient été réunies par le mariage d'Agnès, dame de Derval (1275).

(2). Morice Pr. I Col. 1485.

(3) Morice Pr. I. col. 1497. Quittance donnée par eux, le 6 août 1355.
Dans l'histoire de Lobineau, p. 348 il a été imprimé « Jean sire de Raiz », au lieu de Rieux.

(4) Chronique de l'abbaye. Cité par M. de Courson. Prolégomènes, p. LV et suiv.

Chapitre IV.

RÈGNE DE JEAN IV (1364-1399)

I.

Après la défaite et la mort de Charles de Blois, le comte de Montfort parcourut la Bretagne recevant ou emportant la soumission des villes. (1)

Le 8 octobre, il approchait de Redon. Jean de Tréal sortit au devant de lui avec quelques religieux et les principaux bourgeois et fit fermer la porte derrière eux. Le comte arrive et voit la porte close. Qu'est-ce à dire ? Que l'abbé et la ville ne se rendent pas au vainqueur ; mais qu'ils entendent traiter avec lui. (2)

L'abbé expose leurs conditions ; que le comte les re-

---

(1) Quimper seul résista. C'est en cette occasion que les bourgeois furent consultés sur la capitulation, et non en 1342 (Abbé Jausions p. 75.) Vers cette époque, Quimper fut assiégé et pris d'assaut en 1344, par Charles de Blois, et assiégé en 1346 par Jean de Montfort qui leva le siège.

(2) L'exact Lobineau marque la différence : (p. 379). « Le sire de Malestroit *rendit* sa ville .. Le comte *traitant* avec l'abbé... » Cette scène dut se passer en avant de la porte Notre-Dame vers le passage à niveau du chemin de fer. Montfort venait de Malestroit. Sa route est ainsi jalonnée ; Auray, Malestroit, Redon, Jugon, Dinan, enfin Quimper.
(Lobineau hist. p. 376—377.

pousse, la porte ne s'ouvrira pas. Sans doute l'abbé et les bourgeois ne tenteront pas une résistance armée : ce serait folie ; mais ils contraindront le comte à forcer leur porte : extrémité qu'il doit tenir à éviter.

La chronique de l'abbaye attribue à l'éloquence de l'abbé les conditions avantageuses auxquelles souscrivit Montfort ; mais il semble que Jean de Tréal pouvait les obtenir sans trop de peine : le duc Jean III avait laissé Redon ville ouverte, Jean de Tréal rendait la ville close.

Quoiqu'il en soit, voici le traité qui nous a été conservé : (1)

« L'abbé et convent, et les nobles, bourgeois et habitans hommes et sujets de la ville ont juré et promis tenir et garder bien et loyaument la ville en nom et pour le duc et ses hoirs et successeurs, et le tenir pour leur seigneur sans autre ; et doivent les dessus dits garder la dite ville en la forme et manière qu'ils soulaient (avaient accoutumé) faire au temps du bon duc Jehan, qui décéda en 1341. (2) Et a promis le duc tenir, fournir, garder et accomplir entièrement les libertés, noblesses, franchises et coustumes de l'abbé, du convent et de la ville ; et à la requête du dit abbé est établi et ordonné Jehan de Lymur, escuyer, capitaine de la dite ville ô (avec) l'assentement du duc ; et, au cas que le dit Jehan serait

---

(1) Morice. pr. I. col. 1583—84 Lobineau pr. Col. 506.

(2). On le voit, au temps de Jean III l'abbé et les bourgeois avaient la garde de la ville : elle était donc close de quelque manière, avant la construction du mur de ville par Jean de Tréal. Nous avons vu que la ville avait été défendue contre Caverlé. Ci-dessus, p. 15 et 17.

On lit ensuite : « Et par cette accordance doist estre le dit abbé et tous ses pleiges quittes et délivrés envers M. Hues de Calvelay et envers tous autres qui rien li pourroint demander ne à sesdits pleiges à cause de sa rançon..... »

changé, hosté, ou remué du dit office par aucune cause, le dit abbé eslira et choisira un autre capitaine tel comme il lui pleira, ô (avec) l'assentement du duc les guerres durantes en Bretagne. »

D. Lobineau résume ainsi la dernière clause du traité : « Le comte de Montfort, à la prière de l'abbé, mit pour capitaine de Redon Jean de Lymur avec promesse qu'après la mort de ce capitaine l'abbé disposerait du gouvernement dans la suite. (1)

D. Morice écrit à son tour : « Le duc céda à l'abbé la nomination du capitaine de la ville, dont les abbés ont joui jusqu'à l'établissement de la commende ; » c'est à dire jusqu'à 1468. (2)

Ces résumés du traité sont-ils bien exacts ? Nous osons en douter. La lettre du traité ne prévoit pas seulement, comme le dit Lobineau, les vacances résultant de la mort du capitaine ; mais celles que créera un changement quelconque de situation : c'est ce que semblent exprimer les mots *changé, osté, remué...* ; mais ces mots en disent davantage.

D'après les termes du traité le *choix* du capitaine appartiendra à l'abbé « avec l'assentement du duc. » Qu'est-ce à dire ? Que le duc ne renonce pas à la faculté ou de destituer le capitaine, si celui-ci ne mérite plus sa confiance, ou, au contraire, s'il a rendu de bons services, de le récompenser en l'élevant à un poste plus élevé. Ces

---

(1) Lobineau. hist. p. 377. — Morice n'en dit rien dans son histoire (I. p. 315) ; mais il en parle dans son catalogue des abbés de Redon (T. II. p. CIV). » C'est le renseignement répété par Ogée. V° *Redon*. T. II.

(2) Date de la nomination d'Alain de Coëtivy, archevêque d'Avignon, premier abbé commendataire.

réserves semblent comprises dans les trois mots sur lesquels nous avons appelé l'attention.

Tout au plus pourrait-on invoquer les derniers mots de la phrase : « Les guerres durantes en Bretagne » pour dire que, hors les temps de guerre, l'abbé avait la libre nomination du capitaine.

Nous verrons plus loin deux exemples notables de capitaines de Redon élevés par le duc aux plus grands honneurs.

Quelle qu'ait été la prérogative de l'abbé à cet égard, il n'en est fait aucune mention dans l'aveu de 1580.

II.

Jean IV, devenu duc par la grâce du Roi d'Angleterre ne sait pas être duc indépendant ; il donne ses places en garde, c'est-à-dire qu'il les livre en proie à des capitaines anglais ; et s'aliène de plus en plus les capitaines et les seigneurs bretons. En saisissant la Roche-Derrien sous prétexte d'omission d'hommage, il se fait un ennemi personnel de du Guesclin. Au moment même où le duc jure fidélité au Roi, une armée anglaise débarque à Saint Mathieu. C'en est trop : le connétable entre en Bretagne avec le duc de Bourbon (1372.)

Ils surprennent la duchesse aux portes de Rennes. Le duc de Bourbon la laisse galamment continuer sa route ; et, de ses bagages, il ne retient qu'une feuille de parchemin : c'est le traité d'alliance que le duc vient de conclure avec le Roi d'Angleterre, au moment où il jurait fidélité au Roi de France ?

Le sire de Rieux, Jean II, (1) commandait à Redon. L'armée française se présente devant ses murs : les chefs montrent l'engagement du duc avec l'Anglais. Il suffit : Rieux déclare qu'il renonce au service du duc traître au Roi de France, et il ouvre les portes. La mauvaise saison approchant, les Français se retirèrent emmenant Rieux à Paris (2).

Ce sentiment de répulsion contre le duc court par tout le duché : au bout de quelques mois, la situation n'est plus tenable; Jean IV se sentant vaincu avant le combat s'embarque honteusement pour l'Angleterre. (28 avril 1373 (3).

Au printemps, le connétable revient, il fait le tour de la Bretagne recevant la soumission de presque toutes les places ; enfin le Roi prenant prétexte de l'abandon du duc déclare la Bretagne réunie à la France (18 décembre 1378).

C'est alors que la Bretagne rappelle Jean IV. Il revient en hâte, et la paix avec la France est jurée à Guérande, le 4 avril 1381. Redon fut une des premières places que Clisson, devenu connétable de France, remit au duc au nom du Roi. (4)

Bientôt la guerre commença entre le duc et Clisson ; mais Redon resta au duc, comme le prouve le fait suivant.

---

(1). Depuis maréchal de France (29 décembre 1397).
(2). Lobineau. Hist. p. 405.
(3). Lobineau, p. 406.
(4). Lobineau. Hist. p. 441.

III.

Trente-deux ans après la bataille d'Auray et Jean IV régnant encore, l'abbé de Saint-Sauveur comprit dans son aveu au duc « le droit de garde et de fortification du rempart. » Le rempart formait sur un sixième de sa longueur la clôture de l'abbaye (1) : l'abbé prétendait sur cette partie quelques droits sinon de propriété du moins d'usage ; mais il allait bien plus loin : il réclamait la garde des remparts. Peut-être aussi, en faveur du droit de garde, l'abbé invoquait-il son privilège de choisir le capitaine de la place ?

Quoiqu'il en soit, le duc *impunit*, c'est-à-dire contesta, cette déclaration de l'aveu : une enquête fut faite par un commissaire, Geoffroy Raguenel, amiablement convenu ; et elle fut rapportée au parlement général de Rennes, (c'est-à-dire aux Etats) le 14 mai 1386.

Après le rapport du commissaire et les explications fournies par l'abbé, le parlement jugea que « l'abbé n'avait eu nulle cause de faire cet aveu, que toute la garde et fortification appartient de tout temps à Monsieur, fondateur de l'abbaye, sauf aux dits abbé et convent à avoir les vues de l'église sur et parmy les fossez, esquelles vues et fenestres ne pourront toucher sans le

---

(1). On vient de découvrir sous la terrasse du collège St-Sauveur un souterrain qui devait donner accès à la Vilaine avant la construction du mur de ville.

congé de Monsieur et de son capitaine dudit lieu de Redon » (1).

Nous avons quelque peine aujourd'hui à comprendre ce débat tant il nous parait évident que la garde des places de guerre appartient au souverain ! Mais, au XIVe siècle, la question faisait doute ; c'est seulement, aux Etats de 1386 que fût sanctionné ce principe : « pas de forteresse nouvelle sans la permission du duc : au duc la garde et même la propriété des fortifications des villes ecclésiastiques. (2) »

Ainsi était empêché ou du moins enrayé le renouvellement des guerres civiles ; ainsi s'établissait la suprématie du pouvoir ducal, et, chose curieuse, elle était sortie des longues guerres de la Succession de Bretagne. Après tant de massacres et de ravages, le peuple était, comme il fut après les guerres de la Ligue, affolé de repos ; et il se portait tout naturellement vers le seul pouvoir capable de donner et de maintenir la paix.

IV.

Nous n'avons pas à mentionner les querelles armées du duc Jean IV et de Clisson, la place de Redon y étant restée étrangère. Mais il faut rappeler que, après tant

---

(1). Morice pr. II. Col. 524-525 — Lobineau pr. col. 657.

(2). Les Etats eurent à juger en même temps et repoussèrent certaines réclamations analogues des évêques de Nantes, Dol et Cornouaille. Sur ce point cf. M. de la Borderie. *Le règne de Jean IV*. Revue de Bretagne 1893. II. p. 90.

de traités de paix non exécutés, quand les deux adversaires redevinrent amis comme aux jours de leur enfance, c'est auprès de Redon, au passage d'Aucfer, que la paix fut signée. (19 octobre 1395). (1)

Ce jour, Clisson, qui était à Rieux l'hôte de son neveu Jean de Rieux, passa la rivière d'Oust et trouva l'attendant sur la rive droite Phélippes de Couetgoureden, chevalier, Jehan et Rolland de la Villéon « ayant du duc pleine puissance. » Les conditions arrêtées entre le duc et Clisson furent mises par écrit et solennellement jurées. Une croix emblême de paix et de salut fut plantée au lieu même.

Après cinq siècles, elle subsiste encore sur la droite de la route au voisinage du pont. Pour mériter le respect, la vieille croix, symbole de la Rédemption divine, n'a pas besoin de ces lointains souvenirs ; mais nous avons cru qu'il y avait quelque intérêt à la signaler comme *monument historique* (2).

(1(Lobineau, pr. col. 790—791.

(2). La croix disparait en terre à mesure que monte le sol de la route. Pourquoi ne serait-elle pas exhumée et rétablie en son état primitif ?

Chapitre V.

RÈGNE DE JEAN V (1399-1442)

I.

Le long règne de Jean V (1399-1442) n'allait être troublé que pendant l'année 1420 par l'attentat des Penthièvre ; et, durant les règnes de ses trois successeurs, François Ier, Pierre II, Arthur III (1442—1458) la Bretagne jouit d'une paix non interrompue.

Pendant cette période de soixante ans, Redon n'a pas d'histoire militaire. Nous y trouvons pour capitaines pendant la minorité de Jean V, Eon de Condest, fils de Payen de Condest, chevalier ; et un autre de plus grand nom et de plus haute renommée : Armel, sire de Châteaugiron et de Derval, qui sera maréchal de Bretagne (1412), et qui, le premier en Bretagne, fera les fonctions de grand chambellan, s'il n'a pas encore ce titre que posséderont ses successeurs. (1)

---

(1) D'Argentré auquel j'emprunte ces deux noms, donne (p. 710 et 711,) une longue suite de capitaines de places. Il n'indique pas l'ordre de leurs

Un peu plus tard, nous trouvons nommé par le duc lui-même, Tristan de la Lande, châtelain de Guignen. Ce capitaine était en fonctions, en 1418 (1). Nous l'y retrouvons sept ans plus tard. En 1425, le duc lui donne mandement d'armer dans le pays de Redon les milices paroissiales et roturières qui seront plus tard nommées les *Bons Corps* (2). Ce capitaine de Redon deviendra un des grands officiers du duché, capitaine de Saint-Malo, alors le plus grand port de Bretagne, puis capitaine de Nantes, capitale du duché, enfin maître d'hôtel et gouverneur des finances du duc.

Puisque nous ne trouvons en cette période aucun fait de guerre relatif à Redon, il nous semble permis de rattacher à notre récit quelques circonstances qui peuvent intéresser la ville et ses environs (3).

---

nominations ; mais toutes sont du temps de la minorité de Jean V (1399-1405.)

Sur Armel de Châteaugiron. Voir mes *Grands écuyers héréditaires de Bretagne*. En août 1408, Jean V ramena la Reine Isabeau de Bavière à Paris, Armel de Châteaugiron commandait l'avant-garde composée de plus de cinq cents chevaliers ou écuyers portant à la pointe de leurs lances « un penonceau où etait peinte une bergère avec ces mots pour devise : *Pensez-y ce que vous voudrez*, qui était la devise de Châteaugiron. » Lobineau. p. 513.

(1) M. de Couffon de Kerdelléc'h — Recherches sur la Chevalerie Bretonne. — Lobineau pr. col. 912.

(2) Lobineau, hist. p. 565. — Morice pr. II col. 896.

(3). Il nous a paru d'autant plus permis de rappeler ces faits que l'abbé Jausions les a passés sous silence dans son Histoire civile.

II.

Au commencement de 1418, la Bretagne tressaillit à cette nouvelle : « Maître Vincent Ferrier arrive ! » Le saint prédicateur répondait enfin à l'appel de Jean V. Descendant la Loire, il entra le 8 février à Nantes ; il prêcha dans la ville et dans le pays nantais, notamment au Croisic et à Guérande ; et, le 5 mars, le duc et la duchesse venaient au devant de lui jusqu'à une demi-lieue de Vannes.

C'est dans l'intervalle et probablement aux premiers jours de mars que Vincent passa par Redon et y prêcha. Les églises de Redon, comme la cathédrale de Nantes, étaient trop étroites pour contenir son auditoire ; et c'est sans doute en plein air qu'il fit entendre à des milliers d'hommes cette voix jeune et puissante qui survivait chez le dominicain sexagénaire, « faible et débile », exténué de macérations : « ce qu'à bon droit, dit Albert Le Grand, on tenait au rang de miracle (1) ».

---

(1). D'après l'itinéraire donné par Albert le Grand et adopté par Lobineau, Vincent n'aurait pu passer à Redon qu'à cette époque. L'agiographe place son séjour unique à Rennes en août 1418 ; et « de Rennes, dit-il, Vincent revint par Montfort, Josselin et Ploermel à Vannes » où il devait mourir. Mais l'itinéraire est rectifié sur plus d'un point par des documents certains (enquête du procès de canonisation et comptes du chapitre de Rennes). De ces documents, il résulte que Vincent était à Rennes, en avril et mai 1418. — Revint-il alors de Rennes à Vannes par Redon ?... Il semble que la foule qui le suivait était un obstacle à son passage à la Roche-Bernard quand il vint de Nantes à Vannes.

Cf. Albert Le Grand. p. 236 et suiv. Ed. Kerdanet. Lobineau. Vies des saints... p. 295-312 — Revue de Bretagne et de Vendée 1887. I. p. 380-388 — Mélanges d'hist. et d'Arch. bretonnes. II. p. 19-21.

Le 1ᵉʳ octobre 1430, les bourgeois de Redon faisant la haie dans leurs rues tapissées et tendues virent passer un brillant cortège, et purent admirer une jeune épousée « vêtue de satin blanc à fleurons d'or et de velours violet. (1) » C'était Isabeau, fille aînée du duc Jean V, qui épousait Guy XIV de Laval, pour lequel Laval venait d'être érigé en comté (17 août 1429.)

Ce mariage comblait les vœux de Jean V ; et pourtant l'air sombre et préoccupé du duc, faisant contraste avec la joie commune, étonnait tout le monde.

Car la cour et le peuple de Bretagne savaient le duc d'humeur joyeuse ; et il donna la preuve de sa bonhomie à Redon même. Il s'oubliait quelquefois au lit le matin ; le 1ᵉʳ mai 1430 à Nantes, et le 1ᵉʳ mai 1431, à Redon, il fut pris au lit « par les gentilshommes de l'hôtel » et menacé par eux d'être plongé dans une fontaine. Pardonnant cette liberté, le duc rit de sa mésaventure, et paya de fort bonne grâce la rançon d'usage (2).

Mais, le 1ᵉʳ octobre 1430, le duc ne songeait pas à rire : il était en effet dans un cruel embarras. Pour donner Isabeau au comte de Laval, il avait manqué de parole à un Roi son puissant voisin, et à une Reine qui s'en montrait fort irritée : je veux parler de Louis III, duc d'Anjou et Roi de Sicile, et de sa mère Iolande d'Anjou, Reine douairière. Ce n'est pas tout : Le manque-

---

(1). Lobineau. Hist. p. 584.

(2). Lobineau. Hist. p. 582, 587.
C'était un vieil usage pratiqué aussi au lendemain de Pâques. Un concile de Nantes, d'avril ou mai 1431, le condamna, en même temps que la *fête des fous* qui durait du jour de Noël au 28 décembre. Lobineau I. p. 586 et 587 — Nous verrons encore Jean V pris au lit.

ment de parole de Jean V avait soulevé un orage dans son plus proche entourage : sa femme, Jeanne de France, fille de Roi, prétendait que sa fille fût Reine et non comtesse ; et sa belle-sœur, Marie d'Anjou, sœur de Louis III et femme du Roi Charles VII, ne cachait pas son ressentiment de l'injure faite à son frère (1).

Cette injure devait être d'autant plus sensible, que, le 4 février précédent, le duc avait envoyé en Italie deux ambassadeurs au Roi Louis pour confirmer sa parole (2) ; et l'Eglise avait béni les fiançailles.

Longtemps auparavant, Marguerite, sœur cadette d'Isabeau, avait été fiancée tout enfant à Guy XIV de Laval. C'était un brillant jeune homme, orphelin de père, que sa grand'mère, veuve de du Guesclin, et sa mère avaient armé presque enfant, et que Jeanne d'Arc traitait en ami (3). Or, après avoir assisté au sacre du Roi, vers le printemps de 1430, Guy allait venir en

---

(1). D'Argentré. p. 781 (Ed. de 1618).

(2). Mandements de Jean V, n° 1884. — Lobineau dit que « les ambassadeurs allèrent à Naples apparemment afin de porter le Roi à retirer sa parole. » p. 585. Au contraire ils allaient porter le consentement du duc : le mandement en fait foi.

(3). Jeanne de Laval-Châtillon était veuve de du Guesclin quand elle épousa Guy XII. Sa fille Anne héritière de la seigneurie la porta à son mari Jean de Montfort, seigneur de Kergorlay, qui prit le nom de Guy XIII et mourut lui laissant deux fils, Guy XIV et André qui devint le maréchal de Lohéac. (Cette maison de Montfort est étrangère à la maison de même nom qui a régné en Bretagne. Leur nom venait de Montfort *la Cane*, Ille-et-Vilaine).

Lire la lettre par laquelle Guy XIV rend compte à sa grand'mère et à sa mère de sa première entrevue avec Jeanne d'arc. M. Guizot. Hist. de France II. p. 311.

Le P. Anselme dit que Guy XIII (Jean de Montfort) se maria le 22 janvier 1404, qu'il mourut à Rhodes, en 1414 ou 1415, et que Guy XIV qualifié écuyer banneret fit montre à Paris, le 4 octobre 1410. Ce renseignement se rapporte assurément à Guy XIII.

Bretagne pour épouser Marguerite... quand la jeune fiancée mourut.

Jean V se dit alors que la royauté du duc d'Anjou n'était que nominale, qu'avant d'avoir conquis son lointain royaume le duc aurait épuisé sinon dévoré ses belles possessions de France ; il regretta l'éloignement de sa fille chérie ; et trouva que le comte de Laval convenait mieux pour époux à sa fille et à lui-même pour gendre. Ces réflexions étaient très sages ; mais elles avaient le tort de venir trop tard.

De son côté, Isabeau avait réfléchi. Charmée de la jeune renommée de Laval et sans doute aussi de sa bonne grâce, elle protestait qu'elle avait été fiancée sans avoir été consultée : protestation tardive, puisque, dès le 1er janvier 1428, la fiancée du duc d'Anjou se laissait saluer du titre de Reine de Sicile. (1)

Par bonheur, les conseils du duc découvrirent que la parenté d'Isabeau et de Louis III, du 3e au 4e degré, n'avait pas été assez clairement expliquée dans les dispenses accordées par Rome (2) ; le pape annula les fiancailles (3) ; et le duc hâta le mariage d'Isabeau.

---

(1). Lobineau p. 573. Pr. col. 1015. Etrennes données « à la Royne de Sécile fille du duc. » Bien que l'année commençât à Pâques, les étrennes se donnaient au 1er janvier.

(2). Ils étaient parents du 3e au 4e degré ou, selon le compte du droit civil, parents au septième degré : tous deux descendaient du Roi Jean.

JEAN

1 Charles V	Louis duc d'Anjou
2 Charles VI	Louis II
3 Jeanne, épouse de Jean V	Louis III
4 Isabeau	

(3). Lobineau p. 581. — « La dispense nécessaire au mariage coûta 800 écus d'or, qui étaient encore dus aux héritiers du prêteur, Guillaume Brillet, évêque de Rennes, à la mort de François Ier (17 Juillet 1450). Lobineau p. 646. — Le 16 février 1454, on trouve « CCC livres payées à

En même temps, le duc envoyait à Chantocé ses frères le connétable et le comte d'Etampes avec d'autres graves personnages pour présenter ses excuses à la Reine de Sicile ; mais l'éloquence des ambassadeurs fut perdue, et la Reine se proposait de s'emparer de la ville de Fougères « pour se payer des frais qu'elle avait faits en vue du mariage. »

Enfin Jean V crut avoir trouvé le moyen d'apaiser la Reine : il lui demanda la main de sa fille Iolande pour François, comte de Montfort, héritier de Bretagne.

Il est vrai qu'il y a un projet de mariage du comte de Montfort avec la fille du comte de Savoie (1) ; et Jean V a même demandé pour son fils la fille du Roi d'Ecosse. Sans paraître se souvenir de ce double projet, il demande la main de Iolande d'Anjou ; mais la mère ne pardonne pas l'affront fait à son fils et à elle-même : il faut quatre ambassades successives pour emporter son consentement (2).

C'est à Redon même que le 14 mars 1432 (n. s.) le duc signa le contrat de mariage. Cette pièce est curieuse à lire : (3)

La Reine de Sicile n'entend pas être jouée une seconde fois, et elle dicte cette clause du contrat presque injurieuse pour le duc : « Et à ce que faulte n'y ait de l'une des parties que le dit mariaige ne soit faict... sans

---

Mᵉ Guillaume de la Lohérie sur mille escus lui deus du temps du duc Jehan, lesquels il avait empruncés à Rome de feu Guillaume Brillet...... pour la dispense de mariage de M. de Laval. » Lobineau Pr. Col. 1189.

(1). Mandements de Jean V. Nº 1884.
(2). Lobineau. p. 585.
(3). Mandements de Jean V. Nº 1940.

fraude ni dissimulation, ... y aura dix mille escuz de paine... » Et chacune des parties donne des cautions de cette clause pénale !

Mais la Reine n'avait rien à craindre. Le duc tient autant ou plus qu'elle-même au mariage projeté, parce que ce contrat de mariage est un véritable traité de paix. Lisez plutôt cette clause que le duc a dictée à son tour :

« Et par le moyen de ce traité.... est dit que, si aucunes desplaisances ou malvoillances estoyent de la part de la dite Royne ou du Roy son filz ou de ses autres enfans, pour cause... du mariaige faict de Mme. Ysabeau de Bretaigne... à Mgr de Laval... tout est regeté, osté et mis au néant, et en seront contens, sans remors, desplaisirs ne scrupule en avoir ne tenir contre le seigneur Laval ne sa lignée, ne autres à cause de ce... »

La paix était faite. Le mariage fut célébré en grande pompe à Nantes, au mois d'août suivant. La Reine de Sicile y assista avec une suite nombreuse : le duc combla de présents les dames et les officiers de la Reine (1). Désormais sûr du pardon, le duc retrouva son paisible sommeil d'autrefois. C'est si vrai que le 1er mai 1434, ses gentilshommes, en dépit des statuts du concile de Nantes, le prenaient encore au lit (2).

La réconciliation des deux maisons fut sincère et durable et plus tard, le Roi René, frère et successeur de Louis III, épousa Jeanne, fille puinée d'Isabeau et du comte de Laval.

---

(1). Lobineau. pr. 1018. — En même temps il donnait « à l'Eglise St Pierre de Nantes, le jour des noces une ymage de N. D. d'argent pesant V marcs, pour son offrande avec VI écus d'or. »

(2) Lobineau. hist. p. 600.

Vingt-cinq ans après le mariage d'Isabeau de Bretagne, en 1455, était célébré à Redon le mariage de sa fille aînée nommée Iolande. Devenue veuve du comte de Porhoet, elle épousait Guillaume de Harcourt, comte de Tancarville. Le duc Pierre II assistait au mariage de sa nièce avec une nombreuse noblesse notamment François, sire de Rieux, dont la femme, Jeanne de Rohan, cousine de Pierre II et d'Isabeau de Laval, était tante à la mode de Bretagne de la mariée. Le sire de Rieux fit au duc une réception digne de lui ; et on peut juger de sa magnificence quand on voit le duc lui faire remettre « cent écus neufs à vingt sols deux deniers l'écu, pour son deffroy d'être venu aux noces de sa nièce. » (1). Impossible de prendre à la lettre les expressions du trésorier, et d'admettre qu'une somme équivalant à douze mille francs environ de notre monnaie, fut destinée à *défrayer* le sire de Rieux du *voyage* de Rieux à Redon.

III.

Redon était un point intermédiaire entre Nantes et Rennes et entre ces deux villes et Vannes, la ville aimée des ducs de la maison de Montfort. Pour cette raison, Redon était un lieu de passage très fréquenté, et une des villes de Bretagne le plus souvent visitée par les ducs.

---

(1). Lobineau p. 656, et pr. col. 1189.

Un patient et ingénieux érudit a établi l'*Itinéraire du duc Jean V* pendant tout son règne (1). Les dates de ses lettres et mandements ont permis de jalonner de proche en proche les voyages du duc à travers le duché. Les soixante-dix-sept actes signés à Redon même nous montrent Jean V au moins *cinquante fois* à Redon.

D'ordinaire, il y passe un jour ou deux ; une seule fois, cinq jours consécutifs, et deux fois, quatre jours.

Mais, nombre d'actes n'indiquant pas le lieu de leur signature, il n'est pas douteux que Redon a vu Jean V plus souvent que nous venons de dire (2).

A Redon, le duc était l'hôte de l'abbaye ; et l'aveu de 1580 mentionne, par un vieux souvenir « les logis du duc » dans l'enceinte du monastère (3).

Mais il y a plus : vers ses dernières années, Jean V paraît avoir pris goût au pays de Redon ; et nous le voyons y faire de longs séjours que n'explique aucun fait historique.

C'est ainsi que, du 28 octobre 1436 au 25 mars 1437 (cinq mois), les signatures données à Redon et aux environs se suivent sans interruption. De même en 1439, du 28 mars au 15 mai ; en 1440, du mois de septembre au mois de novembre ; enfin, du 8 août 1441 au 20 février

---

(1). M. René Blanchard. Actes de Jean V publiés par la Société des Bibliophiles Bretons. *Itinéraire* de Jean V. I. p. CXVII à CXXIV.

(2). Nous pourrions indiquer plusieurs autres dates : par exemple celle du 2 octobre 1430, mariage d'Isabeau.

(3). Dans la description de l'abbaye on distingue « les logis appelés les logis du duc, avec autres logis appelés *la Béguine* près la porte neuve de la ville ». Le *logis* nommé *la Béguine* occupait la place de *la maison* dite *de la Béguine*, où Ermengarde, veuve d'Alain Fergent était morte en 1147 (Lobineau p. 7.) Cette maison devait être à la place de l'hôtel-de-ville actuel.

1442, nous suivons le duc se promenant de manoir en manoir autour de Redon.

Les habitants de Saint-Nicolas-de-Redon apprendront peut-être avec intérêt que le duc Jean V a signé plusieurs mandements à Saint-Nicolas même ; et nous pouvons révéler aux propriétaires de Beaumont-*lèz-Redon*, Lanruas-*lèz-Redon*, le Plessis-*l'abbé* en Bains, Rieux et Kerbonest (aujourd'hui Kerbonaire) paroisse de Rieux, le Bois-Raoul en Renac et le Plessix-Reczac en Saint-Vincent, que leurs prédécesseurs ont eu l'honneur de donner l'hospitalité au duc Jean V.

A Beaumont-lez-Redon, le duc était l'hôte de Jean de Téhillac et de Guyonne de Sévigné, puis de Guyonne, veuve et de son fils. (1)

Le Plessix l'abbé (paroisse de Bains) où le duc séjourna en 1439, 40 et 41, était un domaine de l'abbaye Saint-Sauveur. Jean V y fut reçu par Guillaume Chesnel, puis par Yves Le Sénéchal de Kercado, les deux abbés qui reconstruisirent en pierres le pont de Redon. (2)

A Rieux, le duc fut l'hôte d'abord de Jean de Rieux (III° du nom) qui lui avait été si fidèle en 1420 : après la mort de Jean III, le 8 janvier 1438, le duc y était chez sa nièce Jeanne de Rohan, fille de sa sœur Marguerite, que lui-même avait mariée à François, héritier de Rieux. (3)

---

(1). Minu du 1er mars 1429 par Guyonne de Sévigné, veuve. Rachapt payé en 1439 — Titres de Saint-Sauveur V. Appendice — *Beaumont*

(2) Morice II. Catalogue des abbés p XIV. Kercado ou Carcado Aveu de 1580. « Paroisse de Bains... Le Plessis l'abbé... manoirs, maisons, métairie, bois et parcs avec ses appartenances, ycelui bois cerné de murs ; en tout environ 220 journaux, plus nombre des dépendances. »

(3). En décembre 1436, le comte de Montfort était malade à Redon,

Au Bois-Raoul, le duc recevait l'hospitalité d'abord de son frère Richard, comte d'Etampes ; et, après la mort de celui-ci, en 1438, de sa belle sœur, Marguerite d'Orléans, comtesse de Vertus, et de son jeune fils le comte d'Etampes, qui sera le duc François II, mais dans lequel Jean V, père de trois fils, ne devinait pas un futur duc de Bretagne. (1).

Quant au Plessix-Reczac-lèz-Redon, l'aveu de 1580 nous le montre au bord de la rivière d'Ars, en la paroisse de Saint-Vincent. Il était compris au fief de Saint-Sauveur ; et le duc, nous dit l'aveu de 1580, y avait « un hébergement. » C'était sans doute un rendez-vous de chasse. (2).

Je n'ai pu découvrir les seigneurs des manoirs de Lanruas et de Kerbonest à l'époque qui nous occupe. (3).

---

le duc Jean V était à Rieux. Le pannetier du comte alla en porter de meilleures nouvelles ; et le duc, en récompense, lui fit donner trois aulnes de drap de Rouen. Compte de Jehan d'Ust. Lobineau. Pr. Col 1039.

(1). Appendice. *Le Bois-Raoul ou Renac.*

(2). M. de Courson semble le placer en Noyal-Muzillac. Mais comment accorder cette situation avec l'expression *lez Redon* ? L'aveu de 1580 ne laisse aucun doute sur le site du Plessix Reczac. V. Appendice. *Le Plessix-Reczac.*

(3). Un peu plus tard, en 1451, Lanruas appartenait à une famille Lombard qui s'y est continuée jusqu'à 1604.
(Inventaire fait en 1699 des papiers de Saint-Sauveur. Grand in-f° de 859 pages au chap. des *Terres nobles.*)
Quant à Kerbonest ou Kerbonaire il appartenait avant 1699 au sieur de Vaujouan (Aveu rendu par Marguerite de Kerverien, veuve et héritière de Guillaume de Lanjamet, seigneur de Vaucouleurs, à écuyer Noël Danycan, seigneur de l'Espine, conseiller secrétaire du Roy, acquéreur du comté de Rieux.)
(Je dois ces renseignements à M. Guihaire.)

Chapitre VI

RÈGNES DE FRANÇOIS Iᵉʳ, PIERRE II, ARTHUR III

(1442-1459)

Le duc Jean V laissait trois fils : l'ainé, François, comte de Montfort, lui succéda. La mort tragique du dernier, Gilles, a marqué d'une tache de sang le règne de François. Celui-ci pourtant n'a pas mérité le surnom de fratricide, mais il fut mauvais frère et c'est trop (1). Il n'ordonna pas la mort de l'imprudent et coupable Gilles ; mais les rigueurs qu'il exerça contre lui encouragèrent ses ennemis à se faire ses meurtriers.

C'est à Redon que furent assemblés les Etats où François comptait obtenir la condamnation de son frère ; mais le connétable de Richemont prit hautement la défense de son neveu, et les Etats rejetèrent l'acte d'accusation. Pourtant le duc retint Gilles en prison ; et, en le commettant avec une cruelle indifférence à la garde d'un ennemi mortel, il le livra à une mort certaine (24 avril 1450) (2).

---

(1). Sur ce drame lire M. de la Borderie. Conférence Xᵉ p. 139 et suiv.
(2). Lobineau, p. 641.

François Ier avait une affection extrême pour Saint-Sauveur : il avait obtenu l'érection de l'abbaye en évêché ; mais l'opposition des évêques voisins retarda l'exécution de la bulle du pape, et, le duc étant mort sur les entrefaites, l'affaire n'eut pas de suites (1).

François 1er, par son testament du 22 janvier 1450, avait ordonné de l'inhumer « au cueur du benoist moustier de Saint-Sauveur, devant le grand autier, au plus prez que convenablement faire se pourra des marchepieds devant iceluy grand autier. » (2)

Le 17 juillet suivant, le duc mourut au manoir de Plaisance qu'il avait fait bâtir près de Vannes (3) ; et, quelques jours plus tard, sa pompe funèbre traversait la ville de Redon : précédaient ou suivaient le cercueil nombre de barons, de prélats, de religieux, surtout des cordeliers dont le chapitre général se tenait en ce moment à Vannes (4).

Le duc Pierre suivait avec les deux duchesses portant le deuil en blanc selon l'usage du temps, Iolande d'Ecosse, veuve de François 1er, et Françoise d'Amboise, femme de Pierre II, qui allait faire asseoir sur le trône ducal la vertu et la charité (3).

---

(1). Lobineau. p. 640.

(2). Lobineau. pr. 1117.

(3). Jean V avait acquis du sire de Quintin l'hôtel du Garo près Vannes, pour 1500 écus, et il le donna au comte de Montfort avec « de quoy y bâtir le manoir qu'il nomma Plaisance. » Lobineau. pr. 1034.
Iolande d'Anjou, comtesse de Montfort, mourut à Plaisance en 1442. On a imprimé que cette comtesse de Montfort morte à Plaisance était « la célèbre comtesse veuve de Jean de Montfort». Elle aurait été veuve depuis *quatre-vingt-dix-sept ans !*

(4). Lobineau, p. 646.

(3). Quelques années plus tard, sous François II, il y avait en Bretagne quatre duchesses : la duchesse régnante et trois douairières : les

L'heureuse influence de Françoise va rayonner sur la Bretagne ; et elle inspirera les réformes que Pierre II va introduire notamment dans l'administration de la justice (1).

Que de fois l'église de Saint-Sauveur a vu la pieuse princesse prier au tombeau de son beau-frère ! Elle se vengeait ainsi de la disgrâce qu'elle avait encourue pour avoir défendu trop vivement l'infortuné Gilles (2).

Françoise avait vingt-trois ans. Elle était parée de ces grâces simples et modestes qui charmaient la cour de Bretagne et le menu peuple. L'église Saint-Sauveur a gardé longtemps son portrait : il a péri sans doute dans l'incendie du 1er mai 1780 ; mais, aux premières années du dernier siècle, il avait été dessiné et gravé. Lobineau et Morice l'ont publié, en l'attribuant, selon une tradition sans doute ancienne, mais qui nous semble erronée, à Ermengarde, femme d'Alain Fergent (3).

---

deux que nous venons de nommer et Catherine de Luxembourg, veuve d'Arthur III. C'est à cause d'elles sans doute qu'une rue de Vannes portait encore à la fin du dernier siècle le nom de *rue des Duchesses*. Un des premiers actes du club fût de changer ce nom en celui de *La Bienfaisance*. M. Kerviler. *Armorique et Bretagne* II. p. 59.

(1). Il ne peut être ici question de rappeler ces heureuses réformes. Disons seulement que Pierre II (Constitution de 1451. art. 26), a établi et organisé l'*Assistance judiciaire* que notre siècle croit avoir inventée.

L'art. 29 de la même constitution rappelle la mesure de la *lieue de Bretagne* « baillée par Me Pierre de l'Hospital, président de Bretagne », celui qui condamna Gilles de Retz (1440). Cette mesure est de 14.400 pieds, ou 4.800 m. (4 kil 800 m.). V mon *Organisation judiciaire de la Bretagne avant 1789*. P. 216 et 210.

(2) Albert le Grand. p. 554.

(3). V. Lobineau p. 138 et Morice I. p. 98.

Il y avait faisant pendant un second portrait publié par les mêmes et attribué à Alain Fergent On sait que Alain mourut sous le froc et fut inhumé à St-Sauveur, et que Ermengarde, morte à Redon, fut inhumée dans le tombeau de son mari De là sans doute la tradition. L'auteur de *l'histoire de Redon* ne voit dans ces tableaux que des *images de fan-*

En 1455, nous trouvons à Redon un capitaine qui semble très avancé dans la confiance de Pierre II. Cent ans auparavant, en 1373, Guillaume de Ploufragan embrassait la cause de Clisson contre Jean IV. (1). Un siècle plus tard, son petit fils ou neveu, Pierre de Ploufragan, était, en 1451, écuyer et maître d'hôtel de Pierre II ; en 1455, devenu chambellan, il était nommé capitaine de Redon. (2). A l'évènement d'Arthur de Richemont, le 22 septembre 1457, Pierre de Ploufragan reçut « décharge de la capitainerie (10 octobre.) (3).

Un an après, le plus illustre de nos ducs mourait. Connétable, Arthur de Richemont avait mis fin à la guerre de Cent ans ; mais il ne croyait pas sa tâche finie. Charles V et Du Guesclin avaient projeté une descente en Angleterre ; Clisson en achevait les préparatifs lorsque Jean IV l'arrêta traîtreusement à Vannes ; le duc Arthur à son tour méditait cette grande entreprise ; et c'est pourquoi, monté sur le trône, il s'obstinait à garder le titre de connétable de France, que nombre de seigneurs bretons estimaient « au dessous de sa dignité de duc » (4). Il se promettait d'entrer un jour à Londres,

---

taisie, des *souvenirs* d'Alain et d'Ermengarde (p. 64).
Mais tout récemment M. d'Espinay, ancien conseiller à la cour d'Angers et président de la société d'Agriculture sciences et arts, qui a succédé à l'ancienne académie d'Angers, a rejeté la tradition, et démontré, je crois, l'attribution des portraits à Françoise d'Amboise et Pierre II. J'ai publié son étude avec quelques arguments à l'appui. (Société Arch. du Finistère. 1892.)

(1). D'Argentré. Hist. p. 555. Il s'empara pour Clisson de la Tour de Cesson.
(2) M. de Couffon de Kerdellec'h. T. II p. 475.
(3) Morice Pr. II. 1711.
(4) Lobineau p. 667.

comme il entrait à l'audience royale, faisant porter devant lui les deux épées de connétable et de duc.

Un illustre historien a écrit : « Après Jeanne-d'Arc, le connétable de Richemont fut le plus efficace et le plus glorieux des libérateurs de la France... Il n'a pas obtenu dans notre histoire du quinzième siècle toute la place qui lui appartient. » (1).

Si les historiens français n'ont pas rendu pleine justice au connétable de Richemont, pouvons-nous dire du moins que la Bretagne a dignement honoré la mémoire de son glorieux duc ?

Hélas ! non, et ce regret saisit l'esprit et le cœur au temps où nous sommes. On provoque à grand bruit une souscription bretonne pour élever un monument sur le Menez-Bré, haute colline de l'arrondissement de Guingamp. Juchée sur un tel soubassement, une statue vue du pied même de la montagne semblerait un mesquin menhir : il faut là un monument grandiose.

Nominoë, qui fonda l'indépendance de la Bretagne, et nos trois connétables vont-ils nous apparaître sculptés en granit aux quatre angles de l'édifice ; et au-dessus d'eux saluerons-nous la radieuse image d'Anne de Bretagne ?

Eh ! non : il n'est pas question d'honorer ces gloires *authentiques*, il s'agit de consacrer, — disons mieux — de créer la gloire d'une pauvre hallucinée contemporaine de Richemont.

Pierrone de Bretagne admirait et suivait Jeanne d'Arc : elle soutint et affirma sous serment que Dieu lui était

---

(1) Guizot. Histoire de France II. p. 256—257.

souvent apparu « en forme humaine vêtu d'une robe blanche et d'une huque (capuchon ou manteau) vermeille, et qu'il causait avec elle comme un ami. » C'est pourquoi la pauvre fille fut brûlée (sentence atroce !) comme coupable de blasphème ; et c'est pourquoi aussi, la fantaisie recommande Pierrone à notre admiration comme une émule de Jeanne d'Arc, sous le pseudonyme tout moderne de Perrinaïc ! (1).

---

(1). Veut on savoir ce que notre compatriote E. Renan pensait de *l'histoire* de Perrinaïc ?... J'extrais les phrases qui suivent d'une lettre du 4 mars 1892, que je viens de publier, dans l'intérêt de la vérité historique : (*Moniteur des Côtes-du-Nord*, n° du 26 novembre 1893).

« *Perrinaïc* est une chimère ... Cela n'a pas le moindre corps ; c'est
« une queue de cerf volant, composée de chiffons, attachés avec des
« ficelles. Il serait fâcheux que cela fût pris au sérieux ; cela confirmerait
« le reproche qu'on nous adresse souvent de manquer de critique. »

La Revue de Bretagne, de Vendée et d'Anjou (novembre 1893, p. 394) a reproduit cet extrait. Elle ajoute : «... Nous croyons savoir qu'elle
« (la lettre de M. Renan) était adressée à M. Luzel, archiviste du dépar-
» tement du Finistère, le savant éditeur des *Gwersiou*, des *Soniou*, des
« Légendes et Contes populaires de la Basse-Bretagne.

« M. Renan et M. de la Borderie, placés cependant à des points de
« vue assez différents, s'accordent sur ce qu'il faut penser de Perrinaïc,
« telle qu'on nous la présente aujourd'hui. M. de la Borderie (voir le
« dernier numéro de la *Revue*) appelle cela une *mystification*. M.
« Renan *une chimère qu'on ne doit pas prendre au sérieux*.

« Cela se ressemble beaucoup. Après cela la cause est entendue. »

Chapitre VII.

Règne de François II (1459-1488)

I

Nous l'avons vu, la Bretagne fut en paix pendant les règnes des quatre successeurs de Jean IV ; mais, après l'avènement de François II, la sécurité va sembler à chaque instant menacée. Toutefois vingt-cinq années passeront sans que la guerre ensanglante le duché.

François II, avait à peine ceint la couronne ducale à Rennes (3 février 1459) que Louis XI était couronné à Reims (14 août 1461). Avec un tel voisin, il faut, si l'expression est permise, jouer jeu serré ; c'est ce que le duc ne saura pas toujours faire.

Louis XI veut voir la Bretagne de près. Il vient à Redon : il a promis, dit-il, un pèlerinage à Saint-Sauveur ; Mais ce voyage a un autre but.

La duchesse Françoise d'Amboise a trente ans : elle s'est engagée solennellement à garder le veuvage ; mais son père a promis sa main et ses grands biens au duc de Savoie, frère de la Reine ; et le Roi s'est chargé de vaincre les résistances de Françoise. Il l'appelle à Redon, sous prétexte d'hommage ; puis, se retirant de proche en proche devant elle, il l'entraîne après lui jusqu'à Nantes. Tout à coup le bruit se répand que le Roi fait enlever la duchesse : les chaînes des rues se tendent, et les bourgeois « armés et embastonnés » au nombre de plus de quatre mille, font escorte à Françoise jusqu'au tombeau de son mari, gardent les portes de l'église et la ramènent à son logis (1) ; de son côté le duc fait garder la Loire. Le coup avait manqué et le Roi partait mécontent.

Mais à Nantes et à Redon il a noué d'autres intrigues. Il a obtenu la démission de l'évêque de Nantes, Guillaume de Malestroit, et celle de l'abbé de Redon, Yves le Sénéchal. Il obtient du pape la nomination à Nantes d'Amaury d'Acigné qui va créer tant d'embarras au duc, et à Redon celle d'Arthur de Montauban, l'assassin de Gilles de Bretagne. Le duc protesta contre cette surprise et le pape mieux informé retira la nomination.

Au moment où le Roi se créait ainsi des instruments en Bretagne, le duc aurait eu besoin de tous ses sujets fidèles, et par sa faute, il s'en aliène plusieurs et parmi eux l'un des plus utiles.

En 1462, après avoir fait célébrer les obsèques du Roi Charles VII, Tanneguy du Chastel, grand écuyer de France, était rentré en Bretagne : le duc l'avait comblé d'honneurs et de biens, il l'avait fait grand maître d'hôtel et l'avait gratifié de la seigneurie du Bois-Raoul ou

---

(1). Albert le Grand. Vie de la B. Françoise p. 566.

Renac, érigée pour lui en bannière (1). Mais du Chastel a osé conseiller au duc d'abandonner la dame de Villequier. La favorite l'a su ; elle cabale contre du Chastel ; et celui-ci, prévenant la disgrâce, écoute les propositions du Roi qui le fait chambellan et le fera plus tard gouverneur du Roussillon (1468).

Du Chastel fut suivi en France par le vicomte de Rohan, époux de Marie de Bretagne, sœur cadette de la duchesse Marguerite femme de François II ; et parmi ceux qui suivent leur exemple, nous trouvons Colas d'Anglure, capitaine de Redon (2).

Quelques années plus tard, la capitainerie est aux mains de Bertrand du Parc, auquel le duc donne mandement de faire réparer les fortifications (7 mai 1476) (3). Le capitaine accomplit sa mission à la satisfaction du duc : quelques années après, il était chambellan, capitaine de Fougères, maître de l'artillerie de Bretagne ; et, à ce titre, il inspectait les places du duché. (17 mai 1482) (4).

Au moment où François II fortifiait Redon, il venait de s'accorder avec le Roi. (Octobre 1475.) Le passé

---

(1). Lobineau, p. 684. V. Appendice *Bois-Raoul*.

(2). Lobineau, p. 703. D'Anglure n'était pas Breton mais probablement de Champagne : du moins M. de Courcy donne-t-il cette origine à Simon d'Anglure, seigneur d'Estoges, grand maître d'hôtel en 1462, auquel le duc donna l'augmentation de fouage qu'il avait obtenue des Etats assemblés à Redon en 1462. — Lobineau. p. 697. — Cette famille s'est perpétuée : René d'Anglure, vicomte d'Etoges, servait avec distinction sous Henri IV et fut tué au siège de Laon en 1594.

(3), Mandement. Morice Pr.III.Col.323. Il faut dire que la place était bien malpourvue d'artillerie puisque, en 1482, le duc venant tenir les Etats à Redon y fit conduire de Nantes des pièces d'artillerie qui furent ensuite ramenées à Nantes par Messire Gilles de la Clartiere (Octobre 1482). Lobineau pr. 1470.

(4). M. de Kerdellec'h I. p. 489.

était oublié ; du Chastel et le vicomte de Rohan pardonnés rentraient en Bretagne ; et le Roi nommait le duc son lieutenant général par tout le royaume. Le traité de paix solennellement juré par eux à Senlis fut confirmé, le 23 août 1476, par les Etats assemblés à Redon (1).

Les Etats ne savaient pas tout ; or le duc, au moment où il signait la paix avec le Roi de France, s'engageait de nouveau avec le Roi d'Angleterre ; et, sachant que la paix était à la merci d'une indiscrétion, il prenait ses précautions et fortifiait ses places. C'était d'autant plus prudent que, depuis l'accord du mois d'octobre 1475, au milieu de février 1476, la place de Concarneau avait manqué d'être surprise. (2).

A la fin de l'année, le nouveau lieutenant général du Roi apprit que ses lettres confidentielles au Roi d'Angleterre étaient remises au Roi de France, et que le Roi d'Angleterre ne recevait que des *fac-simile*, œuvre d'un habile faussaire aux gages de Louis XI ! (3)

Trois ans plus tard, en 1480, celui-ci se rendit acquéreur des droits que Nicole de Blois, arrière petite-fille de Jeanne de Penthièvre, prétendait sur la Bretagne ; et peut-être se préparait-il à appuyer ses prétentions par les armes, lorsque frappé d'apoplexie il ne songea plus qu'à prolonger sa vie (1481—30 août 1483.) (4).

---

(1). Lobineau p. 726.

(2). Lobineau p. 728. Le traité de Senlis est du 9 octobre 1475.

(3). Lobineau. 727-728.

(4). En septembre 1483, le duc recevait à Nantes « un messager touchant la mort du Roy » et le gratifiait de 34 sols 6 deniers. (plus de 1260 francs de notre monnaie). Lobineau pr. 1470.

II.

Sous le règne de Charles VIII, l'orage allait fondre sur la Bretagne ; chose triste à dire, il allait y être appelé par les grands seigneurs bretons ; et Tanguy du Chastel n'était plus là. (1)

Une première fois, en 1484, le maréchal de Rieux, le vicomte de Rohan (2), et d'autres seigneurs bretons jaloux de l'influence du trésorier Landais s'assurent contre lui du concours de l'armée française ; et pour obtenir ce concours ils n'hésitent pas à reconnaître Charles VIII pour héritier du duché, en vertu de la cession des droits de Nicole de Blois. (Traité de Montargis, 22 octobre 1484). (3) Mais la place de Redon resta étrangère à cette première prise d'armes.

Deux ans plus tard, nouvelle révolte. Le duc d'Orléans, premier prince du sang, beau-frère du jeune Roi, s'indigne de l'autorité qu'exerce sa belle-sœur, la dame de Beaujeu : il essaie, avec le comte de Dunois, une nouvelle Ligue du bien public. (Novembre 1486).

---

(1). Il était mort d'une blessure reçue au siège de Bouchain, en mai 1476. Lobineau p. 729.

(2). Le vicomte de Rohan était frère consanguin de Jeanne, mère de Jean IV de Rieux, maréchal de Bretagne. En épousant Marie, fille de François Ier, sœur cadette de Marguerite, femme de François II, il était devenu neveu à la mode de Bretagne de François II. — Il était prodigue ; il avait séquestré une de ses sœurs et on l'accusait d'avoir fait tuer un gentilhomme. Le duc l'avait fait arrêter et détenir au Bouffay, de novembre 1479 à février 1484. Il se retira en Lorraine ; mais se hâta de se joindre à Rieux en septembre 1845. — Lobineau p. 743.

(3) Lobineau p. 471.

Le mois précédent, le duc était tombé malade ; et, à la première nouvelle, M⁽ᵐᵉ⁾ de Beaujeu avait fait avancer l'armée royale. Pour se venger, le duc entre dans la ligue (1) ; il y entraîne même ses principaux barons : il se croit assuré de la fidélité du vicomte de Rohan et du maréchal de Rieux, tant il l'a payée cher : une pension de 160.000 de notre monnaie. (2).

Mais Orléans voit ses intrigues déjouées, et, avec Dunois, il se réfugie en Bretagne (13 janvier 1487) ; le duc leur fait accueil ; et l'armée française menace le duché sous prétexte de les y poursuivre.

Bientôt le maréchal de Rieux et le vicomte de Rohan jalousent l'influence que le duc d'Orléans exerce à la cour. Le maréchal et le vicomte sont neveux à la mode de Bretagne de François II. Cette considération ne les arrête pas. Ils déterminent nombre de seigneurs bretons à [s'armer pour chasser de Bretagne Orléans et Dunois. Or il leur faut le concours de l'armée française réunie sur la frontière.

« Mais, disent quelques-uns, n'est ce pas donner au Roi l'occasion de conquérir le duché ? » — « Eh ! non, répondent Rieux et Rohan, nous allons régler par un traité les conditions de l'entrée des Français en Bretagne. Ces conditions les voici : l'armée royale ne sera que de 5000 hommes ; le Roi ne réclamera, du vivant du duc, aucune partie du territoire breton ; son armée n'as-

---

(1) Lobineau. p. 760.

(2) M. de la Borderie. Conférence III p. 225. Le duc paye en plus à Rieux une somme de 3632 livres (145.000 fr.) pour l'indemniser des pertes subies dans sa rébellion à l'occasion de Landais ; — et en 1485, il le nommait lieutenant général. Lobineau p. 754.

siègera pas la place résidence du duc, ni aucune place sans le consentement de Rieux. » Fallacieuses promesses faites sans peine par la dame de Beaujeu, qui, en digne fille de son père, est bien décidée à les violer toutes ! (Traité de Châteaubriant février 1487 (1).

Sur ces assurances, Rohan et Rieux montent à cheval, et avec eux le fils chéri du duc et de la dame de Villequier, François de Bretagne, que son père a comblé d'honneurs et de biens en le faisant gouverneur de St-Malo, lieutenant général en Bretagne, baron d'Avaugour, comte de Vertus, seigneur de Clisson etc. (2).

Le premier acte d'hostilité c'est l'entrée de Rieux dans la place de Redon que lui ouvre René du Goaimerel, sans doute capitaine (avril 1487)(3) ; le vicomte de Rohan y arrive ; et Redon est indiqué comme rendez-vous général aux seigneurs ligués et aux Français.

Le duc essaie de ramener le maréchal et le vicomte. Il commence par leur écrire comme à des parents : puis il leur envoie « un trompette » porteur de sommations et de menaces. Les représentations du parent comme les menaces du souverain restent sans effet. Rieux et Rohan lèvent un fouage pour parer aux frais de la guerre ; et gardent le pont de Redon pour le passage de l'armée française.

A ce moment, François II avait rassemblé à Malestroit le peu de seigneurs qui lui restaient fidèles avec les

---

(1). Lobineau p. 766.

(2). Lobineau. Pr. col. 1460. Morice Pr. III. col. 542. 16 avril 1487. Le duc destitue le baron d'Avaugour du gouvernement de St-Malo parce qu'il a joint Rieux et Rohan à Redon.

(3). Lobineau. p. 767. On lit ailleurs *de Guaimarait*.

milices paroissiales. L'armée française, Rieux et Rohan arrivent ; ils s'emparent de Ploërmel, et menacent Vannes. Le duc se retire devant eux de proche en proche, et n'ayant pas en son pouvoir le pont de Redon, il est contraint de s'embarquer sur une flotille de pêcheurs guérandais ; il débarque au Croisic et va s'enfermer dans Nantes.

Vannes pris, les Français, malgré les protestations de Rieux et au mépris des termes du traité, commencent le siège de la place résidence du duc. On sait comment la Bretagne entière se souleva, et comment Nantes sauvé des Français resta au duc. (6 août 1487.)

Peu après, Redon allait rentrer en son pouvoir. Rieux était allé recevoir les Français dans sa place d'Ancenis ; profitant de son absence, la noblesse de Vannes commandée par Olivier de Keraudren vint assiéger Redon ; la place se rendit, et la dame de Rieux, « jeune et belle » dit Lobineau (1), fut faite prisonnière et conduite devant le duc à Nantes. Sur la prière du maréchal, le Roi intervint : et le duc « qui avait toujours eu beaucoup de considération pour les dames, » renvoya la dame de Rieux à son mari, en lui rendant ses joyaux. En signe de reconnaissance, le maréchal courut après le Roi à Châteaubriant, pour le déterminer à pousser la guerre. (2).

Redevenu maitre de Redon, le duc en augmenta la

---

(1). Rieux fut marié trois fois : 1° à Françoise Raguenel, dame de Malestroit etc. morte en 1481; 2° à Claude de Maillé, qui périt dans un incendie au château d'Elven et ne laissa pas d'enfants. 3° à Isabeau, fille de Jean III de Brosse ou de Bretagne, qui devint mère pour la première fois en 1497. — Il semble bien qu'il s'agit ici de Claude de Maillé. P. Anselme VI. p. 768 et V. p. 575.

(2). Lobineau. p. 773.

garnison (1). Sans doute il redoutait quelque retour offensif de Rieux ; mais il fut bientôt rassuré. Le maréchal voyait enfin clair (il était temps !) dans le jeu des Français ; il pouvait mesurer l'étendue de la faute commise à son instigation par les seigneurs bretons : il en marqua son repentir au duc, et, en preuve de son bon vouloir, lui ouvrit sa ville d'Ancenis, entra dans Châteaubriant, et lui ramena tous ses adversaires de la veille, moins pourtant le vicomte de Rohan. (Mars 1488) (2).

Mais il était trop tard : l'armée française allait entrer en Bretagne « avec une artillerie, la meilleure qu'il y eût encore eu en France. (3) » Le 27 juillet, les Français seront vainqueurs à Saint-Aubin-du-Cormier. Rieux sera le chef de l'avant-garde bretonne ; Rohan commandera cent lances dans l'armée royale ; et son fils aîné, le sire de Léon, à peine âgé de dix-huit ans, tombera sous la bannière ducale. Enfin, le 9 septembre, François II va mourir, laissant ses deux filles sans mère sous la tutelle du maréchal de Rieux ; et l'aînée, Anne, va devenir duchesse.

---

(1). Lobineau. Pr. 1487, mandement à Guyon Simon d'assembler vingt-cinq gens de guerre pour mettre en garnison à Redon.

(2). Rohan revint un moment, obtint son pardon et retourna au Roi. Lobineau, p. 782.

(3). Lobineau, p. 782.

CHAPITRE VIII.

ANNE DUCHESSE (1488-1491)

Anne de Bretagne a douze ans ; et elle devra soutenir la lutte non seulement contre les Français, mais contre les Bretons que son père a chargés de protéger sa faiblesse, surtout contre son tuteur, le maréchal de Rieux, son plus proche parent (1). Il lui faut défendre sa main contre six prétendants qui tous ont un parti.

François II, en récompense de quelques services, a fiancé sa fille tout enfant à Alain, sire d'Albret. La comtesse de Laval, gouvernante de la duchesse, et le maréchal de Rieux prétendent assurer ce mariage (2). La

---

(1). Il était cousin issu de germain de sa pupille. Voir aux *Additions* notes généalogiques.
(2). La comtesse de Laval était Françoise de Dinan, nommée gouvernante par testament de François II (Morice Pr. III. 602 dernière ligne). Elle était devenue femme de Guy XIV (en 1442 après la mort d'Isabeau de Bretagne dont nous avons vu le mariage à Redon, en 1430 (Ci-dessus p. 34.) Elle était veuve depuis le ? septembre 1486.
Elle était sœur *utérine* de d'Albret, et tous deux étaient au degré de cousins issus de germains avec Anne Bretagne. Pour plus de détails voir aux *Additions* notes généalogiques.

jeune duchesse a peur de ce fiancé ; et il y a de quoi : d'Albret est presque quinquagénaire, couperosé, père de huit enfants légitimes, sans compter les autres : le jour de son mariage, il fera sa jeune épouse belle-mère de fils bien plus âgés qu'elle (1).

La duchesse fatiguée de leurs obsessions écarte sa gouvernante et essaie de secouer le joug de son tuteur. Aux premiers jours de 1489, la duchesse se tenait à Redon, entre ses deux villes capitales, avec son tuteur, son conseil et son fidèle chancelier, Philippe de Montauban. Un jour elle apprend qu'une procuration a été donnée, en son nom, au sire d'Albret pour demander à Rome les dispenses nécessaires à son mariage. La duchesse proteste contre ce faux, et fait aussitôt signifier ses protestations à d'Albret et à son tuteur. Ils répondent par des menaces de mort contre le chancelier et se retirent au château de Rieux (2).

A ce moment, les Français, sans déclaration de guerre, entraient en Bretagne ; et l'opposition de Rieux, bien qu'elle ne fût pas encore rébellion, allait paralyser la résistance. Les Français cantonnés à Montfort sont informés de ces dissensions, et ils songent à investir la duchesse à Redon.

« Cette place n'était pas de défense (3) ; » et le danger était d'autant plus pressant que Rieux, ayant des intelligences dans la ville, pouvait se flatter d'enlever

---

(1). Lobineau. P. 769 et suiv. et généalogie de Bretagne. — Le fils aîné d'Albret, Jean, avait déjà épousé Catherine de Foix, reine de Navarre : il fut l'aïeul de Jeanne d'Albret, mère de Henri IV. — Voir dans Le Roux de Lincy (Hist. d'Anne de Bretagne I. p. 63) le portrait d'Albret.

(2). Lobineau. Hist. p. 795 et suiv.

(3) Lobineau. Hist. p. 796. D'Argentré, p. 991.

la duchesse. Celle-ci prend son parti, se met avec Mautauban à la tête d'une troupe fidèle ; et marche vers Nantes ; mais Rieux la devance et fait fermer les portes devant elle. (Février 1489).

Pendant ce temps les Français, après avoir échoué devant Rennes, s'emparaient de proche en proche de toutes les places, surprenaient Brest, et revenaient par Quimper, Concarneau et Vannes vers Redon et le comté de Nantes. Mais le maréchal de Rieux aidé de d'Albret les arrêta « au passage de la Vilaine, » sans doute près de Redon. (1).

Peu après, l'annonce d'un secours arrivant d'Angleterre les contraignit à se rapprocher de la frontière française : la plupart des villes redevinrent bretonnes ; et les envahisseurs se confinèrent dans cinq places entre autres dans Brest, que Rieux vint assiéger, et dans les places du vicomte de Rohan.

Au printemps, la duchesse avait reçu une ambassade d'Espagne, et, ce qui valait mieux, deux mille hommes d'armes avec une nombreuse troupe de piquiers, arbalétriers et arquebusiers. Cette petite armée était aux ordres de Don Diego Perez Sarmiento, comte de Salinas. La duchesse n'osait commettre la garde de sa personne ni à des bretons, ni aux Anglais que Rieux avait, disait-

---

(1). Morice. Pr. III. Col 674 et suiv. Mandement en faveur du maréchal de Rieux. — Ce mandement dit que les Français « avaient voulu conquérir Nantes, Guérande, Redon ... » Il semble qu'il faut retourner ces termes et lire Redon, Guérande, Nantes ; car c'est en revenant de Basse-Bretagne que les Français se heurtèrent au maréchal défendant la Vilaine. Redon était avec Messac le seul point où les Français pussent tenter le passage. A Messac, Rieux ne pouvait se porter sur la rive gauche sans mettre la rivière entre lui et Redon ; et il ne pouvait combattre sur la rive droite, le dos à la rivière. C'est donc à Redon que Rieux arrêta la marche de l'armée française.

il, gagnés ; elle se remit à la loyauté chevaleresque des chefs Espagnols.

Elle les fit venir auprès d'elle à Rennes, et quand, à la fin de l'année, elle réunit les Etats à Redon, elle y ramena les Espagnols. Ruffier, seigneur de la Bouvardière, avait le gouvernement ; la duchesse l'en déchargea et lui ordonna de remettre les clés au comte de Salinas ou à son lieutenant. En même temps, elle prescrivait au miseur de la ville de faire « les réparations nécessaires environ la dite place, selon les devis et ordonnances du comte de Salinas. » (1)

Peu après, la paix se faisait à Francfort entre le Roi de France et Maximilien, Roi des Romains (décembre 1489) ; et la duchesse y fut comprise. Rieux, toujours entêté du mariage de sa pupille avec d'Albret, repoussait ce traité ; mais vivement conseillé par le Roi d'Angleterre et menacé par la duchesse qui levait une armée contre lui, il se soumit, en faisant payer sa réconciliation à lui-même, à la comtesse de Laval et à d'Albret (mai 1490).

Le 19 décembre, à Rennes, Anne de Bretagne épousait par procuration Maximilien (2). C'est alors que

---

(1). Lobineau. Hist. p. 806. Morice. Pr. Col. 663—64. Le texte cité dit *Boisruffier*. Lobineau nomme le capitaine de Redon sieur de la Bouvardière, sans donner son nom patronymique. Ce nom est *Ruffier*. Boisruffier est le nom d'une seigneurie (par. de Pleslin.) M. de Courcy. Très ancienne maison. Un Ruffier est témoin d'une donation à l'abbaye de St-Melaine, en 1184 (M. de Couffon de Kerdellech. II. p. 469). — Le remplacement du sieur de la Bouvardière ne fut pas une disgrâce. C'est lui sans doute que vers le même temps la duchesse emploie dans diverses négociations.

(2). De ce jour, Anne prit le titre de *Reine des Romains ;* et de nombreux actes portent : Maximilien et Anne, Roi et Reine des Romains, duc et duchesse de Bretagne ». Ex Morice. Pr. III. 702. — M. Kerviler (*Armorique et Bretagne.* II. p. 31 et suiv.) cite un acte analogue daté par

d'Albret, destitué de ses ambitions matrimoniales, s'engagea, par un honteux marché à livrer au Roi la ville de Nantes. (1) Il s'en empara en effet par trahison (nuit du 19 au 20 mars) (2) ; et le Roi, qui était en ce moment en paix avec la duchesse, entra aussitôt en Bretagne. Le 4 avril, il faisait son entrée à Nantes. Dès le mois de mai, l'armée royale se mettait en campagne, et bientôt elle passait la Vilaine.

Il ne semble pas que Redon ait essayé de résister. Avant le 7 juin, le Roi en était maître. Ce jour, Guénot de Lonsière, conseiller, maître d'hôtel du Roi et sénéchal du Quercy, passait en revue la compagnie de cent hommes d'infanterie aux ordres de Guy de Champaigne, chevalier, ayant pour lieutenant Guillaume de la Norbière. Cette compagnie était destinée à la garde de la ville. (3)

Aux premiers jours d'août, l'armée royale avait fait le tour de la Bretagne, et revenait sur Rennes où la duchesse était renfermée. En même temps le Roi arrivait du Maine avec de grandes forces.

---

erreur du 19 avril 1480. et cette erreur qu'il relève, a été répétée de proche en proche pendant plusieurs siècles !

(1). Il faut lire ce traité également honteux pour les deux signataires : on verra de quelles bassesses Charles VIII se fit le complice. Une des conditions c'est que le Roi fera épouser à d'Albret la duchesse qu'il sait solennellement fiancée à Maximilien. Lobineau. Hist. p. 812. et Pr. col. 1530.

(?). Lobineau (p. 813) dit 20 février; d'Argentré; (p. 1000) dit 20 mars. C'est cette date adoptée par M. de la Borderie qu'il faut suivre Le Roi, qui était alors en Touraine, ne pouvait laisser passer un mois sans venir recevoir le serment des habitants, le 4 avril.

(3) Rôle de la montre tenue à Redon, à la requête de Jehan Legendre, conseiller du Roi et trésorier des guerres. — Il n'y a présents que 76 hommes au lieu de cent. Guy de Champaigne n'est pas présent. Il est alloué à chacun cent sols tournois pour un mois. — Original sur velin. Cabinet de M Raison du Cleuziou.

La résistance était désormais impossible ; et la paix fut signée les 28 octobre et 15 novembre. Enfin la duchesse se voyant, comme elle disait, « abandonnée par Maximilien à la nécessité, » se fiança à Charles VIII, et alla se marier à Langeais, le 6 décembre 1491.

En donnant sa main au Roi de France, Anne de Bretagne n'avait pas donné la Bretagne à la France : en devenant Reine, elle ne cessa pas d'être duchesse, et les deux bannières de France et de Bretagne flottèrent ensemble sur les villes du duché.

La ville de Redon seule avec Rennes et Nantes avait constamment, sauf pendant quelques mois de 1487, arboré la bannière bretonne. Qui l'eût dit que, quatre siècles plus tard, la vieille bannière unie au drapeau tricolore sur l'hippodrome de Redon serait jugée séditieuse et serait abattue ! Depuis, dédaignant ces mesquines tracasseries, la bannière s'est retirée d'elle-même. Mieux vaut une retraite volontaire qu'une exclusion injurieuse et imméritée : *Potius mori quam fœdari* (1).

---

(1) Sur ce curieux incident, qui est un signe des temps, lire les journaux de l'époque et notamment le *Journal de Redon* des 30 juillet 1891 et 7 juillet 1892.

La bannière bretonne se montrait-elle donc pour la première fois en juillet 1891, sur l'hippodrome de Redon ? Non. Depuis longues années elle y était arborée sans que personne y trouvât à redire. Si les hermines de Bretagne sont *séditieuses*, comment la ville de Redon ose-t-elle les conserver sur ses armes ?

Voilà la ville séditieuse ! *Caveant consules !*

Chapitre IX

ANNE DE BRETAGNE REINE DE FRANCE

En 1495, Charles VIII voulut se rendre compte de l'armement de la Bretagne. Il chargea Girardin de Billy de faire « l'inventoyre de l'artillerie. » (1) Billy visita successivement les dix-huit places du duché. Il commença par Rennes, le 5 juin ; et prenant sa route par la côte

---

(1). Il est permis de rappeler ici que « le premier usage de l'artillerie authentiquement constaté en Bretagne » se rapporte au siège de Bécherel, en 1371. (M. de la Borderie, Conférences, T III. p. 19). L'armée française attaquait Bécherel défendu par les Anglais. Deux ans plus tard (1373) l'armée qui envahit la Bretagne sous le commandement de du Guesclin, avait des canons dont elle fit usage notamment contre Quimperlé (Lobineau, hist. p. 406). En 1378, Lancastre débarquant à St-Malo avait, selon Froissard, 400 canons. Mais M. de la Borderie remarque avec raison que la plupart devaient être des petites coulevrines, qui depuis sont devenues les arquebuses, puis les mousquets, enfin les fusils (Id. p. 20). A cette époque les gros canons, dits *bombardes* (à cause du bruit qu'ils faisaient) furent surtout employés à l'attaque ou à la défense des places (Cheruel, Dict. hist. p 13).
Le duc Jean IV eut une artillerie. En 1391, il avait un maître de l'artillerie ; et à sa mort, en 1399, le château de l'Hermine était armé de dix-sept canons (M. de la Borderie, Id. p. 57-58) En 1595, Girardin de Billy n'y trouva « qu'un canon de fer et deux faulcons de fonte. »

nord il revint par la côte sud à Nantes, où il finissait l'inspection en décembre. (1).

Le 13 juillet, Billy était à Redon (2). L'inventaire fut dressé « en présence de Jehan le Coustellier, lieutenant du capitaine du dit lieu, du contrerolleur de la ville, de Jean de Lespine, canonnier ordinaire en l'artillerie du Roy notre sire, et autres. »

La place n'était pas armée comme Rennes, Nantes, Brest, Dinan et quelques autres ; mais pourtant elle était bien mieux pourvue que d'autres places : les unes en effet étaient dénuées de pièces, de boulets et de poudre, comme Auray et Hennebont ; les autres munies de quelques pièces, comme Quimper, n'avaient ni poudre ni boulets.

Redon au contraire a « des pièces d'artillerie, de la poudre, du souffre pour en faire d'autres, des balles, du plomb et des moules à balles, des affûts ferrés et des roues de rechange ». Billy trouve cet arsenal établi dans « la maison de l'ospital, » tout près du mur de la ville (3).

Billy énumère une trentaine de pièces sous les déno-

---

(1) Inventaire imprimé au T. II des Archives de Bretagne publiées par la Société des Bibliophiles bretons, 1884. p. 123 à 144. — J'ai déjà étudié cet inventaire à propos de *l'Artillerie de Quimper*. — Il faut lire outre *l'Inventaire* l'introduction de M. de la Borderie p. XXXII et suivantes.

(2). Inventaire p. 140—141.

(3) Guidé par l'abbé Jausions, je crois pouvoir marquer sur le plan « la maison de l'ospital. » L'abbé Jausions dit que l'hôpital était alors dans une maison « tenue prochement » de l'abbaye, à l'une des issues dites ruelle des Chambots, près de la porte voisine du four banal de Port-Nihan. ». p. 92. note 1.
La ruelle des Chambots est la voie marquée sur le plan sous le nom de *Rue du Four*. En face s'ouvrait une porte que le plan de l'abbaye nomme *antiqua porta*. L'hôpital était selon toute apparence la maison représentée comme appuyée au mur de ville.

minations suivantes : petits faulcons à chevaletz, faulcons à torillons, faulcons à crocq, haquebutes (depuis arquebuses) à crocq, petits canons de fonte, petites serpentines. Plusieurs de ces pièces sont munies de « boètes » de rechange et montées « sur affusts ferrez. » (1).

Il mentionne spécialement des « boullets de fer du callibre des coulleuvrines de Nantes qui avaient esté menées au dit Redon avecques la coulleuvrine nommée *la Terrible* qui à présent est à Brest. » (2)

Le 26 juin, Billy avait trouvé à Brest une grosse coulevrine de fonte du poids de trois mille livres, amenée de Redon et nommée la *Hideuse*. C'est selon toute apparence, la même pièce.. C'était la plus grosse coulevrine que possédât la Bretagne.

Une seule des pièces trouvées à Redon porte le nom de *canon*. Ce nom, qui depuis s'est appliqué à toute pièce d'artillerie, était alors réservé en général à la grosse artillerie de siège ou forteresse (3). Les *faulcons*, qui empruntaient leur nom à l'oiseau dont le vol est si rapide, étaient l'artillerie légère ou de campagne : les coulevrines et serpentines faisaient la transition. Toutefois il y avait des *petits canons* employés en campagne et des

---

(1). Dans le canon on distingue la *volée* qui donne la direction au projectile, et la *chambre* où se dépose la charge ; au XVe siècle, on disait déjà *chambre* et plus ordinairement *boite* (boète). — Une boite mobile indique une pièce se chargeant par la culasse.

(2) L'inventaire constate à Nantes « une grosse coulleuvrine pareille à *l'Orible* montée de rocs (roues) .. » L'*Orible*, la *Terrible*, la *Hideuse* semblent bien la même.

(3) Le plus gros canon signalé par Billy se nommait *Guingamp*, parce qu'il avait été fondu en cette ville. Il pesait *sept mille cinq cents livres ou environ*. Il avait servi au maréchal de Rieux assiegeant Brest, en 1489 ; et de là avait été amené à Rennes, où Billy le trouva — p. 123.

faucons mis sur les remparts pour la défense des places. Témoin ceux que Billy trouva à Redon.

Dix ans plus tard, ces faucons purent saluer la joyeuse entrée de la Reine de France, duchesse de Bretagne.

Anne n'avait pas vu la Bretagne depuis son mariage avec Louis XII (7 janvier 1499). En 1505, elle vint accomplir un pèlerinage à N. D. du Folgoët ; pour s'y rendre et en revenir elle fit le tour du duché, recevant partout « un honneur triomphant et magnifique (1) ». Les historiens ont décrit les solennelles réceptions de quelques villes, et nous ont dit le caractère touchant que prit l'enthousiasme populaire ; ils nous ont montré les paysans désertant leurs villages et portant leurs enfants au bord des routes pour leur faire une fois voir *la bonne duchesse* (2). Mais ils ne jalonnent pas la route qu'Anne de Bretagne suivit de Nantes à Vannes.

Nul doute pour nous qu'elle n'ait pris par Redon. Le pont de Rieux, qui allait bientôt tomber, n'offrait pas une sécurité suffisante. Le passage de la Roche-Bernard eût été difficile pour le nombreux cortège de la Reine (3). Redon, avec les « logis du duc » dans l'abbaye Saint-Sauveur, était une étape indiquée ; et la Reine devait se sentir attirée vers cette ville. Comment n'aurait-elle pas gardé un reconnaissant souvenir à une place qui lui avait été un fidèle refuge dans la mauvaise fortune ?

---

(1) Alain Bouchard, f° 265 v°. Edition des Bibliophiles Bretons.

(2).... « Estoit quasi chose miraculeuse de veoir par les champs, chemins, boys, si grant multitude d'hommes, femmes et petits enfans qui accouroyent pour voir leur dame et maitresse... » Id f° 266 r°.

(3). « Un tel train comme estoient les nobles et gentilzhommes de sa compaignie » ne put loger à Brest. Id. f° 266 r°.

Chapitre X.

XVIᵉ SIÈCLE

Nous avons vu que en 1489, après les travaux ordonnés par François II, Redon « n'était pas de défense » ; et que la duchesse Anne elle-même prescrivit de nouveaux ouvrages au miseur de la ville et au gouverneur comte de Salinas. Mais, quelqu'eût pu être le zèle du gouverneur et du miseur, il est probable que la place de Redon aurait eu le sort de toutes les petites places à cette époque : elle eût tenu quelques jours.

C'était fatal : les progrès accomplis dans l'artillerie depuis le milieu du XVᵉ siècle avaient rendu l'attaque supérieure à la défense ; et les murs, construits pour la plupart au XIVᵉ siècle, ne pouvaient résister aux boulets.

Dans l'inspection générale de l'artillerie de Bretagne, Billy avait trouvé en tout 707 pièces de divers calibres depuis le gros canon jusqu'à la haquebute. Moins de cinquante ans après, combien les armes à feu se sont multipliées ! Nous avons à cette date non un inventaire officiel comme celui de Billy, mais des renseignements fournis par un homme qui voyait bien et savait rendre très clairement ce qu'il avait vu : l'illustre Ambroise Paré.

En 1543, René, vicomte de Rohan et de Léon, nommé par le Roi François 1er lieutenant du Roi en Bretagne, prend Paré pour chirurgien et l'amène en Bretagne. Paré passe plusieurs mois à Landerneau. Billy n'avait pas trouvé une seule pièce d'artillerie de Brest à Quimper : Paré signale autour de Brest quatre postes fortifiés et pourvus d'armes à feu. (1)

Ce n'est pas tout : si le matériel s'est considérablement augmenté, il est, en 1543, tout autre qu'en 1495.

Paré ne nomme plus bombardelles, courtauds, mortiers, pétards, ribaudequins, pièces sans doute passées de mode ; mais il signale des pièces dont le nom ne se trouve pas dans l'inventaire de Billy : bastardes, mousquets, pièces de campagne, sacres, flustes, orgues, basiliques et passe-volants.

Je ne puis donner le *signalement* de chacune de ces pièces (2). Deux pourtant méritent une mention particulière : la *basilic* et le *passe-volant*.

« Le basilic est le plus grand des canons ; » il est terrible comme le monstre dont il a pris le nom et dont, comme on sait, le regard tue. Il lance des boulets de

---

(1). Le Conquet, Daoulas, Le Fou et Laudanec (sans doute Landevenec.). J'ai publié le *Voyage de Paré*. (Société Arch. du Finistère 1890.).

(2). Je renvoie les curieux au dictionnaire de Trévoux.
Disons pourtant ici que le *sacre* est un oiseau de proie et de vol comme le faucon et le gerfaut. De là le nom de cette pièce.

160 livres ; mais il les lance assez mal pour qu'il ait été abandonné avant le dernier siècle.

Le passe-volant n'a pas à se reprocher la mort d'un seul homme ; jamais il n'a lancé un boulet, il est *en bois bronzé* ; il est sur les remparts pour la montre ; « il ne sert qu'à faire peur. » Il parait que, comme le basilic, il remplissait assez mal son office puisqu'il a été réformé, il y a longtemps. (1).

Nous manquons de renseignements sur l'armement de Redon à cette époque ; que nous aimerions mieux quelques indications sur ce point, que la description donnée dans l'aveu de 1580 de la place de Redon !

L'abbé Paul Scotti déclare, non sans complaisance, la ville « de toute antiquité murée et fermée de fortes murailles, ceintures et forteresses, portes, boulevards, ponts (levis), grosses tours et autres défenses accoutumées aux bonnes villes de ce pays de Bretagne. »

Pendant tout le XVI° siècle jusqu'à la Ligue la place de Redon ne verra pas la fumée d'un camp ennemi : et c'est heureux pour elle. Depuis la reine Anne aucune réparation n'y avait été faite: les murs, même avec leurs brèches, ne suffisent-ils pas à défendre la ville close contre les collecteurs des fouages ? Mais même armés de basilics et munis de passe-volants les vieux murs de Jean de Tréal seraient bientôt « dilacérés et rompus » par l'artillerie.

---

(1) C'est un faux canon, comme dans une compagnie le *passe-volant* est un faux soldat qui n'apparait qu'aux jours de revue pour faire croire que la compagnie est au complet. *Trévoux.*

Chapitre XI.

LA LIGUE -- DÉBUTS

FRANÇOIS DE TALHOUET NOMMÉ GOUVERNEUR PAR MERCŒUR (1589).

I.

Le pont de Redon avait cependant à la fin du XVIe siècle une importance stratégique qu'il n'avait pas eue jusque-là. Cela tenait à deux causes : pendant le XVIe siècle, le pont de Rieux mal entretenu était tombé en ruines ; et le pont de Redon se trouvait désormais seul sur la Vilaine au dessous de Messac. D'un autre côté, Mercœur avait établi sa capitale à Nantes ; il possédait Vannes, Concarneau, Quimper ; il allait faire sa place d'armes à Dinan, voisin de ses possessions du Penthièvre, et bientôt établir les Espagnols à Blavet : sans le pont de Redon, Mercœur était contraint de passer en bateaux à la Roche-Bernard ; et ses relations avec la Basse-Bretagne étaient ainsi moins faciles. De toute nécessité il lui fallait Redon.

L'abbé de Saint-Sauveur, seigneur de la ville, était alors Paul Hector Scotti. Ce prélat italien, seul des abbés commendataires de Saint-Sauveur, faisait sa résidence dans le voisinage sinon dans l'abbaye même (1). Il se déclara des premiers pour la Ligue : il fit entrer la ville dans l'*Union* et rendit ainsi Mercœur maître de la place et du pont.

Mercœur s'empressa de remettre le gouvernement de ce poste important aux mains de François de Talhouet (2).

Ce gouverneur fut-il, comme il arrivait quelquefois, demandé par la ville (3) ? L'abbé de St-Sauveur, reprenant l'antique privilège de ses prédécesseurs, l'avait-il indiqué à Mercœur ? Quoiqu'il en soit, il était difficile de faire un choix meilleur.

Talhouet avait un avantage sur un gouverneur étranger : il devait être « au gré des habitants » qui voyaient en lui un gentilhomme du pays connu d'eux tous, qualité précieuse pour un chef de guerre ayant besoin d'influence personnelle sur les bourgeois.

Plusieurs des paroisses ou des seigneuries dont Talhouet prenaient le titre étaient situées dans un étroit rayon autour de Redon ; et Talhouet avait multiplié ses attaches avec le pays en épousant (22 janvier 1577) Valence de Boisorhant (paroisse de Sixt), héritière

---

(1). Sa résidence préférée semble avoir été le manoir de Brain. (Hist. de Redon, p. 137. — L'aveu du 8 juin 1580 porte « demeurant de présent au lieu et manoir de Brain. »

(2). Aucun doute sur le prénom de Talhouet, *François* : De Thou (Ed. Delahaye M DCCXL, t. VIII, p. 619) et Mezeray le nomment Jean. — M. Berger de Xivry, éditeur des lettres missives de Henri IV, (T. IV, p. 306), le nomme René et lui donne pour frère Gilles. Le savant éditeur a confondu François Talhouet avec son fils, après lui gouverneur de Redon. La production faite à la réformation de 1688 par les petits-fils de Talhouet ne laisse aucun doute à cet égard.

(3). Exemple à Quimper : vers la même époque, Mercœur y nomme le sr de Goulaine en remplacement de Jean du Quelenec, sr de St Quérec et du Hilguy ; mais la ville prétend garder et garde celui-ci. Moreau, p. 161.

de la seigneurie de Boisorhant ayant haute justice. Après ce mariage et l'acquisition faite par les époux, en 1581, de la seigneurie de la Grationnaie (1), Talhouet put prendre les titres de seigneur de Séverac, La Gacilly, Talhouet (Pluherlin), la Grationnaie (Malansac), Boisorhant (Sixt), Keredern (Questembert), Tréméran et la Villeneuve (St-Dolay), Ile de Rhuys, etc.

Né le troisième du mariage de son père contracté en 1536, Talhouet n'avait pas atteint la cinquantaine (2); et Mercœur pouvait attendre de longs services d'un officier expérimenté et dont il avait déjà éprouvé l'énergie et l'habileté.

Au mois de février 1589, Mercœur, sans se déclarer encore, préparait la rébellion. Il est maître de Nantes, il lui faut Rennes, siège du parlement. Il envoie Talhouet à Rennes, pour y créer son parti. Celui-ci entre en relations avec l'évêque Aymar Hennequin, l'ancien sénéchal Bertrand d'Argentré, des présidents au parlement, des magistrats du présidial. Tout à coup le bruit court que le Roi va livrer la ville aux réformés. La population dresse des barricades et prend les armes. Talhouet se fait chef militaire du mouvement ; et quelques jours après il peut appeler Mercœur qui entre à Rennes, le 14 mars.

Si Mercœur plus avisé ou moins confiant avait laissé Talhouet à Rennes avec quelques forces, il n'aurait pas

---

(1) Acquet du 12 novembre 1581. — Les Demoiselles Bretonnes de St-Cyr, par le baron de Rosmorduc. p. 439.

(2) Il était fils de Jacques, Sr de Keredern (Questembert) et de Anne Couedro, mariés en 1536. — Production à la réformation.

vu, vingt jours plus tard, le sénéchal Guy Le Meneust lui enlever la ville et pour toujours.

Mais Mercœur se croyant sûr de Rennes avait envoyé Talhouet investir Vitré. Deux mois plus tard, Mercœur devra lever le siège ; mais s'il n'a pas réduit la place ce n'est pas de la faute de Talhouet ; celui-ci a si bien gardé les avenues de Vitré que pas un secours n'a pu y entrer ; et on s'étonne de ne pas le voir compris dans la liste des vingt gentilshommes que le parlement condamna à mort « parce qu'ils tenaient places..... occupées ou assiégées pour le duc de Mercœur. » (21 avril 1589) (1).

C'est après ce siège malheureux que Mercœur envoya Talhouet à Redon. Celui-ci s'empressa de s'enfermer dans la place avec sa femme mère de plusieurs enfants (2), et qui allait à Redon même lui en donner un autre.

II

Talhouet n'était pas seulement chargé de défendre la ville : il avait à la mettre en état de défense, et il lui fallait construire selon un système nouveau. Ce fut son

---

(1). V. l'arrêt. Morice. Pr. III. col 1497.

(2) Avait-il un fils nommé René déjà engagé dans l'*Union*, membre des Etats ligueurs de Vannes, en 1592, et même député par les Etats auprès de Juan d'Aquila ? (Documents sur la Ligue). Tous les généalogistes l'affirment. Mais le doute naît de la date du mariage de Talhouet, 22 janvier 1577. Son fils René, fût-il l'aîné, ne pouvait avoir que treize ou quatorze ans en 1592, et, d'après un généalogiste qui le fait naître vers 1583, il n'aurait eu que neuf ans. La généalogie de Talhouet ne mentionnant aucun autre René, ne peut-on pas supposer que le mariage de François avait eu lieu en 1567 au lieu de 1577 ? René pouvait ainsi avoir dix ans de plus, soit environ 23 ou 24 ans. — Cette supposition semble d'autant plus plausible que Guillaume, dont François était le puiné, se maria en 1565. (Prod. à la réformation),

premier soin. Les deux angles des murs au nord et au sud ouest appelèrent surtout son attention ; nul doute que les deux bastions dessinés au plan de 1788 et dont on voit encore quelques vestiges ne soient son ouvrage.

Ces travaux accomplis, il devait suffire pour défendre la place d'un chef expérimenté commandant des soldats aguerris, et des bourgeois ligueurs, qui ne tiendraient pas en rase campagne, mais qui savent pourtant faire le coup de feu à l'abri de leurs murailles.

Mais l'armée royale ne mettra pas à l'épreuve Talhouet, ses hommes de guerre et les bourgeois de Redon... C'est, en effet, une remarque à faire : Rennes est le quartier général de l'armée royale ; des villes semblent protégées contre elle par leur éloignement, comme Morlaix et Quimper : elles seront pourtant assiégées et prises ; or ces villes sont loin d'avoir l'importance stratégique de Redon. Redon est à quelques journées de Rennes : il semble appeler, j'allais dire défier l'armée royale, et cette armée ne vient pas !

Trois fois le prince de Dombes, lieutenant général du Roi, a en main des forces suffisantes pour menacer et prendre Redon ; mais il n'y songe pas. En 1590, il tente le siège d'Ancenis, mais changeant d'avis il se retire si précipitamment que du coup il perd Châteaubriand ; en 1591, avec un renfort de 2400 anglais, il promène de proche en proche une armée dont l'indiscipline fait une troupe de brigands, et se trouve quatre fois en présence de Mercœur sans que le combat s'engage sérieusement ; en 1592, il voit son armée débandée et détruite dans la folle expédition de Craon.

Après cette équipée, le Roi donna au prince, pour conseil, c'est-à-dire pour maître, un grand homme de guerre, le maréchal d'Aumont ; mais le maréchal ne se soucie pas du périlleux honneur d'être le mentor d'un prince du sang, auquel le Roi semble destiner sa sœur (1) : il sait qu'il n'y a plus d'armée royale en Bretagne ; et, pour entrer dans la province, il attendra que le prince devenu duc de Montpensier soit allé prendre possession du gouvernement de Normandie. A ce moment, c'est-à-dire en juin 1594, il n'est plus besoin d'assiéger Redon : Talhouet se dispose à rendre la place au Roi.

---

(1) C'est le seul motif qui explique la faveur du Roi. La *présentation* avait eu lieu à Saumur en 1593. Montmartin p. CCXCII du T. II. Hist. de D. Morice.

Chapitre XII.

LA LIGUE -- SUITE

TALHOUET GARDE REDON POUR MERCŒUR (1590-1594

Quand Talhouet méditait cette détermination, il avait gardé la place pendant cinq années. Comment s'y était-il gouverné ? Deux historiens qui lui sont peu favorables vont nous renseigner.

Emporté par son zèle royaliste, Mezeray, presque contemporain, s'est montré sévère pour Talhouet. Il n'accorde pas au chef ligueur le pardon bienveillant que le Roi a fait offrir au gouverneur qui revient à lui. Bien plus ! on dirait que l'historien en veut à Talhouet d'avoir rendu la place. Lisez plutôt : « Jean (lire François) Talhouet songea à faire son traité particulier, et se rangea du côté du plus fort pour se conserver le gouvernement de Redon ».

Mercœur abandonné par Talhouet n'aurait pas tenu un autre langage... Mais l'historien ne s'en tient pas à cette critique : il ajoute :

« Il l'avait envahi (le gouvernement) au commencement

de cette guerre avec deux ou trois compagnons, puis avait si bien fait qu'il en était seul demeuré maître, et tenait tout le pays d'alentour en sujétion, et fit raser les châteaux des gentilshommes qui pouvaient resserrer ses courses, sans même épargner celui du marquis de Rochefort dont il avait été page et qui avait commencé sa fortune. » (1).

Rosnyvinen de Piré, copiant sans doute Mézeray, dit aussi que Talhouet s'était emparé du gouvernement de Redon... Et pourquoi pas ? En faisant ainsi, il aurait fait comme plusieurs ligueurs, par exemple René d'Aradon à Vannes (2). Qu'importe que s'étant rendu maître de Redon, il ait été confirmé par Mercœur, ou que celui-ci l'ait choisi et nommé ? Toutefois il semble plus vraisemblable que Mercœur reconnaissant sa valeur choisit Talhouet pour garder Redon, comme il l'avait choisi pour lui rendre Rennes.

Mezeray semble s'indigner que Talhouet ait fait sentir son autorité au pays environnant Redon et ait étendu son action le plus loin possible. Comme chef militaire, il ne devait pas faire autrement. Mézeray entend-il se plaindre des réquisitions exercées par Talhouet, même peut-être à main armée ? Hélas ! c'était le droit de la guerre. Comment faisait l'armée royale avec des chefs pillards comme du Liscouet et Grezille de la Tremblaye, et des auxiliaires rapaces comme les Anglais et les lansquenets allemands ?

---

(1). T. XVIII, p 174. Edition d'août 1830 — Aux frais du gouvernement pour donner de l'ouvrage aux ouvriers typographes.

(2). Rosnyvinen de Piré, I. p. 171.

Enfin Mezeray s'indigne que Talhouet ait rasé des châteaux qui entravaient son action : il l'accuse même d'ingratitude envers le seigneur de Rochefort à propos de la ruine de ce château. Faire raser les places que l'ennemi occupe est un fait et un devoir de guerre.

Mais il y a plus ; et Mezeray ne le savait-il pas ? Les Etats royaux de 1593 avaient demandé au Roi la démolition de toutes les places de Bretagne tenant garnisons royales, à l'exception de onze, parmi lesquelles Rochefort n'est pas nommé. Les Etats jugeaient ces places « inutiles, préjudiciables et à la foule (l'oppression) du peuple et la diminution des finances du Roi. » (1).

Rochefort était aux mains des royaux : c'était donc une des places dont les Etats demandaient la démolition. Talhouet en démantelant Rochefort n'avait fait qu'accomplir le vœu peut-être excessif des Etats.

Ce démantèlement, s'il a lieu, en 1594, comme on l'a écrit, je ne sais sur quelle autorité (2), était commandé à Talhouet par les nécessités de la guerre. Rochefort

---

(1). 4 janvier 1593. Morice, pr. III, col. 1558. Piré I. p. 365.

(2). Ogée II. p. 681. Voici sa phrase :
« En novembre 1592, le prince de Conti et le maréchal d'Aumont assiégèrent Rochefort... Le 10 décembre Mercœur fit lever le siège. » Il ajoute : « fait qui se rapporte à la ville de Rochefort-sur-Loire ». C'est vrai. Alors pourquoi en parler à propos de Rochefort de Bretagne ? — L'auteur ajoute : « En 1594, M. de Talhouet prit le château et le fit raser. » La date et le fait semblent plausibles, bien qu'aucun historien ne les mentionnent.
Pour la *date* : Jérôme de Quinipily, dont le journal s'arrête au 25 août 1593, ne dit rien de la prise de Rochefort, donc elle est postérieure à cette date. (Au 23 septembre 1592, il mentionne le siège de Rochefort, mais il s'agit de Rochefort-sur-Loire). — Pour la *ruine* de Rochefort on ne voit pas les Etats en demander la démolition après la paix ; et un état de la seigneurie dressé en 1634 (Cabinet de M. du Cleuziou) nous représente le château et même sa chapelle comme en ruine. — C'est donc pendant la guerre qu'il avait été ruiné.

était un poste important qui coupait les communications de Redon avec Vannes resté fidèle à Mercœur. C'est si vrai que, dès le mois de juin 1589, René d'Arradon essayait de s'en emparer ; et, au mois d'août suivant, le marquis d'Assérac occupait Rochefort (1), avec cent vingt cuirasses et des arquebusiers.

Mais, dit Mezeray, Talhouet en démentelant Rochefort manquait de reconnaissance. Mais, maître de Rochefort, s'il ne pouvait le garder à Mercœur, au moins devait il le mettre hors d'état de lui nuire : il aurait manqué au devoir de fidélité envers Mercœur, si, pour complaire au seigneur de Rochefort, il n'avait pas ruiné ce château.

Les guerres civiles avaient rompu bien d'autres liens que ceux de la reconnaissance, et même les liens de famille ou d'alliance les plus étroits. Faut il rappeler le combat de Loudéac (mars 1591) où l'on vit Saint-Laurent aux prises avec le marquis de Coëtquen, son beau-père, et le comte de Combourg, son beau-frère, qui périt.

Mais Mezeray a été mal informé : Le marquis de Rochefort possesseur du château pendant la Ligue n'avait pas été l'artisan de la fortune de Talhouët. Le marquis était à ce moment un enfant de dix ans au plus, François de Coligny, dit Guy XX de Laval, sous la tutelle de sa mère, Anne d'Allègre, un des chefs du parti protestant en Bretagne. (2).

---

(1). Journal de Jérôme d'Arradon. Morice. II p. CCLVIII et IX. Le marquis d'Assérac est Jean VI de Rieux, cet écervelé qui lança le baron de Crapado dans la folle entreprise où celui-ci perdit la vie.

(2). Un biographe s'est demandé si Talhouet n'aurait pas été page de Claude de Rieux, sr de Rochefort, grand oncle de Guy XX. On peut

Rosnyvinen de Piré relève l'erreur de Mezeray sur ce point (1) ; mais il adresse un autre reproche à Talhouet : « Le gouvernement de Redon, dit-il, ne lui fut pas infructueux par les contributions qu'il tira particulièrement sur les denrées qui remontent la Vilaine jusqu'à Rennes, entr'autres sur les vins dont apparemment il haussa le prix aux habitants. » (2).

Cette expression *apparemment* donne à penser que l'historien n'est pas assuré de ce qu'il raconte. Mais lever des contributions c'est un droit fatal de la guerre. Si Talhouet ne fit qu'exiger un péage des denrées montant à Rennes, il fit moins que ce que d'autres auraient fait et que peut-être il eût dû faire ; Rennes étant au pouvoir des royaux, il appartenait au capitaine ligueur de Redon d'empêcher de ravitailler Rennes par la Vilaine.

Des reproches articulés par les deux historiens nous pouvons hardiment conclure que Talhouet fut un habile et vigilant capitaine, sachant étendre son action sur les environs de sa place, et assurant non seulement la sécurité de la ville mais la subsistance de ses troupes, accomplissant en un mot les devoirs de sa charge.

Après avoir si bien gardé Redon pour Mercœur Talhouet saura le garder pour le Roi avec le même dévoûment.

---

répondre que non en toute assurance : Claude de Rieux est mort en 1532 (P. Anselme) ; et le père de Talhouet s'est marié seulement en 1536. — Le renseignement de Mezeray semble donc absolument controuvé.

(1). Il ajoute avec raison : « Mais quand cela serait (quand le marquis de Rochefort aurait fait la fortune de Talhouet) ce n'est pas une raison pour conclure que, dans une guerre civile, se trouvant d'un parti contraire, il eut dû respecter le château de Rochefort. » T. II. p. 151.

(2) I. p. 132.

Chapitre XIII.

LA LIGUE -- SUITE

TALHOUET PRÉPARE SA PAIX AVEC LE ROI (1594-1595)

I.

Aujourd'hui nous accuserions de trahison le gouverneur qui, sans attendre un coup de canon ni même une sommation, ouvrirait à l'ennemi la place qu'il s'est chargé de défendre. Mais, à la fin de nos guerres civiles du XVIe siècle, on n'avait pas, semble t-il, la même conception de l'honneur militaire ; et l'opinion n'attachait pas la note d'infamie au capitaine passant avec sa place de l'un à l'autre parti. En Bretagne, deux capitaines se sont trouvés en même temps dans cette situation singulière : Le Prestre de Lezonnet, gouverneur de Concarneau, dont j'ai parlé ailleurs (1), et François Talhouet.

L'un et l'autre, hâtons-nous de le dire, ne se portèrent pas à ce *changement de service* sans avoir averti Mercœur, et sans l'avoir supplié d'accepter enfin la paix, menaçant en cas de refus, de se séparer de lui : *ils y mirent les formes*, surtout Talhouet.

---

(1). V, notamment *Siège de Concarneau*, en 1619 (1892).

Si le but unique de la Ligue avait été d'écarter du trône un prince hérétique, la Ligue était victorieuse le jour où Henri IV abjura (25 juillet 1593) ; elle n'avait donc qu'à cesser la guerre. Beaucoup virent dans l'abjuration la paix ; mais la Bretagne allait l'attendre longtemps encore.

Toutefois la conversion du Roi fit plus pour sa cause que le gain d'une bataille rangée. L'abjuration mettait les Ligueurs et surtout Mercœur dans un cruel embarras. Mercœur avait souvent protesté que le Roi devenu catholique n'aurait pas de plus zélé serviteur que lui. Ces paroles que la Bretagne avait recueillies comme une espérance, Lezonnet et Talhouet les rappelèrent à Mercœur en le suppliant, le sommant presque de poser les armes.

Sur le refus de Mercœur, Lezonnet prit bientôt son parti. Dès le mois de mai 1594, il envoya son neveu Jean de Jégado faire sa paix avec le Roi. Les propositions de Lezonnet, les premières de ce genre qui vinssent de Basse-Bretagne, furent bien accueillies : Lezonnet obtint de bonnes conditions et garda désormais Concarneau pour le Roi.

Talhouet usa de plus de réserve. Il semble qu'il avait peine à quitter Mercœur, auquel il s'était attaché dès les premiers jours, avant même que son parti existât en Bretagne : il lui répugnait de l'abandonner tant qu'il n'était pas démontré que Mercœur refuserait tout accord avec le Roi.

La Reine Louise, veuve de Henri III, sœur aînée de Mercœur, s'interposait comme médiatrice : elle était venue à Ancenis pour essayer de vaincre par ses prières l'ambitieuse et cruelle obstination de son frère. La Bretagne avait vu en elle un ange de paix: les Etats, le Parlement, le maréchal d'Aumont lui envoyaient à l'envi leurs doléances et leurs prières. Les conférences s'ouvrirent au mois de juin 1594 ; et, pour en hâter l'effet, le maréchal entra en campagne se dirigeant sur la Basse-Bretagne.

Le 17 septembre, Mercœur abandonné des Espagnols renonçait à faire lever le siège du château de Morlaix qui capitula le 21. Il prit la route de Quimper, où il fut rejoint par Carné de Rosampoul, capitaine de Morlaix, par le comte de la Magnane, tous deux prisonniers sur parole, et par Talhouet venu de Redon. (1)

Mercœur n'est pas consolé d'avoir perdu le château de Morlaix par la faute de ses infidèles alliés : il a visité les murs de Quimper, il a reconnu qu'ils ne tiendront pas longtemps contre l'armée royale : il semble accablé de tristesse. Talhouet ose l'interroger :

« Monseigneur, nous vous voyons plus triste que de coutume, ce de quoi mes compagnons et moi sommes marris. » Le duc se tournant à demi vers son fidèle officier : « Que direz vous de cet espagnol qui n'a pas voulu donner et qui nous a fait perdre une si belle occasion ? » Lors le sieur de Talhouet répliqua : « Monseigneur, acceptez les offres que vous fait le roi de quitter l'étranger. » A quoi son Altesse ne fit aucune répartie. »

Jamais conseil ne fut donné plus à propos. Les assistants furent consternés de tant d'obstination, et le chanoine Moreau, ardent ligueur pourtant, ajoute : « Si le

---

(1) V. Moreau Chap. XIX : Le duc de Mercœur passe par Quimper. p. 201.

duc y eût voulu entendre (aux propositions du Roi) la guerre était finie en Bretagne, et le pays bas eût évité les ruines.... et un déluge de misères. »

Impossible de mieux justifier le conseil dévoué et patriotique donné par Talhouet.

II

Au fond, Mercœur reconnaissait que Talhouet avait raison : il lui continua sa confiance ; et repartant pour Nantes, il le laissa à Quimper où le maréchal d'Aumont parti de Morlaix, le 29 septembre, arrivera le 9 octobre.

Un incident auquel le maréchal ne s'attendait pas manqua de paralyser ses mouvements. Les conférences d'Ancenis tenaient toujours ; et, pendant que le maréchal se hâtait vers Quimper, la ville reçut avis d'une suspension d'armes proposée par le Roi. Mais pour qu'elle eût son effet, il fallait l'acceptation de Mercœur. (1).

---

(1). Mezeray dit que Mercœur effrayé de l'attaque du maréchal sur Quimper lui avait envoyé Talhouet pour demander une trêve. (XVII p. 174.) — De son côté Piré semble parler d'une trêve convenue entre les habitants et d'Aumont.

En l'un et l'autre cas la trêve n'aurait pas eu besoin d'être signée par Mercœur. Il ne peut s'agir que d'une trêve proposée par le Roi, dont la ville fut informée avant le maréchal en route pour Quimper, et à laquelle en effet la signature de Mercœur était nécessaire.

La trêve n'était donc virtuellement acceptée que du moment où Talhouet, le *10 octobre* au soir, rapporta la signature de Mercœur. D'Aumont put répondre qu'à ce moment la ville était à lui puisque la capitulation était résolue.

Les quatre dates, 9 octobre arrivée du maréchal, 10 octobre négociations, 11 octobre entrée du maréchal, 12 octobre signature de la capitulation, ressortent du récit de Moreau, (p. 209 à 224). Les deux dernières dates sont confirmées par le texte de la capitulation donné aux preuves

Talhouet voit dans cette acceptation le seul moyen de sauver Quimper : il court après Mercœur promettant aux Quimpérois de rapporter la signature du duc en cinq jours ; et il leur a fait promettre de tenir jusque là, car, dit-il, « une fois la trêve acceptée, le maréchal sera contraint de lever le siège, la brêche fût elle ouverte. »

Talhouet partait « trois ou quatre jours, dit Moreau, avant le bloquement ; » c'est-à-dire le 5 ou le 6 octobre. Au terme marqué par lui, c'est-à-dire le lundi soir 10 octobre, Talhouet revenait avec la signature de Mercœur ; mais le maréchal ne lui permit pas de rentrer en ville, prétendant qu'il arrivait trop tard et que la ville était déjà rendue.

La vérité est que à ce moment on discutait encore les articles de la capitulation, que ces articles furent signés seulement le 12 ; mais que, dès le mardi 11, les portes furent ouvertes au maréchal qui reçut le serment des habitants.

Il ne dépendait pas de Talhouet que Quimper restât à Mercœur ; mais, reconnaissons-le du moins : au commencement d'octobre il se montrait encore dévoué à son service. Ce fait démontre l'erreur de d'Hozier, de Thou et Mézeray qui datent de 1594 la soumission de Talhouet au Roi (2).

---

de Dom Morice. T. III col. 1602-1603. Il n'y a pas à tenir compte de la date *vingtième jour* d'octobre mise par l'éditeur au pied de la capitulation (p. 232) non plus que de l'indication *lundi au soir ou plutôt dimanche matin* (p. 209). Il est clair que Moreau a écrit « *samedi soir... ou plutôt dimanche matin* »

(2). D'Hozier : « En 1594, il arbora l'écharpe blanche » Chevaliers de St-Michel, p. 399.

De Thou : « Le maréchal somma Jean Talhouet commandant de

.. Seulement, il est permis de le croire, les refus obstinés de Mercœur aux propositions de paix lui aliénaient peu à peu Talhouet. Peut-être est-ce pour vaincre cette obstination que, au commencement de 1595, Talhouet prit une détermination des plus graves et qui semblait décisive ?

Enfermé dans Redon, il refusa le passage aux troupes de Mercœur. Cet acte était une sorte de rébellion contre le duc ; et Henri IV y vit aussitôt non seulement un grand intérêt dans le présent, mais une espérance pour un avenir prochain.

C'est le Roi lui-même qui nous révèle le fait dans une lettre chiffrée adressée, le 24 février, à du Plessix (Mornay) gouverneur de Saumur :

« M. du Plessix : J'ay été bien aise d'entendre par la lettre que m'a rendue ce porteur le refus qu'a faict le sieur de Talouet de laisser entrer les gens de guerre de M. de Mercure en ma ville de Redon. Il faut travailler par tous moyens de continuer cette bonne volonté du dict sieur de Talouet ; afin qu'il se résolve entièrement à mon service. Employez-y ceulz (les moyens) que vous jugerez propres pour cest effect, et le faictes assu-

---

Redon qui lui avait promis de se déclarer pour le Roi de tenir sa parole. Ed. de la Haye MDCCXL Livre CXIII, t. VIII, p. 619. — Traduction de la phrase latine de l'auteur :

«Aumontius Malestretum excurrit ut Joannem Taloatum, qui Redonum ad Vidonam tenebat, *anno superiore* in occulto cum ipso convenerat datæ fidei admoneret. » Mot à mot : D'Aumont courut à Malétroit (juin 1595) pour sommer Talhouet de tenir la parole qu'il lui avait donnée l'année précédente ».

Talhouet avait promis de rendre Redon si Mercœur ne faisait pas la paix. C'est ce qu'il répéta encore après février 1595. Nous allons le voir.

rer de ce que vous voyez à propos pour son contentement. » (1)

Du Plessix Mornay ne manqua pas d'exécuter les instructions du Roi ; mais ses offres tentatrices n'ébranlèrent pas Talhouet : il répondit qu'il ne ferait sa paix particulière que si Mercœur ne consentait pas à la paix générale.

Les évènements et Mercœur lui-même allaient se charger de déterminer Talhouet.

---

(1). Lettres-missives de Henri IV. T. IV, p. 306-307. Au même moment, il était question d'une négociation analogue en ce qui concernait Vannes ; et le Roi charge du Plessix de dire que « non seulement la dite ville de Vannes sera assurée à celui qui me doist faire ce service, mais telle autre ville de Bretagne qu'il aura agréable... » — Copie. Londres. State paper office, 24 février. Est-ce que le gouverneur René d'Arradon songeait dès ce moment à faire une soumission avantageuse ? Qu'aurait dit son frère Jérome, l'auteur du *Journal* ? Il est vrai qu'un an plus tard, Jérome lui-même allait faire sa paix et demander des faveurs ! Morice. Pr. III, col. 1678 et 1680.

Chapitre XIV.

LA LIGUE -- SUITE ET FIN

TALHOUET GOUVERNEUR POUR LE ROI (1595-1606)

Deux jours après, le 26 février 1595, Henri IV écrivait au comte de Beauvoir, son ambassadeur en Angleterre, en le chargeant de faire savoir à la Reine les succès du maréchal d'Aumont :

« J'ai toutes fois moins d'espérance que jamais de traiter avec le duc de Mercure, car j'ay appris par ses lettres adressées au duc de Mayenne, et que j'ay prises, qu'il n'a permis la conférence d'Ancenis que pour complaire à la royne sa sœur, donner contentement à ceulx du pays et attendre que la dame royne d'Angleterre eût retiré les Anglais. » (1)

Désormais le Roi voyait clair dans le jeu de Mercœur. Le 13 mars, écrivant à la Reine Louise il la remerciait de ses bons offices ; mais il déclarait « qu'il ne pouvait

---
(1). Lettre du 26 février. On a imprimé par erreur 1594, il faut lire 1595. Extrait de *State paper office* de Londres.

permettre à ses députés de s'amuser davantage et qu'ils avaient déjà perdu trop de temps. » (1)

Toutefois par condescendance pour la Reine, il consentit, le 15 avril, à la réouverture des conférences à Chantoceaux pour le 15 mai (2). Ce jour venu, la Reine attendit longtemps les députés de Mercœur, et quand ils arrivèrent à la fin du mois, c'était pour soulever de nouvelles difficultés.

Les Anglais furent rappelés aux premiers jours de mai : leur départ empêchait l'armée royale de tenter un effort décisif. Pour la tenir en haleine, Saint Luc, sur l'ordre d'Aumont, alla prendre quelques petites places voisines de la Vilaine, entr'autres Fougeray, qui était à cheval sur la route de Châteaubriant au pont de Messac, qu'il allait faire garder (3). Privé de cette place, Mercœur n'ayant plus le libre passage sur le pont de Redon, ne pouvait plus franchir la Vilaine que par bateaux à la Roche-Bernard.

On voit le but que poursuivait le maréchal. Il venait de détruire le fort espagnol de Crozon ; il était assuré de la Basse-Bretagne avec Brest, Morlaix et Quimper. Il voulait couper les communications de Mercœur entre Nantes, sa capitale, Vannes, Dinan et le Penthièvre ; il se promettait que les places de Basse-Bretagne tomberaient quand Mercœur ne pourrait plus les secourir :

---

(1). A la reine Douairière. 1595, 13 mars. p. 316-317.
(2). Mémoires de du Plessix Mornay. Ed. de 1624. — II. p. 220.
(3). En juillet 1596, St Laurent appelé de Dinan pour assiéger Châteaubriant se présenta au pont de Messac, il le trouva occupé par la Tremblaye avec une troupe assez nombreuse pour qu'il fût poursuivi jusqu'au delà de Maure. Piré II. p. 353.

il prétendait enfermer le duc derrière la Vilaine dans le département actuel de la Loire-Inférieure, et le séparer des Espagnols, qui, n'ayant plus de pont sur la Vilaine, ne se risqueraient pas à mettre cette rivière entre eux et leur port de Blavet.

C'est pourquoi il accueillit favorablement le projet de Saint-Luc d'assiéger le château de Comper dans la forêt de Paimpont, sur la route que suivait Mercœur pour aller à Dinan (1). Le siège commença, avant l'arrivée du maréchal, au commencement de juin. Mais le secret de l'entreprise avait été mal gardé, et Mercœur avait pu jeter un secours dans la place.

Vers le même temps, après avoir trop longtemps patienté, le Roi rompit les conférences pour la paix. Le moment était venu de tenter une démarche décisive auprès de Talhouet. Le maréchal s'en chargea. Laissant faire les premières approches devant Comper, il courut en hâte à Malestroit où il avait donné rendez-vous au gouverneur de Redon ; et, quelques jours après, celui-ci vint faire sa soumission au camp de Comper (2).

Talhouet rendait avec Redon une garnison de mille hommes et quatre cents chevaux (3).

Ce fait se place quelques jours avant la blessure du maréchal. Or il fut frappé le 3 juillet (4).

En preuve de la bienveillance royale, le maréchal avait

---

(1) Outre cette raison stratégique, il y en avait une autre. Pour le vieux maréchal comme pour le brillant lieutenant général de Saint-Luc, il s'agissait de plaire à la jeune douairière de Laval en lui rendant Comper dont elle avait l'usufruit.

(2) Montmartin p. CCCVII.

(3) Piré II. p. 130.

(4) Montmartin p. CCCVII.

remis à Talhouet, de la part du Roi, une écharpe blanche de 500 écus ; bien d'autres avantages lui furent accordés : une somme de 20.000 écus, la confirmation dans le gouvernement de Redon avec la survivance pour son fils aîné, enfin le grade de maréchal de camp. Le Roi ne s'en tiendra pas là ; et, le 20 janvier 1596, il fera remettre à Talhouet le collier de Saint-Michel (1).

Dans sa visite à Comper, Talhouet exposa au maréchal les extrêmes difficultés du siège : ces observations, le maréchal les avait déjà faites et reconnaissait la faute commise ; du moins Talhouet donna-t-il un avis utile : il annonça que les Espagnols venaient au secours de Comper et que Mercœur les suivrait.

Mais celui-ci allait être condamné à faire une longue et pénible route. En effet il n'avait plus l'accès du pont de Messac qui l'aurait amené sur Comper ; il n'osa se présenter devant Redon de peur de se voir encore refuser le passage. Force lui fut de passer en bateaux à la Roche-Bernard.

La Vilaine passée, Mercœur allait trouver d'autres obstacles. Il n'avait plus devant lui cette route en ligne directe qui tant de fois l'avait mené de Redon à Dinan par la Gacilly, Carentoir, Guer, Comper, St-Méen ; mais une route détournée et difficile au milieu de marais ; il ne pouvait passer la rivière d'Ars qu'à Rochefort ; et il pouvait remercier Talhouet de lui avoir ménagé ce passage en

---

(1) Rosnyvinen de Piré ajoute (II. p. 149) que « l'abbaye de Redon fut promise à Talhouet pour un de ses fils. » Cette promesse, si elle a été faite, n'a pas été tenue. A la mort de Paul Scotti (1596) l'abbaye fut donnée à Arthur d'Epinay de Saint-Luc, fils du lieutenant général. Lui-même mourant, en 1618, nommé à l'évêché de Marseille, eut pour successeur à St-Sauveur le cardinal de Richelieu (1622).

prenant et démantelant le château de Rochefort. Restait à passer l'Oust dont les eaux sont profondes. Ce n'était pas une mince difficulté, Mercœur n'ayant plus le pont de Malestroit (1). Il est vraisemblable que le passage dut s'effectuer vers St-Gravé, si toutefois Mercœur vint jusque là.

Quelques jours plus tard, le maréchal blessé quittait le camp de Comper laissant le commandement à Saint-Luc ; et, après une semaine, celui-ci, apprenant l'arrivée prochaine des Espagnols, levait le siège en hâte, se retirant sur Montfort et Rennes : il était temps, l'armée espagnole arrivait à Maure, à vingt kilomètres de Comper(2).

Après la levée du siège, le maréchal fut transporté à Rennes.

D'Aumont étaient de ceux qui croient que rien n'est fait quand il reste quelque chose à faire. En s'opposant à la remise de Morlaix aux Anglais il avait rebuté ces rapaces auxiliaires, et déterminé la Reine à rappeler ses troupes (3). Il prétendait maintenant chasser « les mortels ennemis de la province » les Espagnols.

Mais il fallait suppléer à l'absence des Anglais. Quel-

---

(1). Mercœur avait pris Malestroit après sa victoire de Craon ; mais la place dont les fortifications étaient ruinées fut reprise par escalade peu de temps après et au cours de l'année 1592. Le prince de Dombes signale ce fait à la Reine d'Angleterre dans la requête qu'il lui adresse. Morice. Pr. III. col 1555.
Malestroit fortifié de nouveau resta depuis au Roi : c'était un poste important à cause de son pont et parce qu'il était placé entre Redon et Josselin qui tenait pour Mercœur. (Morice. II. p. 419). — Dès 1593, nous voyons Malestroit aux mains des Ligueurs et il y resta jusqu'à la fin. Documents sur la Ligue, p. 142 et 184.

(2). Montmartin, p. CCCVII.

(3) Sur ce curieux incident voir mon étude : *Siège de Crozon. Anglais et Espagnols en Bretagne*. (1892).

ques renforts étaient venus du Maine et de l'Anjou : il en fallait d'autres ; et le maréchal conseillait au Roi de proposer une trêve qui lui permît de les attendre (1), et de se mettre en état d'entrer en campagne. Sur la parole des chirurgiens, il comptait sur une guérison prochaine ; il oubliait ses soixante-treize ans, et animé d'une ardeur juvénile, il se voyait déjà montant à cheval et justifiant le titre que les Etats lui avaient donné après Crozon : « vray père et seul restaurateur de la Bretagne. » Mais, pour le malheur de la province, il mourut le 19 août.

II.

La retraite de St-Luc rendait Mercœur et les Espagnols libres de leurs mouvements. Mercœur avait besoin du pont de Redon pour porter ses troupes d'un bord à l'autre de la Vilaine ; il était naturel qu'il essayât de faire repentir Talhouet de sa défection ; il résolut d'assiéger Redon. Mais St Luc le prévenant jeta dans la place quelques pièces de canon et un renfort. Avec ce secours et sa garnison de 1400 hommes Talhouet pouvait tenir.

Aussi Mercœur sentant que seul il n'en viendrait pas à bout pressait les Espagnols de se joindre à lui. Arrivés à Maure, ils étaient à quarante kilomètres de Redon ; la route était ouverte ; et Mercœur leur promettait que le

---

(1). Ceci résulte de la lettre de Henri IV, Lyon 24 août, dont nous allons donner un passage, et des Mémoires de Montmartin. p. CCCVII.

siège ne serait ni long ni difficile. Mais ne pouvant douter que l'armée royale d'Anjou n'envoyât du secours, connaissant par expérience les lenteurs calculées des Espagnols, il prit les devants leur donnant rendez-vous sous les murs de Redon.

Rosnyvinen de Piré seul, je crois, de nos historiens de la Ligue, a mentionné les projets de Mercœur sur Redon. Il a écrit :

« Il y avait déjà quelque temps qu'il faisait ses préparatifs pour attaquer Redon.... Mais St-Luc, qui avait jeté du secours dans la place,.. et mille bonshommes qui y étaient firent perdre l'envie aux Espagnols de faire le siège, quoique Mercœur eût voulu leur persuader la facilité de l'entreprise. (1) »

Mais ce que Piré ne dit pas, c'est que, en attendant les Espagnols, Mercœur avait commencé le siège. Nous croyons trouver la preuve de ce fait dans une lettre que, le 24 août, le Roi adressait de Lyon à du Plessix Mornay.

Je donne ce passage en entier parce qu'il nous montre Redon non menacé d'un siège mais déjà assiégé, et qu'il témoigne de l'intérêt que le Roi attachait à la conservation de cette place.

Mais pour bien saisir la lettre du Roi une brève explication est nécessaire. — Du Plessix Mornay venait, sur l'ordre du Roi, de rédiger un manifeste contre Mercœur. Ce document exposait tous les griefs du Roi et du peuple de Bretagne contre le duc, et mettait en contraste la loyauté avec laquelle le Roi avait poursuivi la con-

---

(1). T. II. p. 161—162.

clusion de la paix, et l'opiniâtreté de Mercœur à se dérober au traité. Le Roi avait jugé ce manifeste nécessaire, et il allait être publié (1). Mais Du Plessix ne ménageait pas Mercœur et les Espagnols: la colère pouvait opérer entre eux un rapprochement et déterminer une action commune contre Redon. C'est pourquoi le Roi recommande instamment de suspendre la publication.

« Avant de publier le manifeste, dit le Roi, il est bon d'attendre que mes subjects voient mes affaires et forces par de là en état de les protéger ; aultrement il seroit à craindre que ce manifeste qui est nécessaire fust infructueux, mesmement sur le siège de Rhedon et la peine en laquelle se trouve le sieur de Talhouet pour s'estre déclaré mon serviteur ; partant, je désire que vous entendiés et travailliés plus tôt à secourir le dict Rhedon, soit en secourant mon cousin le maréchal (2) de forces comme vous avés commencé ou par le moyen d'une trefve s'il est possible de l'obtenir ; et vous prie de ne vous arrester pour ce regard aux cérémonies pourvu que vous puissiés me faire service ; car vous savés que je m'arreste plus volontiers aux effects qu'aux apparences ; et que j'estime que ma dignité et mon honneur consiste plus à bien faire à mes subjects et à mes affaires qu'à toute autre chose. Au moyen de quoy ne faictes difficulté de recercer (rechercher) la dicte trefve ny de vous rassembler de rechef auprès de la Royne ma dicte dame

---

(1) V. Le manifeste-*Mémoires* de Philippe de Mornay, sgr du Plessix. T. II. p. 207 à 241 avec cette note : « Il ne fut pas publié M. de Mercœur ayant traité peu après. »
Lettre de Lyon 24 aout 1595. T. IV p. 393 à 395.

(2) Le Roi n'était pas encore informé à Lyon, le 24 août, de la mort du maréchal d'Aumont survenue, le 19, à Rennes.

et sœur, et de l'aller trouver en particulier pour l'obtenir (la trêve) pour tel temps que vous jugerés estre à propos, si vous estimés en pouvoir plus tost venir à bout et l'advancer, et si ne connaissiés et soyés bien assuré le dict Rhedon se pouvoir conserver sans cela ; et partant qu'elle me soit plus préjudiciable qu'aultrement. »

Telle était la place que Redon tenait, en août 1595, dans les préoccupations de Henri IV qu'il sacrifiait à la conservation de cette ville le manifeste qui lui paraissait nécessaire. Le Roi ne s'exagérait pas l'importance de Redon : pour que le plan du maréchal d'Aumont réussit, enfermer Mercœur dans le Nantais, il fallait, de toute nécessité que Redon restât au Roi, afin d'empêcher le passage de la Vilaine.

Le manifeste ne fut pas publié.... Et Redon fut sauvé. Les Espagnols, leurrant une fois de plus Mercœur, ne vinrent pas se joindre à lui ; et le duc, qui ne pouvait rien sans eux, leva le siège.

III.

A partir de ce moment, nous ne voyons pas que Talhouet ait été inquiété par Mercœur.

Le gouverneur de Redon se tenait sur ses gardes, et il avait sous sa main une garnison plus nombreuse que celles de la plupart des places royales, égale sinon supérieure à celle de Brest.

Nous avons un « état des garnisons du parti du Roi en Bretagne », dressé le 16 février 1595. Cet état ne comprend pas Redon qui, à cette époque, n'était pas encore au pouvoir du Roi ; mais cette place figure dans un supplément faisant suite au premier état. Ce supplément ne donne pas, comme l'état, l'effectif des garnisons ; mais on y trouve des indications qui permettent de fixer cet effectif avec une suffisante certitude (1).

La paie mensuelle de la garnison de Redon, y compris les états du gouverneur (33 écus et un tiers ou 100 livres) et des autres officiers monte à 2536 écus 46 sous et 8 deniers. La paie de la garnison de Brest est est de 2589 écus ; mais cette somme comprend celle de 33 écus et un tiers allouée à un officier qui n'existe pas à Redon (2). Pour établir la comparaison, nous retranchons cette somme ; et la paie de Brest est ainsi réduite à 2556 écus, supérieure de vingt écus seulement à la paie affectée à Redon. Or l'état compte à Brest 585 hommes ; ce chiffre est approximativement celui de la garnison de Redon (3).

---

(1). Documents sur la Ligue, p. 277.
Le document publié sous le titre d'*Etat des garnisons royales en 1595*, comprend deux parties distinctes : 1° l'état dressé le 16 février 1595 par le maréchal d'Aumont : il indique le nombre des hommes de chaque garnison et le montant de leur paie mensuelle : — 2° un second tableau postérieur à cette date, concernant les villes remises depuis sous l'autorité du Roi, au nombre desquelles Redon : cet état indique les sommes payées à chaque garnison, mais non l'effectif de chacune d'elles.

(2). Il s'agit du lieutenant placé auprès du gouverneur Sourdéac « pour ce que Sourdéac est lieutenant du Roy ». Talhouet, qui n'eut jamais ce titre, n'avait pas de lieutenant.

(3). La proportion établie sur les chiffres X : 585 :: 2536 : 2556 donne 580.

Mais Talhouet avait, semble-t-il, augmenté l'effectif prévu au compte : en effet, au mois de décembre, il réclama les avances faites par lui pour le paiement de ses troupes pendant quatre mois, et il obtint le remboursement de 10680 écus, soit 2670 écus par mois (1). C'est plus que la paie mensuelle allouée à Brest ; et le chiffre des hommes de la garnison de Redon calculé sur la paie de 2670 écus, aurait été de 611 hommes. Une seule garnison en Bretagne était plus considérable, celle de Guingamp qui comptait 704 hommes (2).

François de Talhouet garda le gouvernement pendant dix années après sa nomination par le Roi. En 1606, il résigna ses fonctions ; et René son fils ainé, pour lequel il avait obtenu la survivance, fut pourvu par lettres du 8 juin.

Il y a toute apparence que François de Talhouet survécut environ deux années ; car, le 8 juillet 1608, nous voyons organiser la tutelle de son plus jeune fils. La cour de Renac lui donna pour tuteur son frère René, de préférence à sa mère. (3)

Trois ans plus tard, le 31 août 1611, celle-ci contracta un second mariage avec François de Trémigon, cheva-

---

(1). *Biog-Bret*, II p. 889.

(2). La solde mensuelle de Guingamp est de 4196 écus y compris 20 écus donnés à un ingénieur. A Malestroit, il est alloué une paie supérieure à celle de Redon (2918 écus) bien que l'effectif ne soit que de 425 hommes. Cela tient sans doute à ce que Malestroit a pour gouverneur St-Luc, lieutenant-général. Il est avec son état major compris pour la somme de plus de 160 écus.

(3). Sous la coutume de Bretagne, la tutelle n'était pas *de droit*, comme sous notre code civil, déférée à la mère survivante. La veuve de Talhouet habitait sans doute Boishorhant, paroisse de Sixt, qui était du fief de Renac : ainsi s'établit la compétence de la justice de Renac.

lier de St Michel, qui, s'il avait été, comme on l'a écrit, compagnon d'armes de François de Talhouet, devait être bien plus jeune que lui, et même que Valence de Boisorhant (1).

Celle-ci avait à la mort de son premier mari deux filles et quatre fils, René, Gilles, François et Valentin (2). Les deux aînés furent successivement gouverneurs de Redon ; et c'est d'eux seulement que nous aurons à parler. Mais auparavant qu'il nous soit permis de conter les *traverses* d'un paysan des environs de Redon. Ce récit absolument inédit nous montrera quelle condition la guerre faisait aux inoffensifs habitants des campagnes.

---

(1). Il était né en 1570, sept ans seulement avant le premier mariage de Valence de Boisorhant.

(2) La production faite à la Réformation les range en cet ordre : René, Valentin, Gilles, François. Gilles devait être le cadet, puisqu'il fut héritier de son frère aîné, Valentin vivant encore ; et Valentin était le plus jeune de tous puisque seul il fut en tutelle.

François, baptisé à Redon, le 22 novembre 1590, fut chevalier de Malte en 1608. En 1637, il était commandeur de Saint-Jean en l'Isle, près de Corbeil : il mourut à Sévérac, le 15 août 1669, ayant le titre de commandeur de Loudun.

Valentin, mineur, comme nous l'avons vu, en 1608, est qualifié seigneur de Sévérac, de la Grationnaye etc. Par contrat du 11 octobre 1621, il épousa Jeanne le Lagadec ; et il mourut, en 1657, laissant un fils.

Chapitre XV

EPISODE DU TEMPS DE LA LIGUE (1597)

Nous avons montré en François de Talhouet un capitaine de place d'un caractère très différent de plusieurs de ses contemporains : je veux dire, ne joignant pas à la bravoure d'un gentilhomme la rapacité d'un brigand. Nous sommes en 1597 ; la paix définitive ne sera signée que l'année suivante ; mais, si les négociations traînent en longueur, les hostilités, on peut le dire, ont cessé.

Or voulez-vous savoir comment, à cette époque, le gouverneur de Redon maintenait la discipline de sa garnison ? Le résumé suivant d'un exposé fait au conseil du Roi vous l'apprendra (1).

---

(1) La pièce que nous allons résumer a eu une singulière destinée. Je l'ai trouvée dans les registres paroissiaux de Châtelaudren, (Côtes du nord). Elle couvrait le cahier des baptêmes, mariages et sépultures de l'année 1704. La feuille est entière, le cahier étant par bonheur juste de la dimension de la feuille de velin pliée en deux : autrement des ciseaux auraient rogné cette feuille sans pitié. Comment ces lettres délivrées à un pauvre laboureur de Derval (Loire-Inférieure) sont elles venues à Châtelaudren ?

« Pierre Valut, laboureur, » habitait au village de la Tousche, paroisse de Derval, « à six lieues de Redon. » Pris une première fois par des soldats de Redon, « il fut détenu pendant dix à onze mois » dans la prison de cette ville, « qui était remplie de pauvres laboureurs dont plusieurs moururent de maladie ou de misère. » La cause de cette cruelle détention n'était autre que « les tailles et contributions de garnison. »

Au mois de février 1597, tout semblait s'acheminer à la paix ; et Pierre Valut se croyait sans doute à l'abri de nouvelle disgrâce. Une nuit, des soldats de Redon entrent par effraction dans sa maison, la mettent à sac, et enmènent le bétail. Pourquoi ? « Sans doute pour en tirer quelque argent. » Ces voleries étaient continuelles, et les paysans se prêtaient un mutuel appui contre les soldats. « Valut avait suivi de loin son bétail ; » et il sut bientôt d'une manière certaine, « qu'il avait passé la rivière de Vilaine, et était entré à Redon. »

Que faire ? Valut ira-t-il réclamer son bien ? A quoi servirait cette démarche ? Peut-être à le faire emprisonner de nouveau « sous prétexte de tailles ». « Songeant à sa pauvre famille qui souffre peut-être de la faim, » et n'osant rentrer dans sa maison, Valut « passe quelques jours caché dans les buissons des champs ».

« Un nommé Geofroy Hervé, demeurant au faubourg de Redon, adhérait aux soldats ; » et moyennant une part des rapines, était leur recéleur ordinaire. « Il avait mis le bétail de Valut dans une méchante étable où il le nourrissait à peine. » Les bestiaux se trouvant mal à Redon s'échappèrent et reprirent la route de Derval.

Valut averti sans retard par des paysans, courut au devant d'eux et les reçut en grande joie, « ne pensant pas qu'on pût exercer un recours sur lui. »

Mais Hervé eut bientôt retrouvé la piste du bétail. Il arrive avec une troupe de soldats ; tous ensemble forcent de nuit la porte de Valut, s'emparent du peu d'argent qui reste dans la maison, enfin saisissent le bétail et en même temps Valut lui-même ; ils font même prisonnier un de ses voisins nommé Rouxel ; et la troupe se met en marche.

On arrive à Derval : là Hervé propose à ses deux prisonniers de souscrire une obligation de 43 écus, moyennant laquelle il renoncera « à la plainte en vol qu'il a, dit-il, portée contre Valut. »

Que fera Valut ? le plus sage est de se tirer des mains de Hervé. Pour retourner à sa « pauvre famille » et pour ne pas rentrer dans la prison de Redon, Valut signe... Il est libre... et son bétail lui est rendu ; mais pas pour longtemps.

Quelques jours après, sous le prétexte d'assurer l'exécution de l'obligation signée à Derval, arrivent « sept soldats avec un nommé Hanrouet, se disant sergent, en armes comme les soldats ». Entrant de nuit par effraction dans la maison, ils pillent ce qui y reste ; et les bestiaux saisis par le sergent prennent pour la troisième fois la route de Redon.

Si la saisie est sérieuse, les animaux saisis doivent, aux termes de la Coutume, être mis en vente à Derval ou dans une paroisse voisine. D'ailleurs ils sont le gage d'un laboureur du même village nommé Rolland Lefebvre, créancier de Valut. Or Lefebvre, « aux termes des ordonnances, met opposition à la saisie. »

Mais le sergent n'a cure ni de la Coutume ni des ordonnances ; les bestiaux sont conduits à Redon, et cette fois, mieux gardés sinon mieux pansés que la première fois, ils y resteront !

Et c'est seulement plus de deux ans et demi après que ce malheureux Valut peut enfin présenter sa requête en justice.

Si telles étaient les violences de soldats commandés par un homme comme François de Talhouet, que devaient être celles de partis armés ayant pour chefs des hommes donnant l'exemple des plus affreuses rapacités, La Fontenelle, La Magnane, du Liscouet tout maréchal de camp qu'il fût, Grézille de la Tremblaye, etc. Quelles étaient les violences des Anglais et des Allemands appelés par le Roi et des Espagnols appelés par Mercœur ?

Ce n'est pas tout : en se prolongeant la guerre civile était devenue brigandage. Beaucoup ne faisaient plus que « la petite guerre, (1) » c'est-à-dire le maraudage armé ; et ne cherchaient dans la prolongation des troubles qu'un moyen de s'enrichir (2).

Après les souffrances de toute nature endurées dans ces terribles années, quel devait être le besoin de la

---

(1). « La petite guerre, autrement la picorée... » Moreau. p. 153.

(2). Témoin ce « fort brave et courageux mestre de camp de l'armée royale » nommé La Croix, qui établi auprès de Guingamp avec son régiment rançonnait les environs, et que le maréchal d'Aumont dut assiéger. Montmartin p. CCCI.

paix pour notre malheureux pays, et quelle fut la faute de Mercœur s'obstinant dans sa résistance au Roi devenu catholique, se dérobant à la paix qui lui est offerte à des conditions trop avantageuses, refusant de se séparer des Espagnols qui le trahissent, et, quatre années après l'abjuration du Roi et après l'absolution de Rome, continuant la lutte entreprise pour avoir un Roi catholique !

Chapitre XVI.

RENÉ, GILLES ET LOUIS DE TALHOUET GOUVERNEURS.

(1606-1666)

I.

On a dit que René de Talhouet avait été, tout jeune engagé dans la Ligue ; et les généalogistes sont unanimes à signaler sa présence aux Etats Ligueurs que Mercœur ouvrit à Vannes, le 21 mars 1592. Bien plus, il aurait été le second des trois députés que les Etats envoyèrent à Blavet porter leurs remontrances à D. Juan d'Aquila et D. Diégo de Brochero, colonel et amiral espagnols.

J'ai exprimé plus haut des doutes sur la présence de René de Talhouet aux Etats de 1592 (1). Aujourd'hui je suis convaincu que le rôle important qu'on lui attribue en cette occasion n'a pu lui appartenir.

La date du contrat de mariage de François de Talhouet, sur laquelle j'avais élevé un doute, est certaine, c'est le 22 janvier 1577 (2). D'après la généalogie, René, naquit

---

(1). V. ci-dessus, chap. XI, § 1er, note *in fine*.

(2). Cette date a été copiée par d'Hozier sur le contrat de mariage. *Demoiselles Bretonnes à St-Cyr*, par le baron de Rosmorduc, p. 439.

vers 1583, il n'aurait donc eu que quatorze ou quinze ans à la fin des guerres civiles, et il n'avait que neuf ans en 1592.

Comment admettre que cet enfant a siégé aux Etats avec les principaux chefs de la Ligue (1), Jean d'Avaugour, sgr de St-Laurent, lieutenant général de Mercœur, Gabriel de Goulaine, « le plus grand seigneur de Bretagne engagé dans l'Union, » que Mercœur allait nommer capitaine de Quimper (2) ; Carné de Rosampoul, capitaine de Morlaix ; les évêques de St-Malo et de Cornouaille ; quatre des frères d'Aradon, Georges évêque nommé de Vannes, et les sieurs d'Aradon, capitaine de Vannes et Auray (3), de Quinipily, capitaine d'Hennebont et Quimperlé (4), de Camors (5) ; mais non le cinquième frère, sieur de la Grandville. C'est pourtant déjà un brave capitaine ; mais c'est « presque un écolier » : il a dix-huit ans à peine, et son âge lui ferme la porte des Etats (6). Comment se serait-elle ouverte devant un bien plus jeune que lui ?

Mais ce n'est pas tout. Au milieu de ces gouverneurs de places, chevaliers de Saint-Michel, les Etats ont à

---

(1). Voir la liste, p. 100 et suiv. des *Documents sur la Ligue*.

(2). Guy Autret de Missirien cité dans *Chevaliers de St-Michel* p. 146. Sur la nomination au gouvernement de Quimper, cf. Moreau chap. XXIV. p. 161.

(3). D'Aradon enleva la place de Vannes à Jean de Kermeno, sr de Keralliou, dont il suspectait la fidélité. Ce fait se place au commencement des troubles, puisque d'Aradon était gouverneur de Vannes, avant le premier siège d'Hennebont (avril 1590). Piré I. p. 171.

(4). Jérôme, l'auteur des *Mémoires*.

(5). Camors « tenait la campagne sans logement. » Moreau p 323.

(6). V. son éloge en plusieurs endroits de Moreau. p. 163, 323, et sa mort au combat de Quimerch. p. 328.

choisir trois députés à envoyer aux chefs espagnols ; et à ces « barbes grises », ils vont préférer René de Talhouet ! — Voyez-vous cet enfant de neuf ans en présence du fougueux don Juan et de l'avide Brochero, et leur donnant lecture des remontrances qui, exprimées sous la forme de prières, se résument pourtant ainsi :

« Colonel, depuis deux ans vos soldats libres de toute discipline sont une troupe de brigands : ils pillent les catholiques comme les autres ; il faut que cela finisse. — Amiral, vos galères font la course, et s'emparant de navires bretons et autres, ruinent le commerce de mer : retenez-les au port. Les Etats portent plainte au Roi d'Espagne ; mais, en attendant sa réponse, n'attentez plus à la liberté du commerce ni aux privilèges du pays (1). »

Il est bien vrai que le nom de René de Talhouet figure au procès verbal imprimé des Etats ; et, que seul de la famille, le fils aîné de François de Talhouet a porté le prénom de René ; mais pourtant on hésiter à reconnaître ici une erreur de rédaction, de copie ou de lecture (2) ? Nous n'hésitons pas à revendiquer pour le père le rôle jusqu'ici attribué au fils.

Selon nous, c'est donc François de Talhouet, gouverneur de Redon, qui s'est rendu à Vannes, en 1592,

---

(1). Il faut lire non seulement les instructions données aux députés ; mais aussi les *doléances* des Etats au duc de Mercœur, *qui les préside*, pour voir avec quelle indépendance les Etats savaient parler. (Documents P. 123 et suiv. et 119 et suivantes.)

(2) On peut au même droit (p. 101,) relever une autre erreur du même genre. On lit René de *Kermaro*, sieur du Garo, au lieu de René de *Kermeno*.

accompagné de Jean Fabvrel, sieur de la Vallée, sénéchal, député de l'abbaye et de la ville, et de Jean Macé, procureur syndic, second député de la ville ; c'est lui qui a délibéré avec la plupart des capitaines des principales places de Mercœur ; et c'est lui que, par un choix très heureux, les Etats ont envoyé affronter la colère de D. Juan d'Aquila (1).

II.

René, comme gouverneur de Redon, recevait en 1610 « cent livres de gages ; » mais nous ne savons quel était l'effectif de la garnison (2).

---

(1) Une erreur résultant d'une faute de copie, de lecture ou d'impression se répète ainsi de proche en proche pendant des siècles. Nous avons mentionné (ci-dessus p. 61—62 note 2) une erreur de date que M. Kerviler a signalée après quatre siècles. En voici une autre imprimée en 1674. Le P. Anselme (T. I. p. 144—145) donne la liste des enfants de Antoine de Bourbon et de Jeanne d'Albret. P. 145, il a écrit : « Henri IV né à Pau, le mercredi 13 décembre 1553 »)date exacte) ; mais à la page précédente il a été imprimé : « Louis Charles, dit comte de Marle, né au château de Gaillon en Normandie le 19 février 1554. » Ainsi Jeanne d'Albret aurait eu deux enfants à deux mois de distance.

Moréri et les autres ont à l'envi répété ces deux dates à la même page. L'erreur a été signalée de nos jours ; mais c'est peine perdue : elle a repris cours.

(2). Je le trouve nommé dans un état dressé à Paris, le 30 décembre 1610, signé *Louis* (XIII), et plus bas *Brulart* (Cabinet de M. Raison du Cleuziou).

Les premières feuilles manquant, nous n'avons pas l'intitulé. Il semble que ce document est un relevé des états-majors de place. A l'article *Redon*, le gouverneur figure seul Ailleurs comme à Rennes, Brest, Concarneau, etc., on trouve des mentions comme celle-ci : « Rennes, six hallebardiers ordonnés pour assister à l'ouverture et fermeture des portes... » « Brest, trente hommes de guerre à pied... » Concarneau « vingt hommes de guerre sous un sergent, » etc.

Il est clair que ces mentions ne se rapportent pas à la garnison pro-

Un peu plus tard, il recevait le collier de St-Michel ; il prend le titre de chevalier de l'ordre du Roi, le 8 août 1619, dans l'acte de baptême rapporté à Redon d'une fille de son frère Gilles, acte où il figure comme parrain avec sa mère marraine (1).

En premières noces, René avait épousé Françoise Massuel : devenu veuf, il épousa Catherine de Kerguesec. Il mourut sans enfants, le 22 août 1632. Le douaire de sa veuve fut réglé l'année suivante. Il fut convenu que Gilles, héritier de son frère, fournirait à sa belle-sœur, outre son trousseau et ses joyaux « un carrosse attelé de quatre chevaux, s'ils étaient dans la succession, bons et valables, sinon devrait luy en fournir au dire de tiers... selon la qualité du défunct mary... » Gilles lui devait en outre une pension de 3000 livres (2).

René de Talhouet s'était démis du gouvernement, et son frère Gilles en était pourvu avant 1621.

III.

Nous avons constamment donné le titre de gouverneur à François de Talhouet. (1589—1606) ; et nous nous sommes ainsi conformé à l'usage qui, dès son temps,

---

prement dite, Rennes, Brest et Concarneau ayant assurément une garnison de plus de six, trente et vingt hommes.

On peut remarquer que, après la paix, la solde des gouverneurs de places est la même que pendant la Ligue : cent livres par mois ; elle est la même pour tous les gouverneurs depuis la moindre place jusqu'à Brest, Rennes et Nantes. La différence entre les gouverneurs des grandes et des petites places consistait en 1595 dans leur solde comme chefs de garnisons. A Rennes, cette seconde solde était de 63 écus et un tiers ou 190 livres. Documents sur la Ligue p. 179.

(1). Bapt. de Valence de Talhouet. L'aïeule marraine prend le titre de dame de Lépinay.

(2). *Chevaliers de St-Michel*, p. 399, note 1.

substituait ce titre à celui de *capitaine* (1). A cette époque, le commandement des places était nommé non plus *capitainerie*, mais *gouvernement* ; le corrélatif de ce dernier mot était le titre de *gouverneur*. Ce titre flattait l'amour propre du capitaine, en ce qu'il semblait le rapprocher du gouverneur de province. Il passa en usage et, dès le temps de la Ligue, il entra dans le style *officiel* (2). Toutefois, il n'apparait dans des lettres de provision, c'est-à-dire donné par le Roi, que sous Louis XIII et vers le temps où nous sommes (3). Il est probable que Gilles, troisième capitaine de la famille a été le premier des Talhouet *nommé gouverneur*.

Gilles, qualifié seigneur de Boisorhant, avait eu le titre d'écuyer de la grande écurie du Roi Louis XIII. En 1618, il épousa Jeanne de Chaurais, dame de Bonamour (4). Il prend le titre de gouverneur de Redon dans l'acte de baptême de son second fils célébré à Redon, le 14 mars 1621.

Cet enfant eut pour *parrain* « les nobles bourgeois et habitants de la ville de Redon, cils représentés par maistre Jean Mahé leur procureur fondé et à ce député des dits habitants (5) ». Jean Mahé tint l'enfant sur les

---

(1) Cf. Le chanoine Moreau et Montmartin, qui écrivent quelquefois capitaine et plus souvent gouverneur.

(2) V. Capitulation de Morlaix. 25 août 1594. Le maréchal d'Aumont promet « qu'il ne sera établi *gouverneur* que... » Morice. Pr. III. 1601.

(3) A Quimper, le Mis de Molac, que le sénéchal de Kerouartz s'obstine à nommer *capitaine*, rappelle à l'assemblée de ville, le 31 août 1636, que ses lettres de provision datées de Chantilly, 12 mars 1634, lui donnent le titre de *gouverneur*.

(4). C'est ce mariage qui fit entrer la seigneurie de Bonamour dans la maison de Talhouet dont une branche garde ce nom.

(5). Nous venons de voir Jean Macé, procureur syndic, député par la ville aux Etats ligueurs de Vannes, en 1592. (Ci-dessus p. 109). N'y-a-t-il pas identité entre les deux noms ?

fonts avec Suzanne de Sécillion, dame de Calvin, son aïeule maternelle ; et, selon l'usage, l'enfant reçut le nom de la ville, son parrain, et, fut nommé *Louis Redon* (1).

Un autre fils nommé François fut baptisé le 1ᵉʳ août 1622, et un autre naquit plus tard qui fut nommé Germain.

Dès le commencement de 1649, Gilles résigna son gouvernement en faveur de son fils Louis Redon devenu l'aîné ; mais il survécut jusqu'en 1663.

IV.

Louis Redon avait épousé à Redon, le 23 juillet 1641, Jeanne du Levier (2).

Il fut nommé gouverneur en place de son père, par lettres du 18 avril 1649.

Ce fut un gouverneur porté, comme il y avait tant, à exagérer ses prérogatives et à méconnaître celles des autres : c'est ainsi qu'il eut le tort de se rendre complice

---

(1) Une ville ne pouvait être que *parrain*, parce qu'elle était représentée par le procureur syndic (plus tard le maire) qui ne pouvait figurer comme *marraine*. C'était un usage que le filleul d'une ville reçut le nom de la ville comme prénom. Quimper-Corentin ne donnait pas son nom de *Quimper* ; mais seulement celui de *Corentin*. Ce nom de son saint fondateur étant donné à un grand nombre ne signalait plus les filleuls de la ville. — Baptême (par. de la Chandeleur), 12 novembre 1636, de Louis *Corentin* de Rosmadec fils de Sébastien, Mis de Rosmadec, gouverneur de Quimper, — et, 20 janvier 1724, de *Corentin* Joseph, fils de René-Alexis le Sénéchal — Carcado, Mis de Pont-Croix, gouverneur de Quimper.

(2). Signent : Redon de Talhouet, Jeanne du Levier. V. de Talhouet, Jeanne le Lagadec, Yvonne et Louise de France, etc.

de la ville méconnaissant les droits anciens de l'abbaye, seigneur de Redon.

La commende avait été fatale à Saint-Sauveur. On juge bien que l'abbé résidant au loin se préoccupait surtout de toucher les revenus, et s'inquiétait peu des droits seigneuriaux et honorifiques de l'abbaye. Les moines, seigneurs indivis avec l'abbé, n'avaient pas su ou plutôt pu résister à des usurpations successives. Toutefois, au milieu du XVII⁰ siècle, ils gardaient encore deux places dans l'assemblée de la communauté de ville que le gouverneur présidait de droit.

Le 16 août 1658, le procureur syndic de la ville, Julien Gicquel, sieur de Beaumont, prétendit prendre place avant les religieux (1) ; mais l'assemblée décida que, « suivant la coutume, le procureur syndic siègerait après les religieux, sénéchal, alloué et procureur fiscal. » Le sieur de Beaumont recourut au gouverneur qui biffa la délibération ; et, dans une nouvelle assemblée, réglant les rangs de sa propre autorité, attribua le pas au procureur syndic sur les représentants du seigneur de la ville.

Quand il prenait ainsi parti pour de vaniteuses ambitions contre les usages anciens et les privilèges de l'abbaye, le gouverneur savait bien ne pas dé-

---

(1). Ce Julien Gicquel est dit *noble homme*, titre qui, en 1658, n'était pas encore devenu un titre purement roturier synonime de *honorable* Son prénom de Julien permet de le rattacher à une famille noble dans laquelle ce prénom est presque héréditaire. Cette famille était possessionnée par de Ploufragan, au voisinage de St-Julien de la Côte près de St-Brieuc. — L'un des Gicquel, nommé aussi Julien, fut capitaine de Saint-Brieuc en 1591. Les titres de la ville le nomment le *capitaine Château* ; il faut lire Julien Gicquel, sieur des Châteaux. (Réform. de 1668).

plaire au pouvoir royal ; toutefois, il était allé trop loin et surtout trop vite.

Sa décision fut déférée au parlement ; et un arrêt du 23 mai 1659, annula la « prétendue ordonnance » du gouverneur, et fixa comme suit les rangs dans l'assemblée de ville :

Le gouverneur (représentant du Roi), l'abbé de Saint-Sauveur (seigneur de la ville), deux religieux députés du chapitre, le vicaire perpétuel (1), la justice de l'abbaye, trois gentilshommes, deux procureurs et deux notaires royaux et deux de l'abbaye, le syndic de ville et les anciens syndics, enfin quatre marchands ; les procureurs, notaires et marchands étaient élus en assemblée au début de chaque année (2).

A partir de cet arrêt, le gouverneur eut le déplaisir, quand il présida l'assemblée de ville, de siéger entre deux religieux, et de voir le syndic déchu du rang d'honneur.

Louis Redon était encore gouverneur en 1664 ; il ne prend pas ce titre dans la production à la réformation de 1668, où il fut admis. Il a survécu jusqu'au 7 octobre 1684.

Un demi-siècle après Louis de Talhouet, la ville reprendra la lutte contre l'abbaye, et elle obtiendra une satisfaction nouvelle.

---

(1) C'est-à-dire le prêtre séculier choisi et rétribué par l'abbaye, qui remplissait les fonctions curiales à la place de l'abbaye, recteur primitif de la paroisse : le vicaire jouissait de l'inamovibilité comme les recteurs dans les églises curiales. Cf. abbé Jausions, p. 88.

(2) Voilà un conseil dont la composition présente des garanties à la bonne administration des finances. Au temps où nous sommes, beaucoup de villes seraient heureuses d'avoir de telles *communautés*.

Un arrêt du conseil d'Etat, du 19 mars 1743, rendit applicable à Redon l'arrêt du 29 avril 1739, qui avait réglé l'administration de la ville de Vitré. Le maire siègera désormais avant l'abbé, seigneur de la ville. Après l'abbé, siègeront les juges et le procureur fiscal (de l'abbaye), en sorte que, l'abbé ne résidant pas et ne siègeant pas, « les officiers siègeraient — en droit sinon en fait — avant les représentants de l'abbaye, c'est-à-dire du seigneur dont ils tenaient leur nomination » (1).

Reconnaissons que Louis de Talhouet n'avait pas imaginé une si absurde anomalie (2).

Redon n'est pas la seule ville ecclésiastique qui, poussée par quelques bourgeois ambitieux, a fait cause commune avec le pouvoir contre ses seigneurs. Quimper fit de même, et s'allia au présidial pour combattre, avec tenacité et souvent avec une insigne mauvaise foi, les vieilles prérogatives du fief épiscopal. Les évêques à

---

(1). Sur ce qui précède c. f. Cartulaire. *Prolégomènes* p. LVII et suiv. et *Hist. de Redon*. chap. VIII.

(2). Arch. d'Ille-et-Vilaine. Intendance C. 410, — J'entre dans ces détails parce que l'abbé Jausions, qui suit M de Courson, par le peu exactement de l'arrêt de 1743. (P. 193). — Cela ne suffit pas encore à la communauté : un jour, elle imagina de nommer deux commissaires de police. Mais l'intendant refusa d'ordonnancer leurs traitements. Il fit remarquer que l'abbaye, étant seigneur de la ville avait la police, et qu'à elle seule appartenait la nomination des commissaires de police. C. 411, année 1784.

L'arrêt de 1739 devint la règle pour les villes seigneuriales. C'est ainsi que l'on voit le duc de Lorges, seigneur de Quintin, n'ayant place qu'après le maire : il est vrai que le duc avait acquis la charge de maire et qu'il la faisait remplir par un homme de son choix. Intendance C. 538.

Il semble même que (en l'absence de l'abbé) le prieur seul avait voix délibérative. C'est contre cette disposition ou cette interprétation de l'arrêt de 1743 que protesta le cardinal de la Tour d'Auvergne, archevêque de Vienne et abbé de St-Sauveur depuis 1693. (Mémoire. Arch. d'Ille-et-Vilaine. C. 1241).

L'abbé Jausions (p. 240) donne 1740 pour la date de la nomination de de l'abbé Desnos, comme successeur du Cardinal, à St-Sauveur. La date de cette nomination est 27 mai 1747. (Morice II. p. CVI).

Quimper, les moines à Redon s'étaient pourtant montrés les plus sûrs et plus dévoués gardiens « des libertés, noblesses, franchises, droits et coutumes » de leurs villes (1). Les villes s'apercevront de la faute commise par elles, quand le pouvoir les accablera d'impôts de toute nature.

---

(1) Ce sont les garanties que Jean de Tréal obtint de Jean IV, vainqueur à Auray, avant de lui ouvrir la porte de la ville. Ci-dessus chap. IV. p. 24. 25.

Chapitre XVII.

Derniers Gouverneurs (1666-1776)

I.

Louis Redon fut le dernier gouverneur de la maison de Talhouet. Bien que ceinte de murailles, la ville avait, on peut le dire, cessé d'être place de guerre, comme bien d'autres ; mais, vers cette époque, loin de donner des gouverneurs aux seules places de guerre le Roi en donna à des forteresses depuis longtemps ruinées ou à des villes qui n'avaient jamais été closes (1). Il est vrai que ces gouverneurs ne se croyaient pas tenus à la résidence, et que leur absence d'abord tolérée fut plus tard expressément autorisée. Dès lors l'hôtel, dit *gouvernement*, ne servant plus au logement du gouverneur,

---

(1) Témoin Saint-Brieuc. Les gouverneurs, nommés à partir de 1636 prirent le titre de « gouverneurs de la ville et château de Saint-Brieuc, tour et forteresse de Cesson. » Or la ville allait commencer seulement en 1638 la construction de ses remparts, et elle les abandonna cinquante ans plus tard, après en avoir à grand'peine édifié 300 mètres. La Tour de Cesson, dont la destruction avait été ordonnée par le Roi, était depuis 1598 à peu près dans l'état où nous la voyons aujourd'hui, coupée en deux. — V. mon étude *La Tour de Cesson et le fort de Saint-Brieuc* (1893).

reçut une autre destination ; mais comme nous le verrons, le gouverneur, même ne résidant pas, réclama des villes et obtint du conseil d'Etat une indemnité de logement (1).

Le successeur de Louis Redon de Talhouet est le seul gouverneur dont les siècles garderont la mémoire. Non qu'il fût un grand homme ; mais il fut un original doué d'une gaîté confinant à la manie. Voilà son titre à l'immortalité !

« Je n'ai jamais vu un homme si fou que Pomenars : sa gaieté augmente en même temps que ses affaires criminelles ; s'il lui en survient encore une, il en mourra de joie. (2) »

Pomenars que Mme de Sévigné nous présente ainsi est Jacques Troussier, seigneur de Pontménard (par. de Saint-Brieuc de Mauron.

Ce plaisant personnage avait épousé Louise de Rosmadec du Plesix-Josso. Il enleva une fille de haute noblesse. Celle-ci, après quatorze années, se ravisa et le quitta. Son père, le comte de Créance, prenant au sérieux les tardives doléances de sa fille, porta plainte en rapt. Ce n'est pas tout : Pomenars était poursuivi pour fausse monnaie : il avait, dit-on, payé en fausses espèces les épices d'un procès (3).

---

(1). C'est ainsi qu'un arrêt du conseil d'Etat du 3 juin 1681, inscrit comme premier article au budget de Quimper une somme de 600 l. pour le logement du gouverneur. Cette dépense est nouvelle : elle ne figure pas au budget de 1667 approuvé par arrêt du 10 septembre 1668 (V. *Finances de Quimper* 1668 et 1681.

En 1724, « le logement » du gouverneur de Nantes était de 2000 livres. C. 1851.

(2) Lettre du 26 juillet 1675.

(3). Notes de Perrin et de Amelot de la Houssaye. Lettre de Mme de

Voilà les affaires criminelles qui mettaient Pomenars en si belle humeur ! L'une d'elles lui valut un spectacle des plus réjouissants. Au mois de novembre 1671, de passage à Laval, il se vit pendre en effigie pour crime de rapt. Il se plaignit « que le peintre l'eût mal habillé... il alla souper et coucher chez le juge qui l'avait condamné » ; et le lendemain il courut aux Rochers conter cette plaisante aventure « en pâmant de rire » (1).

On pense bien que M. de Pontmenard était trop occupé ailleurs pour résider en son gouvernement.

Ses affaires capitales, qui le faisaient tant rire, et dont Mme de Sévigné parle si plaisamment, n'étaient pas, semble-t-il, prises au sérieux en Bretagne. Comme Mme de Sévigné, la duchesse de Chaulnes, femme du gouverneur, traitait Pomenars en ami. Est-ce cette haute bienveillance qui explique l'audace de Pomenars « si hardi et si effronté (à Rennes), dit Mme de Sévigné, que tous les jours du monde, il fait quitter la place au premier président dont il est l'ennemi, aussi bien que celui du procureur général (2). »

Mais peut-être à Paris, Pomenars se sentait-il moins en sûreté que dans le gouvernement du duc de Chaulnes. Du moins semble-t-il qu'il s'y cachait, quand Mme de Sévigné l'aperçut, « parmi les laquais, le nez

---

Sévigné du 26 juillet 1671.
Sur Pomenars cf. nombreuses lettres de Mme de Sévigné, notamment juin, juillet, août, novembre, décembre 1671, — janvier 1672, — septembre, novembre 1675, — janvier 1680.

(1). Lettre des Rochers. 11 novembre 1671.

(2). Lettre du 19 août 1671.

dans son manteau, » à une des premières représentations du *Bajazet* de Racine (1).

Le scandale de la condamnation prononcée contre lui détermina sa démission.

Aux premiers jours de 1680, il subit « avec un courage héroïque » l'opération de la taille. M. de Chaulnes et Mme de Sévigné, l'allèrent voir, et le trouvèrent joyeux, comme toujours (2).

II

M. de Pontmenard eût pour successeur, le chevalier de Rosmadec. Celui-ci était en fonctions dès 1680 ; mais il ne résida pas : le service du Roi l'appelait ailleurs. Capitaine de vaisseau lors de sa nomination, il continua de courir les mers, et il devint chef d'escadre, en 1697.

C'est pendant son gouvernement que le Roi Jacques II passa par Redon se rendant à Brest. Pour aller de Paris à Brest, le Roi avait, selon l'usage de ce temps, descendu la Loire jusqu'à Nantes. Il allait s'embarquer sur la flotte de Tourville qui devait le porter en Angleterre. On sait comment un ordre de Versailles contraignit Tourville à engager le combat, malgré ses protestations et l'avis unanime de ses officiers. La désastreuse

---

(1) Lettre du 15 janvier 1672 « . . . parce que Créance veut le faire pendre, quelque résistance qu'il y fasse. . . »

(2) Lettre du 12 janvier 1680... « Sa pierre est grosse comme un petit œuf. Il caquette comme une accouchée. Il a plus de joie qu'il n'a eu de douleur.. »

bataille de la Hogue ruina les dernières espérances de Jacques II (29 mai 1692.)

A Redon, le Roi Jacques trouva des troupes irlandaises, fugitives comme lui-même après la défaite de la Boyne (Ier juillet 1690). Elles y prenaient leurs quartiers d'hiver. Elles y mouraient de faim, comme en d'autres villes de Bretagne ; et là, comme ailleurs, leur présence était une cause de trouble et d'inquiétudes pour les habitants et un embarras pour les administrations des villes (1).

Le chevalier de Rosmadec mourut en 1702.

III.

Le premier gouverneur que nous trouvions ensuite est M. de Coadallan qui était pourvu avant 1717 (2). Ce gouverneur, sur lequel nous n'avons pu nous procurer aucun renseignement, se démit quelques années plus

---

(1) Il en avait été de même après la fuite de Charles II sur le continent. En 1656, ces malheureux réfugiés étaient encore nombreux à Quimper, où était cantonné le régiment de O'Brien. La communauté obérée résistait de son mieux aux exigences du pouvoir ; elle ordonnait aux Irlandais de sortir de la ville, et, le 3 août 1656, elle portait une amende de 150 livres contre ceux qui donneraient asile aux pauvres exilés ! — Reg. 1656. f° 38.

(1). C. 2140. Capitation de la noblesse de l'évêché de Vannes. « M. de *Coedelan*, gouverneur de Redon. » Nous avons cru devoir écrire, comme M. de Courcy, Coadallan. (On trouve aussi Couadalan, Coëdelan, Coatallan). Famille noble de l'évêché de Tréguier, ancienne, (7 générations. Arr. du 9 juin 1670) ; mais modeste et ne prenant à cette époque aucun titre.

tard, avant 1726. Il a vécu jusqu'aux premiers jours de 1731 (1).

Après lui le chevalier de Kermoysan était gouverneur en 1726. Cette date nous est donnée par un arrêt du conseil d'Etat du 6 avril 1728 (2). A son entrée en fonctions, le nouveau gouverneur trouva le *gouvernement* affecté par la ville au logement de la garnison. Bien qu'il ne résidât pas, il entendait avoir un hôtel « pour le cas où il irait à Redon (3). » Il demandait non le gouvernement « qu'il aurait fallu réparer en entier, » mais une maison qu'il désignait. Le 20 mars 1726, la communauté, qui désirait garder le *gouvernement*, proposa de « payer au gouverneur, une somme annuelle de 300 francs sur ses deniers d'octroi. » L'indemnité de logement convenait à M. de Kermoysan bien mieux qu'une maison qu'il n'occuperait guère. L'intendant Feydeau de Brou rappela que les indemnités de ce genre étaient de 600 francs dans les grandes villes, de 300 à 400 francs dans les moindres ; sur cet avis, le conseil fixa l'indemnité à 400 francs ; et le chevalier de Kermoysan s'empressa de transmettre à la communauté la copie de l'arrêt visée par l'intendant.

Mais il faut obtenir le paiement de l'indemnité ! Ce ne sera pas facile. En 1731, M. de Kermoysan réclame son

---

(1). Son successeur fait part » de la mort du Marquis de Coëdefan, ancien gouverneur, » par lettre de Paris, (8 janvier 1731) dont lecture est donnée à l'assemblée de la communauté, le 16 janvier

(2) Arch. d'Ille-et-Vilaine. C. 418.

(3) Il date ses lettres de Paris, rue de Richelieu — sans indiquer le n° de la maison. Peut-on insérer de là que, au commencement du dernier siècle, les maisons de Paris n'étaient pas numérotées ? C'est seulement dans la seconde moitié du siècle que beaucoup de villes de province introduisirent le *numérotage* des maisons.

SOUTERRAIN DU MONASTÈRE DE REDON
Éclairé au magnésium

paiement (1) ; mais la communauté a égaré la copie de l'arrêt « sur le vu de laquelle » le paiement doit se faire ; en 1732, M. de Kermoysan en envoie une seconde au maire de Redon : soin inutile ! En 1733, nouvelle réclamation (2) restée sans succès, puisque, en 1734, le gouverneur réclame les trois années 1732, 33 et 34. C'est en vain qu'il a envoyé des quittances au miseur ; le miseur les a renvoyées honnêtement en déclarant qu'il ne paiera rien et qu'il se pourvoit devant l'intendant.

Il est vraisemblable que le nouvel intendant des Galois de la Tour jugea, comme son prédécesseur ; du moins n'apparait-il pas de nouvelles réclamations de M. de Kermoysan.

Il m'a paru permis de rappeler, comme de curieux souvenirs, ces résistances administratives si étrangères à nos mœurs actuelles.

Le chevalier de Kermoysan appartenait à une ancienne famille bretonne, qui gardait avec un légitime orgueil le nom de Tugdual de Kermoysan dit en France *le Bourgeois* (3).

Capitaine sous le connétable de Richemont, Tugdual de Kermoysan le suivit dans toutes ses guerres. En 1435, il entre le premier dans la place à l'assaut de St-Denis ; en 1437, il monte le premier sur la brèche à Montereau (4) ; en 1439, au siège de Meaux, il se distingue

---

(1) Dél. du 23 octobre.
(2) Dél. du 6 février 1733.
(3) Traduction du breton *Bourc'his*, nom originaire de la famille.
(4) Et il fut encore entré le premier dans la place si un boulet tiré, méchamment, dit-on, d'une batterie française n'avait abbatu sous ses pieds un pan de mur dont la chûte entraîna Tugdual au fond du fossé. (Lobineau. Hist. p. 606). Comme Richemont, *Le Bourgeois* excitait la jalousie des Français.

entre tous ; » en 1450, au lendemain de Formigny, il est le premier au pied des murs de Caen (juillet) ; enfin le mois suivant, conduisant l'attaque au siège de Cherbourg, il fut mortellement frappé. (1).

Le gouverneur de Redon n'eut pas l'occasion de se signaler ainsi. Il était encore en fonctions en 1740.

IV.

Les gouvernements des places de la nature de Redon n'étaient plus que des sinécures (2) : on aurait pu les supprimer comme superflus ; c'est le contraire qui se fit. Un édit de décembre 1708 créa auprès de chaque gouverneur un lieutenant de Roi et un major (3). Cette

---

(1). Lobineau. Hist. *passim*. p. 545 à 647.
Il semble que la fonction de ce vaillant breton ait été de conduire des assauts. Comment Le Bourgeois n'était-il pas chevalier?.. De 1416 à 1449, à la fin de sa carrière, il ne prend que le titre *d'écuyer*, avec celui de capitaine de Montécler, puis de bailli de Troyes. — M. de Couffon de Kerdellec'h. *Chevalerie Bretonne*. II. p. 172.

(2). Il est peut-être permis de donner ici quelques indications sur les gouvernements de places. — M. Cheruel n'en dit rien (*Diction. des institutions de la France*). Le dict. de Larousse non plus. Mais il vaut mieux ne rien dire que de parler comme il a fait des gouverneurs de *provinces*. Ces omissions et ces inexactitudes ne nous permettent pas de penser avec d'autres que « le Larousse » rend toute bibliothèque superflue, et qu'il puisse être cité comme un document authentique à la tribune du Sénat !

(3). Au dernier siècle le « lieutenant de Roi est le second offici. guerre d'une ville, commandant en l'absence du gouverneur. » *Trévoux*. C'est à proprement parler le lieutenant du gouverneur. — Cent ans auparavant, ce mot avait un tout autre sens : en 1592, après la défaite de Craon, Henri IV nommant d'Aumont lieutenant général, partagea la Bretagne entre quatre lieutenants de Roi : Montbarrot, évêché de Rennes, Mis de Coetquen, évêchés de Dol, St-Malo, Vannes et Nantes ; Sourdéac, gouverneur de Brest, évêchés de Tréguier, Léon, Cornouaille. (Morice III. col. 1551); St-Brieuc non compris à cette énumération doit

multiplicité d'offices inutiles, du moins en beaucoup de lieux, avait une raison : ces offices avaient été « créés en finance », c'est-à-dire qu'ils étaient achetables à prix d'argent. Un temps vint où l'on put acheter la survivance. Mais tous n'étaient pas « admis à payer la finance » fixée. Cette faculté n'était accordée qu'aux officiers ou anciens officiers nobles d'extraction ; et il leur fut accordé de pouvoir exercer le gouvernement sans incompatibilité avec les autres offices ».

M. de Kermoysan eut pour successeur Louis de Durfort, comte de Lorges, que nous trouvons pourvu du gouvernement, en 1749. Il était, selon toute apparence, nouvellement nommé, car nous le voyons, cette année même, réclamer l'indemnité de logement que « l'intendant M. de Viarmes lui a dite être payée. » En réponse, la communauté s'empresse d'adresser un mémoire à l'intendant : elle proteste « qu'il est dans l'erreur quand il croit que le paiement de l'indemnité se fait par délibération de la communauté (1) ». La communauté considérerait-elle que la question jugée entre elle et le chevalier de Kermoysan par l'arrêt de 1728 devra être jugée de nouveau avec le comte de Lorges.?..

être probablement attribué à Sourdéac ; du moins St-Brieuc faisait-il partie de la lieutenance de Sourdéac, en 1610. (État des garnisons de Bretagne, 20 décembre 1610. Cabinet de M. Raison du Cleuziou).

Le major est l'officier qui, « dans une place de guerre commande après le gouverneur et le lieutenant : il a le soin de la garde, des patrouilles et fortifications » *Trévoux.*

(1). Arch. d'Ille-et-Vilaine. Intendance. Série C. 418. — J'ai à faire de nombreux emprunts aux archives de l'intendance ; pour abréger, j'indiquerai les renvois par la lettre de la série (C), et, le numéro du carton. — Les renvois aux régistres de la communauté de Redon seront désormais indiqués par le mot (Délibération) et la date.

On ne voit pas cependant, heureusement pour les finances de la ville, qu'il soit intervenu un nouvel arrêt du conseil.

Le nouveau gouverneur appartenait à une famille illustre qui, dans un siècle, de 1675 à 1775, a donné cinq maréchaux de France. Il était le petit fils, le petit neveu et le frère de trois d'entre eux.

Son aïeul maréchal était Guy Aldonce de Durfort, seigneur de Lorges (en Orléanais), ce digne neveu de Turenne, qui, lieutenant-général sous les ordres de son oncle, prit le commandement à sa mort, sauva l'armée, et mérita ainsi le bâton de maréchal (1676), que son frère avait obtenu l'année précédente. Il est connu sous le le nom de maréchal de Lorges (1).

En 1681, il avait acquis le comté de Quintin que le Roi érigea en duché, en 1691. Quand il mourut, en 1702, il transmit le duché à son fils Guy Nicolas. Celui-ci obtint la « continuation du duché de Quintin en duché de Lorges, » c'est à dire la substitution au nom de Quintin du nom de Lorges que son père avait illustré (1705) ; et à sa mort (le 3 mars 1758) son fils aîné, Guy Michel, hérita le titre de duc de Lorges (2).

---

(1). Mais c'est à tort qu'on le nomme *duc de Lorges*. La seigneurie de Lorges érigée en châtellenie (1551) n'avait pas titre de duché. D'autre part le nom de Lorges n'a été substitué à celui de Quintin qu'après la mort de Guy Aldonce.

Son frère aîné Jacques Henri de Durfort, comte, puis duc de Duras, est connu sous le nom de maréchal de Duras (1675).

(2). Voir les lettres royales. P. Anselme. V. p. 774 et suiv.
Pour former le duché de Quintin on unit à la châtellenie de Quintin la vicomté de Pommerit et les seigneuries de l'Ermitage et d'Avaugour. (Versailles, mars 1691).

C'est Guy Nicolas, duc de Rozan (et non Randan) qui, vers 1730, commença la construction du château de Lorges dans la forêt de l'Ermitage. Il n'ambitionna pas, comme son père, son oncle et ses fils les honneurs

Louis, frère cadet de Guy, portait du vivant même de son père, le titre de comte de Lorges. Né le 18 février 1714, il était, dès 1734, colonel-lieutenant du régiment de la marine infanterie. Le 26 février 1737, il épousa Marie Marguerite Brétault de Marzan, qui était ou allait devenir dame du Pordor et de la Châtaigneraie, (par. d'Avessac.) On peut supposer que c'est le voisinage de ces domaines qui porta le comte de Lorges à solliciter le gouvernement de Redon.

Pourvu d'emplois militaires, brigadier le 20 février 1743, menin du Dauphin en 1744, maréchal de camp en 1745, lieutenant général en 1748, il ne pouvait résider ; nous ne le trouvons même pas à Redon. Mais la comtesse, dame de la Dauphine, passait du temps au Pordor. Elle y était assurément, lorsque au printemps de 1753, le duc de Lorges, son beau père, vint y faire un séjour. Le 24 juin de cette année, une « députation de la communauté alla complimenter le père du gouverneur de la ville (1). »

Le duc mourut quelques années plus tard (3 mars 1758) laissant son titre à Guy Michel.

En 1762, celui-ci perdit sa fille unique mariée au duc de la Trémouille : elle ne laissait pas d'enfant ; il semble que Louis de Durfort, devenu héritier nécessaire, prit, dès cette époque et du consentement de son frère, le titre de duc de Lorges (2).

C'est ainsi que la communauté donne le titre de du-

---

militaires. Il résidait souvent à Lorges ; et le souvenir de son hospitalité presque royale subsiste encore.

(1). Dél. du 24 juin 1753.
(2). L'*Etat militaire* lui donne ce titre en 1763.

chesse à la gouvernante, lorsque, en 1766 et 1767, elle passa par Redon. Le 13 novembre 1766, et le 1er février 1767, la ville brûla à son arrivée et à son départ 12 livres de poudre (1). Ces deux dates marquent sans doute le séjour de Mme de Durfort non à Redon mais au Pordor.

Une déclaration du Roi (4 mai 1766) avait statué que désormais il ne serait plus pourvu qu'à vie aux gouvernements et aux lieutenances ; mais, un mois plus tard à peine, des raisons financières firent revenir sur cette décision ; et, dès le 1er juillet, le Roi admettait de nouveau la *survivance*. Le survivancier acquittait « la finance » dont le trésor payait de gros intérêts, jusqu'au jour où, la vacance se produisant par décès ou démission, le survivancier entrait en possession des revenus de l'office.

C'est ainsi que à Redon le baron de l'Averdy de Bernicalles obtint la survivance du duc de Lorges. Nous le trouvons pourvu en 1773.

Cette même année mourait Guy Michel, duc de Lorges, devenu, en 1768, maréchal de France, comme son illustre aïeul. Louis de Durfort lui survécut seulement deux années ; il mourut à Paris, le 10 décembre 1775 ; et le baron de l'Averdy entra en fonctions.

L'année suivante. nous trouvons à Redon un lieutenant de Roi nommé de Lusante (2).

---

(1) C. 416.

(2). Nous devons dire que c'est le seul lieutenant de Roi à Redon que mentionne l'*Etat militaire* ; mais il y en eut d'autres : Exemples : en 1718—19, Michiel de Carmoy, qui avait payé la charge 4000 l. ; et en 1748, l'intendant ordonnançait une somme de 320 l. pour les gages du « lieutenant de Roi. » C. 1849, et 413.

A la mort du duc de Lorges le baron de l'Averdy entra en jouissance des émoluments attachés à l'office.

V

Le 18 mars de l'année suivante, une ordonnance supprima le gouvernement de Redon comme beaucoup d'autres, notamment en Bretagne ; et fixa d'une manière nouvelle les émoluments des gouvernements conservés (1). Mais cette ordonnance ne regardait pas les gouverneurs en fonctions ni les survivanciers admis : elle ne porta donc aucun préjudice à M. de l'Averdy, et ne lui conféra aucun droit nouveau : c'est-à-dire qu'elle respectait ses droits acquis ; mais ne lui permettait pas de réclamer d'autres émoluments que ceux fixés par ses lettres de provision. Il put jouir de ces émoluments jusqu'au 1er janvier 1791. Un décret des 20-25 février déclara « supprimés, à partir du 1er janvier précédent, les gouvernements de places qui n'obligeaient pas à résidence » (2), et étaient pour cette raison jugés purement honorifiques.

---

(1) En Bretagne, sur 33 gouvernements de places, 8 seulement furent conservés : Nantes, Saint-Malo, Belle-Ile, (de première classe à 12000 fr. d'appointements) ; Port-Louis-Lorient, Quimper, Château du Taureau, Rennes et Vannes (de troisième classe, à 8000 fr.) Il n'y avait pas en Bretagne de gouvernement de seconde classe à 10.000 fr. d'appointements.

(2) Duvergier. Lois... II. p. 241.

Le gouvernement de Redon était du nombre ; depuis 1776 il ne subsistait plus qu'à raison de la survivance de M. de l'Averdy : la suppression résultant virtuellement de l'ordonnance de 1776 eut enfin son effet, en vertu du décret.

Chapitre XVIII.

GARNISON DE REDON (XVII & XVIII· SIÈCLES)

I.

Nous n'avons pu donner aucune indication sur la garnison de Redon pendant le XVI° siècle jusqu'aux troubles de la Ligue. A cette époque, nous avons vu le gouverneur François de Talhouet ayant sous sa main 1400 hommes. Après la paix, Talhouet maintint sa garnison au chiffre de plus de 500 hommes (1).

En 1610, d'après un état officiel cité plus haut (2), Redon aurait été la seule place de Bretagne ayant un gouverneur sans un seul soldat. On peut soupçonner une omission dans la copie ancienne que j'ai eue sous les yeux. En effet, il est vraisemblable que Redon, étant encore censé place de guerre, conserva une garnison à *morte-paie*, c'est-à-dire destinée exclusivement à la garde de la place. Toutefois, c'est seulement pour le

---

(1). Ci-dessus, chap. XIV. p. 99.
(2). Ci-dessus, chap. XV, p. 108.

dernier siècle que nous pouvons donner des renseignements certains.

Cessant d'être place de guerre Redon resta siège de garnison. Outre sa garde bourgeoise, elle avait d'ordinaire un détachement de cavalerie (1). *L'Etat militaire* indique d'année en année, au moins depuis 1758, la garnison de chaque régiment ; mais il donne seulement la garnison que tient le colonel ; et c'est sans doute pour cette raison qu'il ne mentionne qu'un régiment en garnison à Redon en 1774-1775 (2).

Le logement des troupes ne fut pas une mince difficulté pour la petite ville. Aux derniers siècles, bien des villes, même plus importantes que Redon, n'avaient pas de casernes : elles logeaient les soldats dans des maisons louées pour cet usage (3). Mieux pourvu, Redon eut une caserne dès la fin du XVII° siècle.

Quand les gouverneurs eurent cessé de résider, la ville, avec la tolérance du domaine, affecta l'hôtel du gouverneur, autrement dit le *gouvernement*, au loge-

---

(1) Ce renseignement, certain pour le dernier siècle, est douteux pour le siècle précédent. En effet, en 1601, des irlandais cantonnés à Redon ayant tué un habitant, on voit la communauté dépêcher au maréchal d'Estrées et à l'intendant pour *qu'ils donnent ordre* à cet homicide ; et les bourgeois veillent la nuit au corps de garde. C'est, semble-t-il, la preuve de l'absence de toute force militaire royale. — *Hist. de Redon*. p. 201 et note.

(2). *L'Etat militaire* commence en 1758. Quelques autres régiments nous sont connus d'ailleurs. Ainsi *Royal-Etranger* est nommé dans une délibération de la communauté en 1754. Nous trouvons ailleurs la mention des régiments d'Aumont, de Vassé, de Mestre de camp général dragons. Arch. Ille-et-Vilaine. C. 1102, 1110, 1160. Mestre de camp était fort à propos à Redon, le 30 mai 1780, lors de l'incendie de l'église St-Sauveur, pour sauver le chartrier et quelques édifices de l'abbaye. Abbé Jausions, p. 233.

(3). A Quimper, le procès verbal de la Réformation du domaine royal (1539) ne mentionne pas de caserne. Aux siècles suivants, nous trouvons cinq maisons qui ont servi successivement de casernes.

ment des troupes, et plus tard elle en obtint l'afféagement. Elle l'aménagea pour sa destination et notamment y construisit deux écuries (1).

Mais le *gouvernement* ne suffisait pas et la communauté affecta de plus au logement des troupes une maison dite de *Saint Pierre*, dont l'emplacement est occupé aujourd'hui par l'hôpital. Nous verrons plus loin que ces deux édifices suffisaient au logement d'environ 150 soldats.

De ces deux casernes qui étaient éloignées l'une de l'autre, la seconde était hors des murs : double inconvénient. La ville trouva le moyen de substituer à la maison de *Saint Pierre* un autre édifice plus vaste, plus voisin du *gouvernement*, et situé dans la ville close.

Nous avons parlé plus haut de l'ancien hôpital, rue des Chambots, que Girardin de Billy avait trouvé, en 1495, transformé en arsenal (2). Trois siècles plus tard, en 1772, un nouvel hôpital fut construit sur l'emplacement de Saint-Pierre ; et, l'année suivante, la communauté, d'accord avec l'évêque de Vannes, l'intendant, et « tous les gens de bien » de la ville, transféra l'hôpital dans le nouveau bâtiment ; et aménagea l'ancien hôpital pour le logement de la garnison, qui devait y être plus à l'aise et dont l'effectif pouvait même être un peu augmenté (3).

L'opération était bonne : la communauté obtint qu'une

---

(1). C. 418. Dél. du 27 septembre 1766.

(2). Ci-dessus, chap. IX, p. 65.

(3). Dél. des 22 janvier 1773. f° 36. r°, et 26 janvier f° 38. v°.

« redevance serait payée (sans doute par la guerre) au nouvel hôpital à raison du casernement dans l'ancien hôpital » (1).

Ainsi fut organisé le casernement des troupes jusqu'aux dernières années du siècle (2).

La ville s'applaudissait de ces arrangements, lorsqu'elle reçut une désastreuse nouvelle : la garnison est retirée ! (3).

Nous n'avons pas voulu interrompre l'histoire du casernement ; mais il nous faut revenir un peu en arrière.

II.

Il y a quelques années, nous avons vu des villes convoitant une garnison s'imposer à l'envi des sacrifices hors de proportion avec leurs ressources et avec les avantages pécuniaires que peut leur procurer la présence d'un corps de troupes. Pour plusieurs, l'opération financière a été mauvaise. Au dernier siècle, les administrations étaient plus économes, j'oserai dire plus sages. Ainsi la communauté de Redon souhaitait une garnison ; mais, pour l'obtenir, elle n'eût pas consenti

---

(1). Dél. du 24 décembre 1776. f° 37. v°. Cette redevance était, au moins à une certaine époque, un prix de bail, comme on le voit, par un acte de 1789, qui parait se rapporter à l'ancien hôpital. C. 2217.

(2) Abbé Jausions. p. 92. 195 note. C'est seulement à la fin du siècle que fut construite au quartier St-Pierre la maison qui porte encore par tradition le nom de *caserne*.

(3) Dél. du 24 décembre 1796. f. 38. R°.

à bâtir à grands frais. Aussi se contentait-elle d'une garnison peu nombreuse : une augmentation d'effectif eût été un embarras pour ses finances. Son vœu se résumait en ces mots : ni trop peu ni trop... Mais, à ce point de vue, Redon a passé par de cruelles perplexités.

La garnison de Redon se composait d'ordinaire d'un détachement de cavalerie. En 1754, c'était un escadron de Royal-Etranger (1) ; il comprenait quatre compagnies à 35 hommes et les *bas officiers* (2), en tout, un effectif de 140 hommes. La ville juge que c'est tout ce que peuvent loger le *gouvernement* et la maison de St-Pierre.

Mais tout à coup un nouveau règlement porte la compagnie de 35 à 88 hommes. Que Redon garde les quatre compagnies, et l'effectif plus que dédoublé va monter de 140 à 386 avec les bas-officiers ! C'est trop, au gré de la communauté. Où loger tant de monde ? Elle ne veut pas bâtir. Va-t-elle provisoirement loger l'excédant (246 hommes) chez l'habitant ? Ce provisoire ne pourrait se prolonger. Mais les inquiétudes de la ville sont bientôt calmées : une ordonnance du 1ᵉʳ décembre 1755 réduit les compagnies à 40 hommes : Redon pourra garder ses quatre compagnies, un escadron.

Vingt-deux ans plus tard, la communauté est encore saisie des mêmes préoccupations.

Nous sommes en 1776, la ville a un demi escadron de quatre compagnies de 36 hommes (164 soldats et bas officiers). Une ordonnance du 25 mars change la com-

---

(1) « Royal Etranger régiment, formé en 1635 devait-être le premier de la cavalerie allemande en France. Le régiment de Charost y fut incorporé en 1761. » *Etat militaire* 1763. p. 244. —

(2) *Bas-officiers*, les *brigadiers* et *fourriers*.

position des régiments. Au lieu de deux escadrons de huit compagnies à 36 hommes, le régiment aura cinq escadrons formés chacun d'une seule compagnie de 174 hommes. Redon est menacé de recevoir deux compagnies, deux escadrons (348 hommes). La communauté proteste ; et (peut-être sans avoir consulté sa voisine) elle indique la ville de Blain comme pouvant recevoir des troupes (1).

Je ne sais si l'indication fut suivie ; mais il ne semble pas que la garnison ait été augmentée (2).

Peut-être même les protestations trop vives ou mal comprises de la communauté eurent-elles un résultat trop complet : un jour la communauté reçut ce désastreux avis : « La garnison est retirée ! »

En vérité le commandant militaire, Mis d'Aubeterre, a mal choisi le moment (3).

L'établissement dans l'ancien hôpital permet à la ville de loger plus d'hommes ; et elle vient de dépenser 2046 livres pour la translation de l'hôpital (4).

---

(1). Dél. 16 mai 1776, f° 30 v°.

(2). M. l'abbé Jausions a écrit (p. 195 note) : « Redon avait ordinairement deux compagnies de cavalerie, souvent des dragons. » Les détails qui précèdent montrent l'inexactitude du mot *deux compagnies*. La ville, avec le même effectif de 150 à 200 hommes, a pu avoir tour à tour 6, 4, 3, 2 compagnies et même une seule, tant la composition a changé !
Nous avons vu que la compagnie a passé, en 1754, de 35 à 88 hommes. un peu après elle est de 30 hommes seulement, puis nous trouvons les modifications suivantes :

1er décembre 1755	40 hommes	2 escadrons à 4 compagnies
21 décembre 1762	45 hommes	4 escadrons à 2 compagnies
17 avril 1772	36 hommes	2 escadrons à 8 compagnies
25 mars 1776	174 hommes	5 escadrons à une compagnie
29 janvier 1779	174 hommes	4 escadrons id.

Ces chiffres sont extraits de l'*Etat militaire* (*passim* de 1760 à 1781).

(3). Joseph Henri Bouchard d'Esperbes de Lussan, Mis d'Aubeterre, commandant militaire en Bretagne, de 1775 à 1784, maréchal de France, en 1783.

(4). C. 422.

Aussi la communauté éclate-t-elle en doléances : « Les cavaliers sont à lieu de se procurer à Redon une vie si aisée ! » et les chevaux eux-mêmes regretteraient les gras pâturages des vastes prairies qui entourent la ville (1) !

Le commandant militaire se rend à ces raisons ; Redon conserve sa garnison ; et le jour où la communauté reçoit cette heureuse nouvelle, elle vote d'enthousiasme pour le nouveau casernement une dépense de 99 fr. 5 sols (2) !

Mais la communauté ne s'en tirait pas toujours à si bon compte. Le *gouvernement* surtout, vieil édifice ruineux, exigeait de coûteuses réparations. En 1774, l'escalier est en tel état que les cavaliers ne peuvent s'y aventurer sans danger. Il faut le refaire (3). L'année suivante, c'est tout l'édifice qui menace ruine ; et des travaux confortatifs sont ordonnés. Coïncidence malheureuse : au même temps, la ville va « dépenser des sommes immenses pour la reconstruction de la chaussée de St-Nicolas (4). »

Et ces dépenses d'entretien ou de reconstruction ne sont pas les seules qu'occasionne la garnison. Les casernes suffisent à peine au logement des soldats ; la ville

---

(1). Dél du 24 décembre 1776. f° 38. r°. — Il avait été question d'établir un haras sur la terre de Penhouet (Avessac). C. 1637.

(2). Dél. du 31 décembre 1776. f° 41. r°.

(3). Dél. du 19 juillet 1774. f° 2 v°.

(4). Dél. du 17 juin 1775, f° 6. r°.
L'édifice qui menaçait ruine en 1775 fut si bien réconforté que, trompant tous les pronostics, il était encore solide quand on l'a démoli, il y a une trentaine d'années, pour faire place à la nouvelle halle. (Abbé Jausions. p. 195. note).

est contrainte de louer une maison où elle emmagasine les objets de casernement ; et, de ce chef, elle porte à son budget une somme de 360 l. (1).

Enfin, outre cette dépense annuelle, il y en avait d'autres accidentelles, comme nous allons voir.

III.

Aux premiers jours de 1774, une heureuse nouvelle réjouit la ville, l'arrivée d'un détachement de Royal Picardie (2). C'est un des plus brillants et des plus aristocratiques régiments de cavalerie (3). Depuis 1760, il a pour colonel un gentilhomme d'un nom retentissant, le comte de Bassompierre. Tout son état major est noble ; et de ses douze capitaines trois sont marquis, deux comtes, quatre vicomtes et un baron. C'est le premier escadron qui vient à Redon, et avec lui l'état-major et la musique.

Toute la ville sait déjà les noms des officiers et jusqu'aux plus minces détails de l'uniforme :

« Habit à la polonoise (4) ; collet, revers et paremens

---

(1). C. 418.

(2). Royal Picardie créé en 1672 avait pris le nom de province et le numéro (XIV) par ordonnance du 1er décembre 1761, qui y avait incorporé le régiment de Bourbon-Busset. *Etat militaire*, 1763 p. 248.

(3). On répète que, sous l'ancien régime, tous les oficiers devaient avoir la noblesse ; et on donne en preuve de la noblesse de Corret, le glorieux Premier Grenadier, son entrée au régiment d'Angoumois, comme sous-lieutenant (1764). Erreur certaine ; la noblesse ne fut exigée que par l'ordonnance du 22 mai 1781 ; et Corret, quoiqu'on imagine aujourd'hui, n'était pas noble.

(4). Polonaise, Espèce de redingote courte ornée de brandebourgs, qui devint à la mode après le mariage de Louis XV avec Marie Leczinska, fille du Roi de Pologne.

de drap bleu bordé d'un petit galon de fil blanc ; doublure chamois ; 7 boutons au revers, 3 au dessous, avec autant d'agréments et huppes de fil blanc ; veste et culotte chamois, boutons blancs ; chapeau bordé de galon blanc. »

Et « l'équipage du cheval » n'est pas moins élégant : « Drap bleu, bordé de galon de laine à chaînette jaune sur un fond plein en laine rouge. »

Avec quelle impatiente curiosité la ville attend le beau détachement ! Mais elle l'attendra longtemps : il vient de Schelestadt, et il lui faut traverser toute la France. Enfin il arrive commandé par M. de Vomas, lieutenant-colonel.

A peine installé, M. de Vomas demande à la ville « d'établir une carrière et un manége (nous dirions aujourd'hui un champ de manœuvre) pour les exercices de ses cavaliers. » Il en indique le lieu entre la porte Notre-Dame et le faubourg. La ville s'empresse de faire niveler une partie de la place et d'une promenade nommée la *Butte* située sur la contrescarpe ; cet espace réservé est entouré d'une palissade (1).

Un peu plus tard M. de Vomas annonce l'arrivée du colonel. Grand émoi à l'assemblée de la communauté ! Où trouver un logement pour le colonel ? Après avoir beaucoup cherché, la ville trouve l'hôtel du président de Quéhillac (2). Mais « il y a seulement trois apparte-

---

(1) Dél. du 25 février 1774. Supp. f° 3. r° et v°. — C. 418. — Nous parlerons plus loin de la *Butte*.

(2). Armand Paul Fourché conseiller au parlement depuis 1749. Il prit part à la démission générale du parlement (20 mai 1765) ; mais il fut un des six que le duc d'Aiguillon gagna à sa cause, et il entra au parlement réformé surnommé le *baillage d'Aiguillon*. (9 janvier 1766.) C. 1837. En 1771, il devint président des enquêtes.

ments sans cuisine et sans.. (1). » La communauté juge ce logement « insuffisant », et elle a trop raison. Pourtant elle se résout à le « choisir », faute de mieux.

Mais l'hôtel n'est pas garni ; et les meubles nécessaires coûteraient 4000 livres. C'est bien cher : d'autant que Royal Picardie ne tiendra garnison à Redon que pendant deux années ; et le régiment qui lui succèdera aura-t-il son état major à Redon ? Dans le doute, le plus sage est de louer des meubles pour garnir la chambre du colonel et quatre lits pour ses quatre domestiques ; on achètera seulement « une tapisserie pour la chambre de compagnie. »

Il faut croire que le comte de Bassompierre se trouva bien à l'hôtel de Quéhillac; et, plus d'un an après, nous le trouvons à Redon dans une occasion solennelle.

Le 16 juillet 1775, un *Te Deum* solennel est chanté à l'occasion du sacre de Louis XVI. Le clergé, la communauté et les officiers du régiment sont présents. « Après quoi, dit le procès verbal de la communauté, les dits corps se sont transportés sur la place publique où s'est trouvé un bûcher préparé, auquel le feu a été mis par les chefs de corps au bruit du canon, de trois décharges du détachement, au son de toutes les cloches de la ville, de la musique du régiment, et aux acclamations d'un concours prodigieux de peuple qui s'empressait de témoigner leur amour pour leur souverain (2). »

---

(1) Dél. 7 mai 1774. f° 10 r°. — Ici un mot que je ne veux pas écrire et qui désigne un lieu que notre T. A. Coutume nomme *chambre coie* (tranquille), comme qui dirait *buen retiro*.

(2). B. B. 14—16 juillet 1775 f° 10 r°. Le procès verbal porte au milieu de nombreuses signatures celles du Ch. de Bassompierre et du Ch. de Beausset.

Le feu de joie qui réjouit encore les fêtes patronales des campagnes est passé de mode dans les villes, où les feux d'artifice ont pris sa place. Mais pour nos pères, pas de fêtes joyeuses sans un feu : « car, dit Mathieu, l'historien de Henri IV, il n'y a plus solennelle déclaration de réjouissance que celle qui se fait par le feu (1). »

On devine quel éclat donnait à cette solennité la présence des brillants officiers de Royal Picardie ; aussi la ville leur fit elle fête. Après le feu de joie, la communauté leur offrit une collation, et elle traita grandement ses hôtes : la collation coûta 70 livres (2).

Le détachement de cavalerie était de toutes les fêtes publiques et combien elles étaient multipliées ! Chaque printemps ramenait les deux fêtes-Dieu. Le détachement escortait la procession dans les rues étroites mais ensoleillées, tendues, enguirlandées et jonchées de fleurs, comme je les ai vues. Les brillants uniformes des officiers faisaient contraste avec les costumes sévères des gens de justice et des membres de la communauté. Ceux-ci marchaient en corps précédés du héraut vêtu solennellement « de drap blanc et noir avec galons, ganses et boutons d'argent (3), » les cheveux soigneusement « accom-

---

(1) Hist de Henri IV. p. 263. Et l'historien avait joint l'exemple au précepte. Parlant des feux de joie qui s'allumèrent par toute la France à l'occasion de la conversion du Roi, il écrit en toute modestie : « Le feu le plus célèbre, qui avait le plus d'artifice, d'invention et de dépense, fut celui de Lyon, dont j'eus moi-même l'honneur et la peine. »

(2) C. 415.

(3). C. 416. Dél. du 23 novembre 1768. « 217 livres pour le costume du hérault. »

Le costume du héraut était funèbre comme, de nos jours, l'habit noir au bal. Combien, à la même époque les hérauts de Quimper étaient plus pimpants ! « Casaques en satin blanc doublées de bleu, semées d'hermines, avec l'écusson de la ville brodé devant et derrière. » (M. de Blois. Ogéé. V° Quimper. II. p. 416.)

Un héraut trouva un ingénieux moyen de se faire donner par la ville

modés » par un perruquier que la ville inscrit à son budget pour une somme annuelle de trois livres ; mais qui au besoin donnerait son temps et son art rien que... pour l'honneur (1).

Au 15 août, fête de l'Assomption, c'est la procession vouée par le roi Louis XIII qui en grande solennité parcourt les rues.

Outre ces fêtes religieuses, qui reviennent périodiquement, que de circonstances donnent occasion à des fêtes et réjouissances publiques !

En 1769, c'est le retour du parlement à Rennes que Redon célèbre comme toute la Bretagne. La communauté vote une dépense de 310 l. pour les « réjouissances publiques ». Le canon brûle 24 livres de poudre. Au milieu de l'allégresse générale, un seul est triste à Redon : c'est le tambour de ville. Il a reçu une sanglante injure. Suffisant pour les jours ordinaires, la communauté l'a jugé indigne de battre en une telle solennité ; pourtant il figurera dans le cortège, mais pour la montre ; « il bat imparfaitement », il battra en sourdine ; et il entendra battre triomphalement à ses côtés « un tambour extraordinaire », que la ville a loué pour la solennité (2).

---

un vêtement de travail. *Casseur de bois* de son métier, il se mit à casser du bois dans la rue en casaque de satin. Réprimandé il répondit n'avoir pas d'autre vêtement, et la communauté, délibérant d'urgence, l'équipa de pied en cap (Dél. du dernier siècle dont je ne retrouve pas la date exacte.)

(1) Le perruquier Durand « avait accommodé le héraut pour les cérémonies pendant seize ans à raison de 3 livres par année, » mais n'avait jamais reçu un sol, lorsque un jour il reçut en bloc le paiement des seize années, 48 livres. 13 juin 1778. C. 415.

(2). C. 715. « Pour 24 livres de poudre à canon, 36 l. ; pour un tambour extraordinaire outre celui de la ville qui bat imparfaitement, 1 l. 10 s. »,

La garnison prend les armes quand un *Te Deum* est chanté à la nouvelle d'une victoire ou pour la naissance d'un prince, enfin dans des occasions moins solennelles, mais qui se présentent souvent : par exemple l'entrée ou le départ du gouverneur de la province, du commandant militaire, de l'intendant, du gouverneur de la ville ou de leurs femmes.

V

Ces parades et les exercices du manége étaient à à peu près les seules occupations de la garnison : elle n'avait même plus à monter la garde sur les murs et aux portes de ville : elle avait des loisirs, et ces loisirs, furent utilement employés en 1784.

Arrivée au pied de cette sorte de cap que la colline de Lanruas forme dans la vallée, au point dit aujourd'hui la *Belle Anguille*, sur la rive droite, la Vilaine se portait brusquement vers la rive gauche au pied de la colline entre Cado et Saint-Nicolas, puis, par un autre détour, revenait au pied de la Houssaye, au dessus de Redon. Elle formait ainsi un double coude incommode à la navigation. En 1784, les troupes qui prenaient leurs quartiers à Redon furent employées à ouvrir une large coupure dans la prairie, à partir de la *Belle Anguille* jusqu'à la Houssaye ; et depuis ce temps la Vilaine coule par ce nouveau lit en ligne presque droite (1).

---

(1). On peut suivre l'ancien lit de la Vilaine sur la carte de l'Etat major : il devient de moins en moins visible sur le terrain. Ci-dessus, chap. 1ᵉʳ p.7, note — Cet ancien lit formait autrefois la limite entre les évéchés

XIX

DERNIERS ÉVÈNEMENTS MILITAIRES

Depuis les temps de la Ligue, la ville de Redon n'avait pas vu l'ennemi ; et elle n'avait entendu le canon que pour les solennités publiques, les joyeuses entrées des gouverneurs de la place ou de la province, ou le passage des personnages de marque. Lorsque, en 1762, elle se mit à abattre ses remparts, comment aurait-elle prévu que, en 1799 et 1815, ils auraient pu lui être une utile sauvegarde ?

L'abbé Jausions a conté les deux invasions de Redon, le 9 novembre 1799, et au printemps de 1815. (1).

Le 9 novembre 1799 répond au 18 brumaire an VIII, une grande date dans notre histoire ! Ce jour-là, le général Bonaparte chassait le Directoire ; et, au dire d'un

---

de Vannes (dont Redon faisait partie) et de Nantes ; et il forme aujourd'hui la limite commune de l'Ille-et-Vilaine et de la Loire-Inférieure. Dans quelques années, cette limite naturelle n'apparaîtra plus.

(1) Histoire de Redon, Chap. XI. p. 297 et chap. XIII p. 307 et suiv.

grand patriote, La Tour d'Auvergne Corret, « acquérait sur tous les Français jaloux de la gloire, de la liberté et du repos de leur pays, les mêmes droits que la Patrie dont les destinées lui étaient confiées » (1).

Le jour même où le coup d'état s'accomplissait à Saint-Cloud, un parti royaliste commandé par M. Sol des Grisolles se présentait à l'improviste devant Redon et y pénétrait de toutes parts (2). Les canonniers défenseurs de la ville ne trouvaient d'autre refuge que dans la tour de l'église St-Sauveur. Séparée de l'église depuis la réédification de la nef après l'incendie de 1780, la tour solidement construite en gros moellons et n'ayant d'ouvertures qu'à une grande hauteur formait une sorte de donjon. Les assaillants n'avaient ni le moyen de la forcer, ni le temps de la prendre par la famine. Se sachant menacés par des forces considérables, les royalistes se retirèrent après deux jours, chargés de munitions de guerre enlevées aux magasins établis dans l'ancienne abbaye.

En 1815, après le retour de l'Ile d'Elbe, ce sont les élèves du collège de Vannes, qui, sous les ordres du même chef, menacent et assaillent Redon. Un de ces soldats improvisés et non des moins distingués, M. Rio, depuis professeur d'histoire au collège Louis le Grand et auteur d'ouvrages remarquables, a laissé une relation de cette expédition (3).

---

(1) Lettre du 25 floréal an VIII (15 mai 1800). Cette lettre écrite par le premier grenadier des armées de la République, trente-sept jours avant sa mort, peut-être considérée comme « son testament politique. »

(2). M. Sol de Grizolles, lieutenant de vaisseau, en 1786, se signala dans les guerres de la chouannerie, et fut créé maréchal de camp, en 1815, et lieutenant général, en 1818 ; il est mort en 1836.
(M. de Courcy. Nobiliaire).

(3). On peut lire dans l'*Histoire de Redon* chap. XIII. Les pages plei-

C'était le jour de la fête Dieu. Au moment où les assaillants descendaient de Beaumont, la procession marchait vers un reposoir auprès de l'église Notre-Dame ; elle rétrogada précipitamment pour rentrer à l'église Saint-Sauveur. La sonnerie solennelle s'interrompit brusquement, et le tocsin se fit entendre.

Comme en 1799, les défenseurs de la ville s'enfermèrent dans la mairie et dans la tour de Saint-Sauveur. Ne pouvant les y forcer, M. Sol de Grizolles menaça de brûler les deux édifices avec leurs défenseurs, et fit entasser sous les yeux de ceux-ci un amas de matériaux combustibles ; puis il ordonna la retraite, au moment où les adversaires, ayant oublié de s'approvisionner d'eau et mourant de soif, allaient capituler. Les royalistes se retirèrent laissant quelques morts, et emportant leurs blessés.

L'*histoire militaire* de Redon finit ainsi tristement sur un épisode de nos guerres civiles qui malheureusement n'a pas été le dernier.

Je pourrais m'arrêter ici ; mais j'ai dit la fondation des murs de Redon et ce que j'ai pu retrouver de leur histoire : qu'il me soit permis de suivre cette histoire jusqu'au bout, c'est-à-dire jusqu'à la démolition presque complète du rempart élevé par l'abbé Jean de Tréal.

---

nes d'intérêt extraites de la *Petite Chouannerie* de M. Rio.

M. Rio, (Alexis-François) né à l'Ile d'Arz (Morbihan) en 1797, auteur distingué de plusieurs livres d'histoire et d'esthétique. Le principal (l'*Art chrétien* 4 vol. in-8° publié en 1841—1855, a eu deux autres éditions en 1861—67, et 1874. L'auteur est mort en cette année.

Chapitre XX et dernier

DESTRUCTION DES REMPARTS (1762-1804).

I.

Une enceinte murale est une gêne pour les villes qu'elle tient comme en prison. Lors donc que leurs murs ne leur sont plus une utile défense, il se comprend que les villes, oublieuses des services rendus, cessent de les entretenir, les condamnent et les démolissent (1). Au dernier siècle, beaucoup de villes firent ainsi, et Redon fut du nombre.

---

(1) En plusieurs villes ce beau zèle s'est tourné en *vandalisme*. Que de villes ne se sont même pas demandé si leurs vieilles tours et leurs portes n'étaient pas leurs plus beaux ornements ! Et combien dont l'art pleure la destruction pouvaient être conservées sans préjudice pour personne ! La liste des portes et des tours détruites en pure perte, rien qu'en Bretagne, tiendrait plusieurs pages. Et les destructions se continuent : La *porte-prison* à Vannes, la porte de Brest à Dinan, la porte de Bécherel ont disparu depuis quelques années.

Mais qu'on n'accuse pas les villes, ce sont les conseils municipaux (ce qui n'est pas la même chose) qui sont coupables de ces dévastations. S'inspireraient-ils (au temps où nous sommes, c'est possible) des décrets de la Convention, des 28 vendémiaire an II, (19 octobre 1793) et 13 pluviose an II, (5 février 1794 ? Ce dernier décret ordonne (art. 1er) que tous les châteaux soient démolis et les fossés comblés « dans le délai de deux mois. » L'article 6 déclare: « la dénomination de *château* demeure irrévocablement supprimée. » — Mais c'est absurde, direz-vous. — Eh ! qui vous dit le contraire ?

Après le milieu du dernier siècle, la ceinture murale de Redon subsistait encore, bien qu'elle présentât plus d'une brèche et menaçât ruine sur plus d'un point, l'Etat ni la ville ne l'ayant entretenue. L'Etat semblait même abandonner sa propriété sur ces vieux murs ; et la ville sans l'autorisation expresse, mais avec la tolérance du domaine, avait occupé les murs et le *gouvernement*. Elle avait, comme nous l'avons vu, fait du *gouvernement* une caserne ; en même temps, elle afféageait des fractions de murs, que plusieurs habitants avaient transformées en terrasses. Toutefois, la communauté n'aurait pas osé abattre les murs ni permettre qu'ils fussent abattus, sans être assurée de l'autorisation de l'Etat.

II.

C'est en 1762 que, pour la première fois, Redon sollicita une autorisation de ce genre.

Il demanda la permission de faire un double travail, l'élargissement de la porte Notre-Dame et la démolition de la porte St-Nicolas (1). La double autorisation fut accordée. La ville, cette année même, dépensa 2750 livres pour l'élargissement de la porte Notre-Dame (3 juillet 1762) (2).

---

(1). En 1731, la ville avait fait faire des réparations aux voûtes de ces deux portes. Dél. du 23 octobre 1731.

(2). C. 427. L'abbé Jausions rapporte à 1774, la première demande d'autorisation de démolir les murs (p. 209). Sur plus d'un point je ne suis pas d'accord avec lui. Je puise mes renseignements aux Archives d'Ille-et-Vilaine. *Intendance*. C.

L'adjudication des travaux de démolition de la porte St-Nicolas donna lieu à un évènement tragique. Cette adjudication s'était faite le 16 juin 1762. Le duc d'Aiguillon était à ce moment à Redon : le 18 juin, il écrit à l'intendant : « Je suis ici depuis deux jours entouré de bandits. Je constate des faits inouis : il y a entente entre les entrepreneurs et les officiers municipaux. J'en envoie deux (sans doute des entrepreneurs) au château de St-Malo, où on les gardera tant qu'il sera convenable. Toutefois l'un est plus digne de pitié que l'autre, parce qu'il est moins méchant que sot... »

L'adjudication fut abandonnée comme frauduleuse, et une autre, régulière celle-ci, se fit le 20 juillet suivant (1).

En 1764, trois habitants de Redon, Mrs de la Houssaye, père, fils et neveu, projettent de bâtir chacun une maison sur le quai que la ville construisait en amont du pont et qu'elle nommait quai d'Aiguillon. Entrant dans la pensée de Mrs de la Houssaye, la ville demande l'autorisation de démolir un bastion faisant saillie sur le quai. L'autorisation est donnée le 11 mars et la démolition commence (2).

Le mouvement était donné et n'allait plus s'arrêter.

En 1765, M. des Nos, abbé de St-Sauveur et évêque de Rennes, afféage à la ville « une partie du bâtiment

---

(1). C. 423. — C'est par erreur que l'abbé Jausions dit que la porte St-Nicolas a subsisté beaucoup après 1775 (p. 210). Le plan de 1788 ne la figure pas plus que la porte Notre-Dame qui fut, comme nous le verrons, démolie en 1785.

(2). Dél. du 13 janvier 1764. B. B. 15 f° 32, v°. C. 430.

et du fonds de la maison abbatiale, pour servir d'hôtel-de-ville (1) ».

Au pied de cet édifice était creusé le fossé du mur de ville ; sur la contrescarpe s'étendait une petite place, et au-delà était un second fossé qui séparait la place d'un terrain vague et non nivelé dit la *Butte*, qui se prolongeait vers la Vilaine. En 1770, la ville obtint l'autorisation de combler les deux fossés en aplanissant la Butte, qu'elle se proposait de transformer en une promenade plantée en allées régulières (2).

En 1774, le mur est menacé sur un autre point. Des habitants demandent à construire en face du pont de la Mée ou Saint-Nicolas. Pour l'exécution de ce projet, il faudra abattre la partie du mur contiguë à l'emplacement de la porte (3).

A force d'agir *presque* comme propriétaire des murs, la ville avait fini par s'en croire propriétaire. En 1763, le mur formant la cloture de l'abbaye en face de la Butte s'écroule. En 1768, la ville le reconstruit, dépensant pour cet objet la somme de 2169 livres. Mais les travaux ont été si mal exécutés, et avec des matériaux si défectueux, que le 3 avril 1774, le mur neuf tombait (4).

---

(1). C. 417. A peine entrée en possession, la ville reconnait que l'édifice est menacé d'écroulement, et de grosses réparations y sont faites. Il semble que l'édifice fut diminué de hauteur, apparemment pour décharger d'autant les murs. En 1770, la ville dépensa 480 l. pour l'établissement de la grille de fer sur la terrasse. »

(2). C. 422. Il semble que l'aplanissement de la partie antérieure de la *Butte* n'eut lieu que plus tard, en 1774, quand il s'agit, comme nous l'avons vu, d'établir un manège pour le détachement de Royal Picardie. La plantation de la Butte, projetée dès 1770, ne se fit qu'en 1786 ; nous le verrons plus loin.

(3) Dél. du 12 mars 1774. B. B. 13 f° 5.

(4). C. 426. Dél. du 5 avril 1774. f° 6. r° Il faut lire les doléances de la communauté.

Peu de temps après, en avril 1775, la ville redoutant un autre écroulement sur un autre point fit démolir un autre parement, vers la rivière, sans entente préalable avec l'abbaye (1).

Or l'abbaye avait une servitude sur le mur qui lui servait de clôture ; cette clôture était détruite *par le fait de la ville*. Les religieux se plaignirent. La ville allégua pour excuse de sa promptitude le danger que présentait le mur ; mais, comme si elle reconnaissait une faute commise, elle offrit de reconstruire à frais communs (2).

III.

De longs débats allaient s'en suivre qui ne pouvaient manquer d'attirer l'attention de l'intendant. Or, c'est le moment que la ville prit assez maladroitement pour demander non plus la démolition d'une porte ou d'un pan de mur, mais la libre disposition du rempart tout entier.

Par une délibération du 31 octobre 1775, la communauté représenta que « les vieilles murailles menaçaient ruine, que les réparations coûteraient cher et seraient

---

(1) Dél. 25 avril 1775. f° 4.

(2). La chûte du mur donna lieu à de longs débats entre la ville et l'abbaye. On voit l'abbaye demander à la ville la cession du mur (Dél. du 25 avril 1775 f° 47), comme si la ville en avait eu la disposition. L'abbaye, moyennant cette cession, offrait de reconstruire à ses frais. La ville aime mieux garder *ses droits* sur le mur et demande que l'abbaye, à laquelle le mur sert de clôture, paie la moitié de la reconstruction. En 1778 et 1779, après les afféagements nouveaux que nous allons dire, la question des frais de reconstuction est encore pendante. C 413.

faites en pure perte, puisque les murs étaient non seulement inutiles mais nuisibles ; qu'ils empêchaient l'air extérieur de pénétrer en ville, et que les rues ne pouvaient en aucun temps se dessécher, telle précaution qu'on puisse prendre (1) ».

En conséquence la ville demandait à disposer des murs ; elle comptait aliéner ou démolir les vieilles murailles coupables, on le dirait, d'intercepter les rayons bienfaisants du soleil !

Si la communauté croyait ses arguments irrésistibles, elle fut bientôt détrompée : l'intendant répondit par un refus formel, les murs étant la propriété du Roi et non de la ville.

La ville ne se tint pas pour battue, et, le 6 avril 1776, elle prenait la délibération suivante : « La communauté observe au conseil de S. M. que les murs de cette ville furent anciennement construits aux frais des habitants de cette ville et des paroisses voisines, afin de se mettre à couvert, pendant les petites guerres que se faisaient trop souvent les comtes et les barons qui possédaient de grandes terres dans cette province ; mais que ces murs, qui pouvaient être alors de quelqu'utilité contre des incursions presque momentanées, sont devenus entièrement inutiles tant par leur insuffisance que par leur dépérissement, et que, sur ces motifs, ils ont été ci-devant en partie démolis par autorité supérieure pour l'agrandissement et l'embellissement de la ville (2). »

---

(1). C'est le lieutenant de maire qui parle.
Abbé Jausions, p. 209. L'auteur dit que « la permission de disposer des murs de ville fut donnée. » C'est une erreur, comme nous allons voir.

(2). Dél. 1776. f° 50 v°, 51 r°. — Il semble que c'est la ville qui a recouru au conseil d'Etat contre la réponse de l'intendant.

Voilà comment, en 1776, la ville de Redon savait l'histoire de ses murailles ! Remarquez que à ce moment Lobineau et Morice avaient conté la fondation des murs par l'abbé Jean de Tréal, et publié la décision du parlement général de 1386 revendiquant pour le souverain les murs et fortifications (1) ! Mais cette décision que la ville ne sait pas ou n'accepte pas, le receveur du domaine royal ne manque pas de l'invoquer (2).

Le 4 novembre 1776, sans tenir compte des raisons alléguées par la ville, le conseil d'Etat répond que « les portes, murs et fortifications de Redon faisaient partie du domaine de la couronne. » En conséquence « il annule les baux à cens qui en avaient été faits à des particuliers par les officiers municipaux (3) ». Mais, comme l'Etat avait intérêt à continuer ces baux, le conseil ajoute : « sauf aux détenteurs à se pourvoir vers l'intendant pour être maintenus en possession. »

Ainsi l'arrêt du conseil ne changeait rien aux droits des censitaires de la ville : seulement au lieu de tenir leurs droits de la ville, ils les tiendront, s'ils veulent, de l'Etat

Le subdélégué de l'intendance, un ingénieur, le sieur

---

(1) Ci-dessus page 28.

(2) C. 424. Dél. 1776 f° 50 v° et 51 r°.

(3) Le conseil prend le mot *cens* selon la signification que l'usage lui donnait en Bretagne : « *Féage* et *cens* ou *censie* est tout un en Bretagne, fors que *féage* se dit du noble, et *censie* est le *féage* roturier. » Hévin sur l'art. 43 de la N. C. — Poullain du parc. I. p. 133. Le féage et le cens sont des contrats par lesquels la propriété est transférée moyennant une rente foncière et perpétuelle.

Hors de Bretagne le mot *cens* exprimait « une redevance seigneuriale, foncière et perpétuelle, dont un héritage est chargé envers le fief dont il est mouvant, laquelle fut originairement imposée comme prix de la concession de l'héritage ». Ferrière. Dict. de droit. V° Cens I. p. 350.

Duval, receveur des domaines, dressèrent « un procès verbal d'arpentage des emplacements faisant partie des murs et fossés (1), » emplacements que le domaine allait désormais afféager pour une modique redevance, six deniers de rente par toise carrée (2).

Pas un ancien afféagiste n'hésita à demander au domaine la continuation de sa concession. Les bénédictins obtinrent leur maintien sur les tours et fossés qui leur servaient de clôture ; et la ville elle-même s'empressa de demander l'afféagement de la maison dite le *gouvernement* transformée par elle en caserne. Une ordonnance de l'intendant rendue en exécution de l'arrêt du conseil accorda tous les afféagements demandés (3).

IV.

En 1785, la ville fit faire « un plan d'alignement et d'embellissement avec indication des maisons à supprimer ou rescinder. » Ce plan approuvé par arrêt du conseil du 11 décembre 1785, fut gravé en 1788 (4) ; et c'est lui qui nous a guidé au début de cette étude.

Le plan nous montre Redon aux dernières années avant la Révolution.

---

(1) C. 424.
(2) Dél. du 25 avril 1777. f° 47.
(3) C. 425. — Quelques années plus tard, la ville renouvela en grande partie le mobilier de sa caserne, en achetant 41 lits et 150 paires de draps pour 6817 livres. Le nombre de 41 lits, comptant deux hommes par lit, donne environ 80 hommes. — Cette dépense fut approuvée par l'intendant, le 15 juin 1784. C. 418.
(4) C. 431.

Plusieurs habitants avaient proposé la construction d'une rangée de maisons vis à vis la tour de l'église Saint-Sauveur. L'exécution presque immédiate de ce projet allait amener la démolition de la porte Notre-Dame et du mur contigu (1).

C'est pourquoi le plan ne figure ni cette porte, ni le mur, bien qu'il nous montre la tour qui défendait la porte. La porte et la tour Saint-Nicolas n'existaient plus depuis 1762 ; et le plan montre la porte Sainte-Anne, dont la démolition projetée dès 1786 (2), ne s'est faite qu'en 1804 (3) ; et même la porte de la Mée, avec deux demi-lunes, à l'autre bout du pont St-Nicolas. Le mur de l'ouest le long du ruisseau est, sur plus du tiers de sa longueur, figuré comme en ruines ou déjà abattu.

Si nous faisons abstraction de la porte Sainte-Anne, de la porte de la Mée, de quelques pans de murs ouest et sud, nous pouvons dire que, dès 1785, les seules parties de murs intactes ou non masquées par des constructions nouvelles étaient à peu près les seules qui se voyaient jusqu'aux dernières années : savoir, le mur longeant le champ de foire avec l'éperon de l'angle nord, qui vient de disparaître, et le pan de mur soutenant la terrasse du collège (ancienne abbaye) qui heureusement subsistera.

---

(1). Abbé Jausions, p. 211.

(2). C. 421. — Ce plan de 1785 a dû être modifié avant la gravure de 1788, en un point que nous aurons à signaler, ou bien l'ingénieur y a marqué par anticipation une place projetée en 1785, mais qui ne fut exécutée qu'en 1786, comme nous allons voir.

(3). Abbé Jausions, p. 305. « On exécuta en même temps le remblai des fossés qui longeait l'ancien mur de ville de ce côté. »

V.

Sur la contrescarpe, en face de Saint-Sauveur, le plan figure une place rectangulaire, plantée d'arbres, qu'il nomme *place Bertrand*. Cette promenade était une création nouvelle. Cet emplacement, dont nous avons déjà parlé, était mal nivelé, planté de quelques arbres, et portait une petite chapelle dédiée à Notre-Dame. Le nom de *la Butte* ou *les Buttes* donné à ce terrain révélait son ancienne destination (1). C'est là, on n'en peut douter, que se faisait autrefois le tir au papegaut, jusqu'à sa suppression en 1770. En 1786, pendant un hiver rigoureux, pour occuper des indigents manquant de travail et de pain, la ville employa la somme de 12,000 livres à l'aplanissement de *la Butte* (2).

Mais la somme consacrée aux travaux projetés n'aurait pas suffi : il fallait solliciter une nouvelle autorisation de l'intendant Bertrand de Molleville. La communauté craignait-elle de ne pas l'obtenir ? On le croirait presque quand on lit sa requête. On dirait qu'elle a besoin d'amadouer l'intendant. Elle lui promet que la place nouvelle

---

(1). Ce nom de *la Butte* ou *les Buttes* marque la place où s'était autrefois tiré le papegaut. Lobineau et Morice définissent le mot *Butte*, « élévations sur lesquelles on met le but auquel on tire. » Ce mot, qui apparait dans la langue vers la fin du moyen âge, marque la date de l'organisation des tirs à l'arc. (Siméon Luce. Jeux populaires de l'ancienne France. *Correspondant*, novembre 1889. p. 634-648). Ce mot entre dans les lettres royales qui constituent ou confirment le papegaut. (Lettre de Charles VIII pour Quimper.) V. mon étude : *Les Papegauts de Bretagne et spécialement le Papegaut de Quimper*. 1892.

(1) Hist. de Redon. p. 211 et suiv.

sera nommée de son nom *place Bertrand*, et combien l'intendant doit être flatté ! Au dire de la communauté, cette place une fois plantée « sera la plus agréable de la province. (1) » Comment l'intendant aurait-il pu refuser l'autorisation ?

Près d'un demi-siècle auparavant, en 1742, la communauté de Quimper écrivait à un autre intendant, Camus de Pontcarré de Viarmes, qu'une promenade créée récemment et qu'elle nommait *le champ de Viarmes*, aujourd'hui le *Champ de Bataille* « était le plus beau morceau de la province, et peut être du royaume au dire de tous les étrangers (2). »

. . . .

Je ne jugerai pas entre Redon et Quimper. Ma bonne étoile m'a conduit dans ces deux aimables villes. Ma carrière commencée sous les plus heureux auspices à Redon a été brusquement interrompue à Quimper ; mais ma première et ma dernière résidence me sont également chères.

Il y a bientôt quarante ans, la « place Bertrand » était comme la *salle des pas perdus* du tribunal. Que de fois les magistrats du siège et du parquet étroitement unis se sont promenés ensemble sous ses beaux ombra-

---

(1). Encore à ce moment l'allée inférieure dite *promenade* n'était-elle pas aménagée et plantée. Ce travail complémentaire ne se fit que en 1804. (Abbé Jausions p. 305.)

(2). Dél. de la communauté du 4 mars 1742. — En même temps Quimper nommait *Pont Carré*, le pont qui de la ville conduit au champ *de Viarmes*.

ges ! Je reviens souvent à ces souvenirs en même temps tristes et doux ! Des collègues de ce temps, trois ne sont plus, et les autres ont cessé leurs fonctions. Deux ont atteint la limite d'âge et ont aujourd'hui le titre d'honoraires ; les trois autres, et j'en suis, condamnés sans avoir été entendus, ont été frappés d'une retraite prématurée. Mais une disgrâce n'est pas une déchéance. Quoiqu'on ait osé dire et pu faire, notre honneur est sauf (1).

---

(1) Pendant le séjour de l'auteur à Redon (1855-1860) le tribunal fut ainsi composé : MM.

Levexier, président, mort en fonctions.
Révault, président, mort conseiller honoraire à Rennes.
Pihan-Dufeillay, juge d'instruction, mort juge honoraire.
Salmon de Laubourgère, juge, expulsé président du tribunal de Dinan.
Guérin du Grand-Launay, juge suppléant, expulsé juge à Nantes.
Boullé, procureur impérial, premier président honoraire de la cour d'Orléans.
Le Meur, procureur impérial, conseiller honoraire à Rennes.
Trévédy, substitut, expulsé président du tribunal de Quimper.
Peltier, greffier, récemment admis à la retraite.
Evin, commis greffier, en retraite.

Depuis que ces lignes sont écrites, M. du Grand Launay a été enlevé (1er juin 1894) à l'affection de ses anciens collègues et à l'estime de tous ceux qui l'ont connu.

CORRECTIONS & ADDITIONS

I.

P. 3.

(Société Arch. d'Ille-et-Vilaine T. II. xxii, p. 25.)

« On indique, comme ayant été peintes à Redon, les belles verrières de la cathédrale de L... Redon avait un atelier dans la seconde moitié du XIII° siècle et le commencement du XIV°, puisque le duc Jean II (1286—1305) lègue au *vitrier* de Redon, XXVII lib. VII sols. (Morice. Pr. I. 1198) ; et il existe un acquit de Lorans le *vitrier* de Redon, daté de 1307, constatant qu'il a été payé une certaine somme pour les vitraux placés dans l'église des Carmes de Ploërmel. (Cet acquit a été trouvé par M. de la Borderie dans les Archives du château de Nantes). »

Puisque nous citons le testament de Jean II, rappelons que le duc donne « à un ermite demeurant de joste (auprès de) Redon, pour prier Dieu, XX sols. » (Morice Pr. I. 1198.)

II.

P. 7, note 1.

Nous avons mentionné le nom d'*Iles de Brain* donné à la plaine dans laquelle la Vilaine coule entre Brain et Massérac ; et nous avons dit que ce nom rappelait la mémoire de l'ancien état des lieux. En effet, il y a cent ans à peine, la Vilaine coulait dans cet endroit partagée en plusieurs bras formant îles et ilots. Voici la preuve authentique de ce fait :

« Arrêt du conseil d'Etat du 30 juillet 1754 ordonnant la vente et aliénation, à titre d'arrentement, des îles et ilots d'une contenance de 1200 arpents, (environ 600 hectares) (1) formés par les divisions de la Vilaine et situés aux environs des paroisses de Brain, Renac, Massérac, Avessac et Bains. — 26 septembre suivant, adjudication à raison de neuf sous par arpent de rente annuelle (ou 540 livres). — Opposition par le procureur général syndic des Etats, l'abbé de Redon, le prieur de Massérac. — Arrêt du conseil du 26 avril 1780 — répétant les dispositions de celui de 1754 et ordonnant qu'il sera procédé définitivement à l'arrentement des îles et ilots de la Vilaine. — Nouvelles oppositions. — La cession est enfin adjugée, le 29 juillet 1780, au sr Leroux et associés, moyennant une redevance annuelle de 240 livres de froment par journal. » C. 1929.

III.

P. 33.

Nous avons omis un séjour du duc Jean V à Redon, du 18 au 23 octobre 1428 (2). Ce séjour fut marqué par la venue d'ambassadeurs du Roi d'Angleterre.

L'armée anglaise commençait le siège d'Orléans. Le duc de Bedfort prévoyait que la place résisterait longtemps, et ne se sentait pas suffisamment assuré des dispositions de Jean V. Il se souvenait des dix mille hommes que le duc avait envoyés au secours de la France, et que les Français n'avaient pas voulu attendre à Azincourt. Il savait que le connétable de Richemont re-

---

(1). L'arpent en Bretagne est le *journal* (*Trévoux*) soit 48 ares.
(2). Actes de Jean V. (Itinéraire) I. p. CXXVIII.

légué à Parthenay, quand il aurait dû commander l'armée française, supportait impatiemment l'inaction qu'un mot du Roi pouvait faire cesser. Il pouvait craindre que le connétable n'obtînt de son frère, comme il arriva, l'autorisation de recruter en Bretagne.

Bedfort avait donc de sérieux motifs d'amadouer le duc de Bretagne ; et c'est pourquoi il envoya à Jean V « une ambassade très solennelle. » Cinq ambassadeurs arrivèrent à Redon, accompagnés de deux fous, nommés Cocagne et Pontoise (1).

Dix ans auparavant, nous trouvons à la cour de Bretagne un fou nommé Coquinet, que le duc avait peut-être amené de la cour de France, en 1407, et qu'il emmena avec lui quand il alla rendre visite au Roi d'Angleterre à Rouen, en 1419 (2). Espérons pour le duc et pour Coquinet que, en 1429, celui-ci était encore à la cour et put donner la réplique aux fous de l'ambassade anglaise.

IV.

P. 43.

En 1445, le duc François Ier était à Rieux.

Inquiet des dispositions du duc pour son frère Gilles, le connétable vint de Parthenay au château de Rieux pour voir le duc, et ménagea un accord entre les deux frères (3). C'est dans la même occasion qu'il sollicita du duc la fondation d'une maison de chartreux à Nantes. Les lettres ducales sont signées de Rieux

---

(1). Lobineau. Hist. p. 625.

(2). Lobineau. Hist. p. 536 et *Pr.* col. 929. J'ai donné quelques détails sur Coquinet dans *Fous, Folles et Astrologues* des ducs et duchesses de Bretagne. Soc. Arch. du Finistère. 1891.

(3). Lobineau. Hist. p. 625. — La dame de Rieux, femme de François de Rieux, était Jeanne de Rohan, fille de Marguerite de Bretagne, sœur de Jean V et de Richemont ; et était ainsi cousine germaine du duc François, et nièce propre du connétable. Ci-dessous § X. *Généalogie*.

12 octobre (1); mais c'est seulement douze ans plus tard, en 1457, que Richemont devenu duc, « eut (selon son expression) le bonheur d'introduire les chartreux dans leur retraite. » (2).

On sait la cause de la reconnaissance de Richemont pour les chartreux. En 1440, quand il eut rendu Paris au Roi, Richemont fut nommé gouverneur de l'Ille-de-France : il prétendait chasser les Anglais de son gouvernement ; mais, ne recevant du Roi ni hommes ni argent, il se désespérait et songeait à se retirer. A ce moment même, le prieur des chartreux vint trouver le connétable, combattit sa résolution, révélée, disait-il, à l'un de ses frères, et lui conseilla le siège de Meaux. En vain Richemont objectait-il que le Roi d'Angleterre « avait été retenu neuf mois devant la place. » Le prieur insista ; le connétable se laissa persuader et emporta Meaux après vingt jours (3).

V

P. 48.
A propos de Perrinaïc.

L'*histoire* vraie de *Pierrone*, dite aujourd'hui *Perrinaïc*, tient toute entière dans deux textes du *Bourgeois de Paris* et dans un texte du *Formicarium* de Jean Nider. Ces passages ont été publiés par Quicherat dans le *Procès de Jeanne d'Arc*, T. IV. p. 467, 471 et 504.

En dehors de ces deux textes tout ce qu'on rapporte de Perrinaïc est pure imagination. Or les textes du *Bourgeois* et de Nider ne disent que ceci :

Pierrone était une femme (non une jeune fille) de Bretagne : une seule fois on la voit avec Jeanne d'Arc, le jour de Noël 1429,

---

(1) Morice. Pr. II. 1385.
(2) Lobineau, Hist. 625 et 666.
(3). Lobineau. Hist. p. 610.

à Jargeau. Au mois de mars ou avril 1430, elle est arrêtée à Corbeil, avec une autre plus jeune qu'elle qui n'est pas nommée. Toutes deux se proclament envoyées par Dieu au secours de Jeanne. Elles sont poursuivies comme sorcières. La compagne de Pierrone se rétracte et est relâchée. Pierrone s'obstine à soutenir que « Dieu en hucque rouge et robe blanche causait avec elle comme un ami ». *Pour ce* elle fut condamnée au feu et brûlée au parvis Notre-Dame, le 3 septembre 1430.

Ajoutons que la pauvre hallucinée soutenait courageusement que « Jeanne était bonne et agissait selon Dieu. »

Voilà le titre unique de Pierrone à un respectueux souvenir, mais non au monument sans pareil en Bretagne que la fantaisie réclame pour *Perrinaïc*, comme un témoignage éclatant de la reconnaissance nationale.

VI.

Capitaines ou gouverneurs.

Deux noms de capitaines ou gouverneurs sont à intercaler entre les noms donnés dans les pages qui précèdent :

I.

Entre Bertrand du Parc (p. 51) et René de Goaimerel (p. 55) il faut mettre François Angier.

« François Angier, sʳ du Plessix-Angier, Montrelais, le Gué au Voyer, la Sénéchalière, la Clarté, Brétignoles et la Fresnaye, fut vaillant et sage chevalier, capitaine de Redon et maître des gardes du duc François II. »

Tels sont les titres que du Paz donne à François Angier; mais, selon son habitude, le généalogiste ne dit pas tout.

François Angier avait pour femme Jeanne du Pont-l'abbé, fille de Pierre II du nom et de Hélène de Rohan, sœur de Louis

II seigneur de Guémené. Celui-ci était avec son beau frère, et avec son allié Jean de Rieux, maréchal de Bretagne, le futur tuteur de la duchesse Anne, des plus animés contre Landais. Ils n'eurent aucune peine à attirer dans leur parti leur gendre et neveu. François Angier fut un des vingt ou trente gentilshommes qui, le 7 avril 1484, entrèrent en armes dans le château de Nantes pour s'emparer de Landais. (1)

Il fut, comme les autres, proscrit par l'arrêt du 21 mai 1484 ; il fut même de ceux qui plus durement traités virent abattre leurs bois et démolir leurs maisons et leurs fuies (2).

Mais, un an plus tard, au lendemain du supplice de Landais (19 juillet 1485), les rebelles obtinrent leur pardon, le rétablissement dans leurs charges et quelques uns même des faveurs, (13 août) (3). C'est ainsi que Angier devint chambellan du duc, (4) et, un peu plus tard, on le trouve capitaine d'Hennebont, place bien plus importante que Redon (25 juillet 1487). Il mourut à Redon, le 29 août suivant, et sa veuve, le 6 septembre. (5).

II.

Chap. X. XVᵉ siècle.

Julien du Breil, sʳ de Pontbriand, de la Marre, etc., chevalier de St-Michel, était gouverneur de Redon en 1551. Il prend ce titre dans son contrat de mariage du 20 mars 1551, avec Marie Ferré, fille de Bertrand, sʳ de la Garaye. Onze ans plus tard, en 1562, il obtint le gouvernement de Dinan qu'il garda vingt ans (M. de Carné, *Chevaliers de St-Michel*, p. 48-49, et Baron de Rosmorduc. *Demoiselles bretonnes à St-Cyr.* p. 72.)

---

(1). Lobineau. Hist. p. 740.
(2). Id. p. 741.
(3). Id. p. 750.
(4). M. de Couffon I. p. 445.
(5). Ctᵉˢˢᵉ Jégou du Laz. *Baronnie de Rostrenen* p. 23.

VII.

P. 80.

J'ai dit que le comte de Combourg (Jean, fils du M¹⁸ de Coetquen) fut tué au combat de Loudéac (avril 1591).

Ce fait attesté par Rosnyvinen de Piré (1) a été répété sur la foi de cet historien par tous ceux qui ont parlé du combat de Loudéac ou du comte de Combourg. J'ai fait comme les autres, bien que j'eusse plus d'une raison de douter.

L'inexactitude de Piré est prouvée aujourd'hui par l'acte de décès du comte de Combourg. Il est mort au château de Combourg, le 29 juillet 1602, et a été inhumé aux Jacobins de Dinan.

Cette rectification vient d'être publiée pour la première fois par M. le chanoine Guillotin de Corson (Grandes seigneuries de la Haute-Bretagne. Comté de Combourg. — Revue de Bretagne, de Vendée, etc., T. XI, mai 1894, p. 362).

Selon toute apparence, le comte de Combourg ne fut pas blessé même légèrement à Loudéac (2).

Le comte de Combourg était chevalier de St-Michel. D'Hozier a omis son nom : de plus il a commis une inexactitude quand il indique son fils Louis (aussi chevalier de St-Michel) comme fils de *Jean, marquis de Coetquen*. C'est en effet indiquer que le comte de Combourg aurait, survivant à son père, hérité le titre de marquis. Or Jean, m¹⁸ de Coetquen, a survécu au comte de

---

(1). « L'honneur que remporta le M¹⁸ de Coetquen fut accompagné de la douleur de la perte du comte de Combourg, son fils, qui fut tué... » T. I. p. 295.

(2). Cf. Lettre du prince de Dombes au M¹⁸ de Coetquen. Bécherel, 4 avril 1591, Morice, Pr. III. col. 1528 — Montmartin. Morice. hist. II. p. CCLXXXVII. — Pichard nous montre, le 9 avril 1592, le comte de Combourg « menant une belle troupe. » Morice. Pr. III. col. 1727. L'erreur de Piré vient peut-être d'une confusion : Le sieur de la Bouteillerie reçut à Loudéac une blessure dangereuse (Morice *Hist.* II. p. 404), dont pourtant il guérit. Or La Bouteillerie était de la seigneurie de Combourg.

Combourg près de deux années jusqu'au 29 juin 1604. Le titre de marquis a donc passé directement de l'aïeul au petit-fils.

VIII.

A propos de la destruction des murs de Redon, nous avons signalé quelques travaux accomplis par la ville : il nous semble permis d'entrer dans quelques détails à cet égard.

Deux objets surtout attirèrent les soins de la communauté : le port de Redon et la chaussée de St-Nicolas.

I.

Le port de Redon avait eu, jusqu'au dernier siècle, une importance qu'il avait perdue depuis ; mais que la création du bassin à flot et de la voie ferrée lui a rendue (1). On avait même l'ambition d'y armer pour les colonies (2). Au XVIIe siècle, il était encombré d'un prodigieux amas de vases, » évalué à des milliers de toises cubes (3). Déjà, en 1692, il avait été enlevé du port plus de cinq cents tombereaux de vases ou gravois qui furent conduits au *Vertugadin,* vers le lieu où se trouvent aujourd'hui les chantiers de construction (4).

Cinquante ans plus tard, tout est à recommencer : l'encombrement, « le comblement » du port était tel qu'il ne restait plus qu'un étroit chenal et que les navires ne pouvaient plus accoster

---

(1). En 1860, il entrait à Redon 243 navires dont le tonnage était de 11.253. Dans les sept années 1872 à 1878, les entrées ont été en moyenne de 469 presque du double. Cf. *Ports maritimes* de France. IV. p. 256.

(2). C. 429. — Sur ce qui va suivre cf. les liasses. C. 429, 430, 1181, 1584.

(3). C. 1181.

(4). Abbé Jausions. p. 204.

le quai. Le curage était d'une absolue nécessité ; mais comment mener à fin un tel travail ?...

Le port de Redon n'était pas entretenu par le Roi : il restait au compte de la ville. Il est clair que la ville réduite à ses seules ressources n'aurait pu entreprendre le curage.

Mais le Roi avait accordé pour l'entretien du port et des quais (on pourrait dire pour la construction) plusieurs octrois, notamment celui de « cinq sous par tonneau chargé de vin, eau-de-vie sel, résine, poisson salé, tuffeau, charbon de terre, fer, acier, etc. venant de la mer, par navires, barques, chaloupes et bâteaux plats. »

La perception de cet octroi fut affermée, selon l'usage ancien. Le prix de fermage porté à 9800 livres par an pour 1718, montre assez l'importance du port au commencement du dernier siècle. Les baux de 1749 et 1766 faits pour 4900 et 4500 livres accusent une décadence progressive (1).

Mais le prix de bail, se fût-il maintenu au chiffre de 9800 livres, aurait été une ressource insuffisante. Aussi, en 1740, les Etats firent-ils « un fonds de 40.000 livres pour le curage du port. (2) »

Un premier rapport, du 4 novembre 1737, avait évalué à 3000 toises cubes (24,000 mètres cubes) la quantité de vases à enlever, et estimé le travail à 53,966 livres.

Mais l'ingénieur avait mal vu, paraît-il, puisque, le 28 mars 1742, M. Chocat de Grandmaison, inspecteur des ponts et chaussées, porte la quantité de vases à 6241 toises cubes (49.928 mètres cubes);

---

(1). C. 429 et 803. Ces chiffres nous donnent les chiffres des importations des objets compris dans l'octroi : en 1718, 39.200 tonneaux, en 1749, 19.600, en 1766, 15,000 — Mais ces chiffres sont inférieurs à la réalité. Il est clair que le fermier payant 9800, 4900, 4500 livres par an percevait davantage.

Cet octroi fut continué par arrêt du 12 avril 1738. A cette époque, la perception faite en régie ne donna que 2200 à 2300 livres par année et on revint à la ferme.

Un arrêt du 30 septembre 1749 autorisa de nouveaux droits sur les boissons pour quinze années.

Un arrêt du 28 novembre 1762 prolongea de quinze années l'octroi accordé en 1738.

(2). C. 429. Il y a là deux plans du port et des travaux à faire.

il est vrai qu'il évalue le travail à faire seulement à 33,109 livres 13 sous 4. deniers (1), en quoi il se trompa.

On se mit à l'œuvre ; de 1742 à 1749, les travaux accomplis dépassant le devis de 1737, absorbèrent les 40,000 l. accordés par les Etats, plus 27,966 l. provenant de l'octroi des cinq sous par tonneau ; et tout n'était pas fait. (2)

Il semble même que, en 1749 ou 1750, on renonça à suivre la méthode dont on avait usé jusque là, et qu'on essaya d'un nouveau système.

En juin et juillet 1760, les travaux furent adjugés ; mais, en 1762, rien n'était commencé. C'est ce que nous apprend « le projet des travaux à faire » dressé par l'ingénieur et approuvé le 25 avril 1762.

Ce grand et utile travail s'accomplit heureusement les années suivantes ; et il était assurément terminé, quand la ville, en 1776, demanda l'autorisation d'emprunter 30.000 livres pour continuer les travaux des cales et des quais (3).

J'ai entendu dire à Redon que les vases enlevées du port avaient été amenées en aval de la ville au delà du Mail ; le rapport de l'ingénieur en 1762 ne laisse aucun doute sur ce point. C'est là qu'il propose de déposer les vases, et le lieu était tout naturellement indiqué : les chalands chargés descendaient la Vilaine, et une fois vides remontaient dans le port, pour prendre une nouvelle charge.

Entre 1874 et 1883, le ministère des Travaux publics a fait imprimer en huit beaux volumes les *Ports maritimes de France*. Dans le tome IV paru en 1879, on lit à la fin de l'article *Redon* :

« Bibliographie. Il n'y a pas d'histoire de Redon et de son port. Cette ville avait une abbaye de bénédictins importante. »

L'existence de l'abbaye St-Sauveur.... de l'histoire de Redon,

---

(1). Ce curieux rapport fait connaître les causes multiples de ce prodigieux envasement dû surtout à l'insouciance et à la maladresse. — Autres rapports du même, 15 août 1742, 16 avril 1749.

(2). Adjudication (partielle) du 20 mai 1744.

(3). C. 430. Arrêt du conseil approuvant l'emprunt. 27 mai 1776.

voilà tout ce qu'a pu découvrir l'ingénieur signataire de cette notice !. La faute est à Redon qui n'a pas d'histoire. Cela est écrit en 1879 : or l'*Histoire civile de Redon* par l'abbé Jausions était à cette époque en vente chez tous les libraires, et elle donne plus d'un détail intéressant même sur le port. En tout cas, et ce livre n'existât-il pas, il y avait, dans les archives de l'intendance rangées en bel ordre aux archives d'Ille-et-Vilaine, les éléments d'une notice sur le port de Redon.

II

Une autre cause de préoccupations et de dépenses ce fut la chaussée de Saint-Nicolas.

La vallée dans laquelle coule la Basse Vilaine, et qui lui sert encore aujourd'hui de lit pendant l'hiver, ne se rétrécit que sur deux points, devant Redon et Rieux. Les Romains avaient construit un pont à Rieux ; il ne reste trace ni souvenir d'un pont jeté par eux à Redon. Mais, avant la fondation de l'abbaye Saint-Sauveur, c'est-à-dire avant le IX° siècle, la Vilaine était guéable vers la place qu'occupe aujourd'hui le pont. Pour que la rive gauche de la vallée eût accès au gué, il fallait de toute nécessité qu'une chaussée s'élevât au-dessus du sol marécageux de la vallée. Nul doute que la chaussée, dite en 1127 comme aujourd'hui *chaussée de Saint-Nicolas*, n'existât longtemps avant cette date (1).

On peut supposer que, dès 1127, la chaussée ne donnait plus accès au gué, mais à ce pont de bois construit peut-être par les abbés de St-Sauveur, et que, au milieu du XV° siècle, ils remplacèrent par le pont de pierre qui a subsisté jusqu'à nos jours.

Jusqu'au dernier siècle, l'abbaye Saint-Sauveur a joui d'un péage sur le pont de St-Nicolas, la Mée ou Sainte-Anne (2).

---

(1) Ci-dessus. Chap. I. p. 7.

(2). C. 423 — et 2436 — Le pont est dit *de Ste-Anne* à cause du voisinage de la porte à laquelle menait la rue venant du pont et passant sous la porte Saint-Nicolas.

D'ordinaire, le péage était le prix de l'entretien (sinon de la construction) du pont et de ses abords (1). Du péage appartenant à l'abbaye faut-il conclure que l'abbaye aurait dû être chargée au moins pour partie de l'entretien de la chaussée ? En fut-il ainsi anciennement ? C'est ce que nous ne savons pas. Ce que nous pouvons seulement dire avec certitude, c'est que, dans la seconde partie du dernier siècle, la charge entière de l'entretien était imposée à la ville de Redon, à cause peut-être de l'importance capitale que la chaussée avait pour elle.

La ville, remarquons le, ne contestait par ses obligations à cet égard, et n'essayait pas de s'en décharger, sur l'abbaye ou même sur le domaine, comme elle faisait pour la chaussée d'Aucfer (2).

Ces travaux d'entretien étaient-ils depuis longtemps négligés ? L'hiver de 1761 à 1762 amena-t-il des inondations extraordinaires ? Toujours est-il que, au commencement de 1762, de grands travaux parurent nécessaires. Ils furent évalués, selon un premier devis à 16.000 livres, selon un autre à 18.000, puis portés à 23.000 ; enfin ils allaient coûter la somme de 30.000 livres (3).

Il est clair que les ressources de la ville ne pouvaient y suffire.

Un arrêt du conseil autorisa la levée d'un octroi sur les boissons entrant dans la paroisse de St-Nicolas, dont le produit devait être employé aux travaux d'entretien (4). Mais ces ressources, à les supposer suffisantes pour l'entretien, étaient insuffisantes pour de grosses réparations, encore plus pour une reconstruction.

Depuis les dégradations signalées en 1762, dix ans avaient passé, sans qu'il eût été fait grand'chose. Or, en 1772, il y eut des inondations extraordinaires; la chaussée fut rompue sur plusieurs points (5) ; et, le 29 février, la communauté déclarait que

---

(1) Il en était ainsi notamment au pont de Rieux. Nous le verrons.

(2). Nous verrons plus loin (Appendice) les longs et vifs débats auxquels donna lieu l'entretien de la chaussée d'Aucfer.

(3) C. 427.

(4). C. 801.

(5). Abbé Jausions, p. 208.

la chaussée était à refaire (1). Trois ans plus tard, elle dira que les travaux à exécuter coûtent des sommes immenses (2).

En 1779 et 1780, les travaux continuèrent, enfin la réception de l'ouvrage accompli se fit au commencement de 1787 (3) : mais tout n'était pas fait puisque de nouveaux travaux furent délibérés le 7 juin de cette année (4).

Ajoutez à ces dépenses qu'on peut dire *extraordinaires* celles du casernement que nous avons dites plus haut, celles de l'installation de l'hôtel de ville dans l'ancienne maison abbatiale, menacée d'écroulement, et qu'il faut réconforter (5) ; enfin la part prise par la ville à la reconstruction de la nef de St-Sauveur après l'incendie du 30 mai 1780 (6).

La ville proposait la construction d'un pont à Aucfer, en 1786 (7), moyennant un droit de péage ; et vers le même temps, elle faisait dresser « un plan d'alignement et d'embellissement » (8), indiquant les maisons à démolir ou à rescinder.

Enfin Redon, faisant face à tant de dépenses, trouvait encore des ressources pour venir efficacement en aide aux malheureux.

Il faut rappeler à l'honneur des membres de la communauté que, dans un hiver rigoureux, en 1770, ils s'engagèrent solidairement et par corps à un emprunt de 6000 livres « pour le soulagement du peuple (9) ».

---

(1). Dél. du 29 février 1772. B. B. f° 13 r°.

(2). Dél. du 17 juin 1775.

(3). C. 427 et 428.

(4). L'adjudication donna lieu à un singulier incident : le sr Mavidé, maire de la ville et médecin, était allé à Rennes pour assister à l'adjudication. A peine arrivé, il est rappelé à Redon et repart n'ayant assisté qu'à une séance. Il réclame une indemnité de 125 l. pour cinq jours de déplacement L'intendant lui fait remarquer que ce n'est pas comme médecin, mais comme maire qu'il est venu à Rennes, et pour ses cinq jours réduit l'indemnité à 60 francs. Il suit de là que l'on comptait la journée du médecin à 12 livres et deux jours de chemin entre Redon et Rennes.

(5). C. 417.

(6). C. 417.

(7) C. 423.

(8) Approuvé par arrêt du conseil du 11 décembre 1785. C. 421.

(9) C. 419.

La même année, la ville allouait une somme de 4000 livres « pour achat de blé-seigle à distribuer aux habitants pauvres à prix coûtant. » De même en 1775 (1).

A partir de 1784, la bienfaisance prit une autre forme : la ville établit presque chaque année des ateliers de charité, pour lesquels elle dépensa, notamment pendant l'hiver de 1784, la somme de 6000 livres (2).

En même temps, Redon acceptant les inventions nouvelles achetait des pompes à incendie et des reverbères (3).

Que de fois n'avons nous pas entendu des contempteurs du passé dire : « Nos pères n'ont rien fait et nous ont laissé tout à faire. » Quel démenti inflige à ces injustes récriminations l'histoire administrative des villes et en particulier celle de Redon ! C'est merveille qu'une petite ville fasse avec si peu de ressources tant de dépenses utiles... car il ne s'agit pas, nous l'avons vu, de ces dépenses fastueuses et improductives, si à la mode de nos jours.

IX

P. 42 note 3. Au mot *Lombard* substituer le mot *Lambard* ; — au mot *de Vaujouan* substituer le mot *de Lanjamet, seigneur de Vaucouleurs*. (Vaujouan est une métairie de la seigneurie de Kerbouaire.)

---

(1) C. 419.

(2) C. 419.

(3) C. 419. En 1779. Il est vrai que les lanternes n'étaient pas souvent allumées ; 40 jours en 1779, 30 en 1780. Le héraut de ville était chargé du soin des lanternes, à raison de 20 sous par jour... d'éclairage.

En 1775, Redon acheta même « une machine à accouchement. » (C. 411). C'était trop se hâter. Cette « machine, » qui fit quelque bruit dans le temps, fut bientôt condamnée.

X.
Chap. VII. et VIII p. 49-58.

EXTRAIT DE LA GENEALOGIE DE BRETAGNE

De son 3ᵉ mariage avec Jeanne de Navarre, Jean IV eut entr'autres enfants

Jean V duc, marié à Jeanne de France, fille du Roi Charles VI.	Marguerite, mariée à Allain IX de Rohan), remarié à Marie de Lorraine.)			Richard Cte d'Etampes, marié Marguerite d'Orléans fille de Louis frère, de Charles VI, comtesse de Vertus.
François Iᵉʳ duc.	Jeanne mariée à François, sire de Rieux.	Catherine mariée 1° à Jacques de Dinan, 2° à Jean d'Albret.		François (II) (duc 1458) marié 1° Marguerite fille aînée de François Iᵉʳ, 2° à Marguerite de Foix dont
Marguerite mariée à François II.	Marie mariée à JEAN III Vte de ROHAN.	JEAN IV, sire de RIEUX, tuteur d'ANNE de Bretagne.	Du 1ᵉʳ mariage Françoise de Dinan, Du 2ᵉ mariage ALAIN d'ALBRET.	ANNE, duchesse (1488)

* C'est du second mariage de Allain IX de Rohan que naquit Jean III du nom, qui épousa Marie, fille cadette de François 1ᵉʳ, nièce à la mode de Bretagne de François II et cousine issue de germains de la duchesse Anne, de Jean IV de Rieux de Françoise de Dinan et de Alain d'Albret, frère utérin de Françoise de Dinan. — Jean IV de Rieux était cousin-germain de Françoise de Dinan et d'Alain d'Albret.

EXTRAIT DE LA GÉNÉALOGIE DE BRETAGNE (Suite)

Arthur II duc de Bretagne (1305-1310 épouse 1° Alix de Limoges (1275) 2° Yolande de Dreux, comtesse de Montfort (1294)

Du 1er mariage

1° Jean III duc 1312-1341. sans enfants. et Guy, comte de Penthièvre dont :

2° Jeanne de Penthièvre — Charles de Blois.
3° Jean, Cte de Penthièvre — Marguerite de Clisson.
4° Guillaume (4° fils) — Isabeau de la Tour.
5° Françoise — Alain d'ALBRET, fils de Jean et de Catherine de Rohan, veuve de Jacques de Dinan.
6° Jean d'Albret — Catherine de Foix, reine de Navarre.
7° Henri, roi de Navarre — Marguerite de Valois, sœur de François 1er.
8° Jeanne d'Albret, reine de Navarre — Antoine de Bourbon.
9° HENRI IV.

Du second mariage,

1° Jean comte de Montfort.

2° Jean IV, duc.
3° Richard, Cte d'Etampes.
4° François II.
5° Anne, duchesse.

APPENDICE

I. Pont de Rieux.

II. Passage, chaussée, pont d'Aucfer.

III. Beaumont.

IV. Beaubois et Renac.

V. Le Plessix Ressac.

VI. Château de Rochefort.

APPENDICE

I.

LE PONT DE RIEUX (1)

I.

Plusieurs voies romaines passaient la Vilaine. Celle de Rennes à Vannes par Guer passait à Pont-Réant, comme la route actuelle (2) ; celle d'Angers à Coz-Yaudet passait entre Bain et Lohéac au Port-neuf (commune de Pléchâtel) ; là était un pont dont quelques vestiges se voient encore.

Il ne paraît pas que les Romains aient pris passage à Redon.

---

(1). Ci-dessus, chap. Ier, III. p. 9.

(2). M. Kerviler *Armorique et Bretagne*. (I. p. 255) nomme cette voie *de Locmariaker à Lisieux* ; elle passait par Vannes, Guer, Rennes et Fougères. Il y avait un pont à *Pontréant*.

(3). *Armorique et Bretagne*. I. p. 269. — Ogée (nouv. éd. 1843-53). v° *Pléchâtel* p. 278. L'auteur de la note dit que, « quarante ou cinquante ans auparavant (1803 ou 1813), en démolissant une des piles de ce pont on trouva des monnaies en bronze à l'effigie de Jules César. »

Après la ruine du pont, la route de Bain à Lohéac se détourna vers le sud à Messac. C'est là, entre Messac et Guipry, que fut construit un pont qui devint un point stratégique important (Ci-dessus chap. VIII. p. 60; et XIV. I. p. 90).

Ruiné à son tour, il fut remplacé par un bac. Le 29 avril 1732, un arrêt du conseil maintint Judith Picquet, veuve du Mis de Piré, dans le droit du bac dépendant de sa baronnie de Lohéac (C. 2437). Lebac a subsisté jusqu'à la construction du pont actuel, vers 1825. (Ogée. Nouv. éd. (1843) I. p. 344. v° *Guipry*.

Mais plus bas, ils passaient la Vilaine sur deux points : devant Rieux et au Gué de l'Ile et Noy, à quatre kilomètres en aval de la Roche-Bernard, entre les communes actuelles d'Arzal et de Férel : la voie directe de Nantes à Vannes prenait ce passage ; la voie venant d'Angers par Candé et Blain passait à Rieux (1).

Lorsque les Romains projetèrent un pont sur la Basse-Vilaine, les ingénieurs qui devaient en choisir la place ne purent hésiter: Rieux était naturellement indiqué. Depuis plusieurs lieues au-dessus de Redon pas un point n'était aussi propice.

La Vilaine et l'Oust se réunissent à cinq kilomètres au-dessus de Rieux, et il importait de les passer ensemble. Mais un autre motif aurait suffi pour assurer la préférence à Rieux. La plaine basse dans laquelle coule la Vilaine, surtout depuis Brain, est aujourd'hui encore couverte par les eaux d'hiver ; or les apports de vases continués depuis bientôt deux mille ans ont considérablement surélevé le sol. Il ne peut être douteux que, à l'époque romaine, la prairie d'aujourd'hui ne fût un vaste estuaire, un lac, dont le lac Murin, commune d'Avessac, est comme le der-

---

(1). Cf. M. Kerviler. *Armorique et Bretagne*. I. p. 241, 242, 269.
La voie passant à Rieux se bifurquait un peu au delà, à l'est d'Allaire : Une route passant l'Oust en Peillac (au lieu dit encore passage des Romains) courait au nord-ouest vers Lannion (route d'Angers à Coz-Yaudet). — L'autre route continuait vers Vannes par Elven, parallèle à la route qui, passant au Gué de l'Ile allait à Vannes par Noyal, Muzillac et Surzur. — Ajoutons qu'il y avait une voie de Nantes à Blain. (Route de Nantes à Cherbourg, p. 259).
Le passage de l'Isle était défendu par un *Castellum* (Bizeul. Ogée v° *Arzol* I. p. 107). sur le site duquel fut élevé le château ducal de l'Ile. La chronique de St-Brieuc (Morice. pr I. 41) dit que ce château fut fondé par Jean le Roux (1237-1286) ; mais il peut s'agir d'une reconstruction : il se peut que le château existât auparavant, comme Succinio, que la même chronique attribue au même duc (cf. M. de la Borderie *Géog. féodale* p. 49).
Le passage de la Vilaine à l'Isle était abandonné dès le XIII° siècle, et il avait été transporté à la Roche-Bernard. En effet, le duc Jean Le Roux, en fondant l'abbaye de Prières (novembre 1252) donne aux religieux « le passage de la Roche Bernard qu'il a acheté de Guillaume de la Roche, chevalier, avec toutes ses appartenances. » (Morice Pr. I. 954.)
Un siècle et demi plus tard, un passage fut rétabli à l'Isle, et l'abbaye de Prières porta plainte au duc Jean V. En 1407, le duc ordonne au sénéchal de Broerec (Vannes) de rechercher si ce passage *nouvellement* établi porte un préjudice notable à celui de la Roche-Bernard. De même en 1421. (Actes de Jean V. n° 970 et 1521.

nier témoin (1). En un seul point, la vallée se rétrécit, et la Vilaine coule entre deux collines, c'est devant Rieux.

Nul doute, comme nous le verrons, que le pont romain de Rieux ne fût en bois et construit sur pilotis.

Lobineau semble supposer que le pont n'existait pas en 590. Il nous montre l'armée des Francs revenant de Vannes sous la conduite d'Ebracaire, après la paix signée avec le comte Guérech. Il se demande où les Francs ont passé la Vilaine « par bateaux. » ; Est-ce à la Roche-Bernard ou à Rieux ? Il se décide pour ce dernier point et pourquoi ? « Parce que, dit-il, les soldats de l'arrière-garde traîtreusement attaqués par ordre de Guerech essayèrent de mettre leurs chevaux à la nage, « ce que les plus téméraires, ajoute-t-il, n'oseraient tenter en ce lieu là » (à la Roche-Bernard) (2). Mauvaise raison : de hardis cavaliers menacés de mort ou de captivité, n'ont-ils pas pu essayer ce moyen désespéré, comme une dernière chance de salut ?

Ainsi la raison donnée par Lobineau ne prouve pas que le passage de l'armée franque n'ait pas été effectué problablement au passage des Romains, vers la Roche-Bernard ; et son récit ne fournit aucun argument contre l'existence du pont de Rieux, en 590.

Mais, dit-on, comment, dans leur rage de destruction, les Normands, quand ils ruinèrent la ville et le port de Rieux, auraient-ils épargné le pont ? Nul doute, si le pont n'avait pas d'arches mobiles, que les Normands n'en aient détruit quelque travée pour le passage de leurs navires, puisqu'ils ont remonté la Vilaine. On peut même supposer, si l'on veut, que le tablier tout entier a été détruit par eux ; mais les files des pilotis sont restées debout ; et le rétablissement du tablier n'était pas un ouvrage impossible aux bretons du IX° siècle.

Si nos premiers souverains bretons ne bâtissaient pas de ponts,

---

(1). Ci-dessus, chap. I. § III p. 7, note 1, et *Additions*, § II.

(2) Lobineau. Hist. p. 19. — La Vilaine n'était pas non plus facile à passer à la nage devant Rieux. — Ajoutons qu'il aurait suffi de couper une destravées du pont pour contraindre les Francs à se mettre à la nage.

du moins conservaient-ils et savaient-ils défendre ceux que les Romains leur avaient légués. Ainsi du pont de Rieux : Alain le Grand, vainqueur des Normands, fit construire sur un monticule qu'entourent la Vilaine et un ruisseau, peut-être sur l'emplacement d'un *castellum* Romain, le château dont la principale utilité était la défense du pont. Cette forteresse est nommée dès l'année 895, c'est-à-dire du vivant d'Alain le Grand, « le château de Rieux » (1).

Sur la rive gauche de la Vilaine, en face de Rieux, sur la butte St-Jacques, on a trouvé les traces d'un *castellum* romain. Peut-être, à l'imitation des Romains, Alain le Grand ou ses successeurs établirent-ils sur la même rive une fortification qui complétait la défense du pont ? Le fait suivant rend cette supposition plausible : Le seigneur de Rieux était, comme nous verrons, chargé de l'entretien et de la garde du pont. Or sa seigneurie située avec son chef-lieu sur la rive droite de la Vilaine comprenait cependant Fégréac sur la rive gauche, c'est-à-dire la paroisse à laquelle accédait le pont (2).

II.

Après la ruine de Rieux et la fondation de la ville de Redon, la prospérité passa de Rieux à la ville nouvelle, les navires ne s'arrêtant plus au port comblé de Rieux. Le tablier fixe eût été un obstacle au passage : le tablier fut coupé, plusieurs travées se relevèrent comme des ponts-levis ; et les arches devinrent ainsi des *portes ouvertes* aux navires.

A la fin du XIIIe siècle ou au commencement du XIVe, il y avait au moins deux de ces *portes*, comme nous le verrons tout à l'heure.

Ces aménagements exigeaient une surveillance active et un

---

(1) *Castellum Reuz.* Cartulaire p. 216.
(2). *Géog. féodale de Bretagne*, par M. de la Borderie, p. 113. Ci-dessus chap. III § II. p. 20 et note 2.

exact entretien. Les seigneurs de Rieux en furent naturellement chargés ; mais cet entretien ne pouvait être une charge gratuite; et les ducs accordèrent un péage à la Seigneurie Nul doute que ce péage ne fût double et ne dût être acquitté par ceux qui passaient sur le tablier du pont, aussi bien que par ceux qui passaient en bateaux par les portes ouvertes.

D. Lobineau et D. Morice ont rapporté un curieux accord conclu entre le duc Jean le Roux et Guillaume, sire de Rieux, en 1281 (1).

Guillaume expose que son père Geffroy a « laissé et déguerpi le pont de Rieux au duc (Jean Ier dit le Roux) parce que il (Geffroy) ne voulait plus le tenir en état. » Qu'est-ce à dire ? C'est, dit Lobineau, que Geffroy de Rieux « a mieux aimé abandonner le pont au duc, que de faire les dépenses d'entretien. »

Mais le pont n'appartenait pas au sire de Rieux : ce qui lui appartenait et ce qu'il a mieux aimé abandonner au duc, c'est le *péage* jugé par lui une compensation insuffisante des dépenses d'entretien.

Geffroy de Rieux meurt en 1275 n'ayant plus la jouissance ni l'entretien du pont.

Or, en 1281, le duc Jean « rend et quitte, le pont à Guillaume, fils de Geffroy, « et celui-ci promet « sur tous ses biens meubles et immeubles le tenir en bon point à toujours muni de toutes faczons. » (2)

Impossible de traduire ces derniers mots autrement que par ceux-ci : tenir le pont en bon état à perpétuité et le rétablir, s'il tombe. Nous verrons cette obligation ainsi interprétée, deux siècles plus tard par le duc François II, deux siècles après par le Roi de France ; et, au dernier siècle, Lobineau se fondant sans doute sur l'acte de 1281, qu'il avait sous les yeux, reproche au seigneur

---

(1). Lobineau. Pr. col. 431. Morice. Pr. I. col. 1058 (La même pièce est imprimée par répétition col. 1062). V. Aussi Lobineau Hist. 276.

(2) Le texte imprimé porte « mais de toutes façons. » Il faut sans doute lire *muni*.

de Rieux, successeur de Guillaume, de ne pas rétablir le pont quand il perçoit le péage (1).

On objecte : Dans l'acte de 1281, il n'est pas question de péage (2). Soit ! mais l'acte ne constate que l'obligation prise par le sire de Rieux : ne suppose-t-il pas une obligation corrélative prise par le duc ? En d'autres termes, l'acte de 1281 ne se réfère-t-il pas implicitement à un acte ancien établissant le péage ? Cela semble évident : rendre le pont au sire de Rieux à la condition qu'il l'entretienne, c'est lui faire un onéreux cadeau ; et bien imprudent sera le sire de Rieux s'il l'accepte ! Il faut de toute équité que la charge de l'entretien ait une compensation : ce sera le péage.

Le péage anciennement concédé, Geffroy de Rieux n'en a plus voulu : son fils Guillaume juge l'affaire autrement, il la croit bonne puisqu'il donne tous ses biens en garantie de son obligation d'entretenir le pont « de toutes façons ».

Guillaume meurt laissant un fils de même nom, mineur, sous l'autorité de trois tuteurs que son père lui a nommés (3). Les tuteurs du jeune sire de Rieux négligent, à ce qu'il semble, l'entretien du pont. L'abbé de St-Sauveur et les habitants de Redon ont grand intérêt au bon état des portes. A raison de cet intérêt doivent-ils contribuer à l'entretien ?

---

(1) Lobineau Hist. p. 276.
(2) Ogée. V° *Rieux*. II. p. 679.
(3). L'acte apprend que ces tuteurs étaient « Guillaume, sire de Lohéac, Barnabé, sire de Derval, Brient le Bœuf, sire de Nozay, chevaliers, établis tuteurs par Guillaume, jadis sire de Rieux, chevalier, défunt père à Guillaume, mineur, par son testament... »
L'acte corrige une erreur du P. Anselme (Gén. de Rieux VI, p. 164). Le P. Anselme nomme Geffroy, marié en 1235, mort en 1275, — puis son fils Guillaume, traitant avec le duc en 1281, — puis Jean Ier.
Ce n'est pas Guillaume majeur en 1281 qui est mineur en 1289. Il faut de toute nécessité un intermédiaire entre Geffroy et le Guillaume de 1289 : cet intermédiaire est Guillaume de 1281. Il y a eu deux Guillaume, père et fils, comme l'indique l'acte de 1289.
La généalogie produite à la réformation de 1668 les mentionne et elle est exacte. Mais Moréri et La Chesnais des Bois ont copié l'erreur du P. Anselme.

III.

C'est sur ce point que, en 1289, un grave débat s'élève devant la cour de Ploërmel entre Jean, abbé de Redon et « le commun des habitants représentés par l'un d'eux, d'une part, et Guillaume de Rieux », représenté par ses tuteurs, d'autre part. L'abbé et les bourgeois faisant cause commune sont demandeurs, puisque l'instance s'engage à Ploërmel, dont le sire de Rieux est justiciable, et que la citation devait être donnée à la cour du défendeur.

Or le débat a pour objet « une porte assise au pont de Rieux laquelle est appelée communément *Redonense* », comme qui dirait porte de Redon. C'était apparemment une porte spécialement affectée au passage des navires montant à Redon (1).

Le juge concilie les parties et voici les termes de l'accord intervenu :

« Vinrent les parties en telles manières que le dit abbé et les bourgeois sont tenus à moitié au réparement ou l'amendement en la façzon de la porte et du cordage que métier (besoin) a ou peut avoir au pont, et en toutes choses à la dite porte nécessaires, c'est à savoir au pont levis à laisser passer les vaisseaux par la porte dessus dite. » (2).

Si je comprends bien, cela veut dire que l'abbé et les bourgeois de Redon consentent à entretenir, pour moitié entre eux, la porte *Redonense*, à cause de l'intérêt qu'ils ont au bon état de cette porte et du pont-levis ; et que le sire de Rieux restera chargé de l'entretien pour l'autre moitié, à cause assurément du péage dont il a le profit.

Voici un autre acte postérieur d'un demi siècle, qui nous

---

(1). *Redonensis* dont *Redonense* semble la traduction veut dire *de Rennes* ; et *Rotonensis* (du vieux mot *Roton*) veut dire *de Redon*. Mais dans l'espèce, ne faut-il pas prendre le mot *Redonense* au sens de Redon ?

(2). Cet acte ne se trouve pas aux *Preuves* des D. Lobineau et Morice ; M. de Courson l'a publié. Prolégomènes, p. LX, note 2.

révèle l'existence d'une autre porte et nous donne la preuve du péage perçu par le seigneur de Rieux.

C'est une donation faite, le 16 janvier 1345, par François, quatrième descendant de Guillaume, en faveur des Trinitaires de Rieux (1) : il a commencé l'église et une maison pour neuf frères ; il en fonde cinq et sa femme deux, et il leur assure « 80 livres de rentes, 500 petites anguilles à prendre sur les pescheries de St-Perreux et une porte du pont de Rieux ô (avec) tous ses émoluments. » C'est-à-dire, sans aucun doute les droits de péage qui seront payés par les navires passant par cette porte, droits que le sire de Rieux perçoit.

IV.

Le pont de Rieux existait encore avec le péage et l'obligation de l'entretenir, en 1484.

En effet, Jean IV de Rieux, maréchal de Bretagne, le futur tuteur de la duchesse Anne, est révolté contre le duc François II et va commencer la guerre (2). Le duc sévit contre son vassal rebelle et saisit ses seigneuries ; il n'a garde d'oublier le péage de Rieux.

D. Morice nous fournit cette mention : A la date du 8 octobre 1484.

« Lettres du duc cassant et annulant tout droit de péage au pont de Rieux dont la seigneurie était pour lors saisie pour crime de lèse majesté ; le dit duc supposant que la concession des ducs faite aux seigneurs de Rieux n'estoit que pour un temps, aux fins de la construction d'un pont, quel temps estoit, y avoit longtemps, expiré (3). »

Des termes de ce résumé de l'acte que D. Morice avait sous les yeux, on peut, ce semble, conclure que, le pont menaçant

---

(1). Morice, pr. I, col 1456.
(2). Ci-dessus, ch. VII, II. p. 53.
(3). Morice, pr. III, col. 457.

ruine, le sire de Rieux aurait été sommé de le rétablir et qu'il aurait laissé passer le délai imparti pour la reconstruction.

Quatre ans plus tard, Rieux se repent d'avoir attiré l'armée française en Bretagne ; il essaie de réparer sa faute ; il ramène au duc plusieurs des seigneurs qu'il avait armés contre lui. Le duc pardonne : il renonce à la saisie mise sur les seigneuries du maréchal, et le rétablit dans tous ses honneurs et dignités.

Par cet acte le duc rendit-il au maréchal le péage du pont de Rieux ? Le texte de l'acte de 1484, pris à la lettre, autoriserait le doute. En effet, aux termes de cet acte, la concession du péage n'est pas annulée seulement en punition de la félonie du vassal ; elle est retirée pour deux motifs : l'inexécution de la condition à laquelle elle aurait été accordée, la construction d'un pont, et l'expiration du terme fixé pour ce travail.

Mais les faits postérieurs ne permettent pas de douter que le péage ne fût rendu au sire de Rieux, sans doute à la condition de reconstruire le pont. Peut-être les évènements qui survinrent le dispensèrent-ils de tenir son obligation ?

Quoiqu'il en soit, le vieux pont, qui ne semblait plus réparable en 1484, subsistait encore en 1542. C'est ce qui résulte des aveux rendus par le seigneur de Rieux au Roi en 1532 et 1542. Le pont y est ainsi mentionné : « Les château et ville de Rieux situés sur la rivière de Villeigne, entre la ville et Redon et la Roche-Bernard, avec les ponts qui appartiennent au dict seigneur. » Et un peu plus loin, il est question des droits perçus sur le vin et les diverses marchandises « passant par les dicts ponts. »

Il est clair que les vins remontent la Vilaine en franchissant les portes du pont, et qu'ils ne passent pas sur le tablier en traversant la rivière. Mais, à supposer même qu'un charriot pesamment chargé n'osât affronter le passage, il résulte pourtant de ce document que le pont existait en 1542.

Ogée a écrit que le pont fut détruit, (il veut dire sans doute qu'il tomba) en 1543 ; par malheur, il ne dit pas où il a trouvé cette date précise.

V.

Le pont ne fut pas rétabli. Les rois de France successeurs de nos ducs, sans dispenser les seigneurs de Rieux de leur obligation de rebâtir le pont, les laissèrent (peut être à titre provisoire) remplacer le pont par un bac. Le péage payé sur le pont fut payé sur le bac ; bien plus, il s'exerça sur les navires montant ou descendant la Vilaine, comme au temps où le seigneur avait à entretenir les portes du pont.

Ce dernier point nous est appris par des notes mises en marge de l'aveu de Redon : L'abbé de Redon jouissait, entr'autres privilèges de « l'exemption de tous droits ou devoirs de subsides qui se lèvent au port de Redon et pareillement de ceux dus à cause du péage de Rieux, sur trois cents muids de sel. (1) ».

Dans la seconde moitié du XVII° siècle, la seigneurie de Rieux changea de maître. Henri de Guénégaud, marquis de Plancy, garde des sceaux et secrétaire d'Etat, en devint acquéreur et en obtint l'érection en comté (1667). Est-ce quand il tomba en disgrâce, que l'Etat se souvint de l'obligation imposée au seigneur

---

(1). « Peut le dit Sgr. abbé amener et descendre au port de Redon pour chacun (an) lorsque bon lui semblera le nombre de 300 muids de sel mesure de Redon quitte et franc de toute coutume deûe au Roi. »

Sentence donnée par M. de La Bourdonnaye de Couetion, commissaire à la réformation du domaine, le 22 mars 1694. Les abbés de Redon maintenus dans l'exemption de tous droits ou devoirs de subsides qui se lèvent au port de Redon, et pareillement de ceux deubs à cause du péage de Rieux, avec défense aux fermiers et receveurs d'exiger aucun devoir et subside des d. 300 muids à l'entrée au d. Redon et pour le passage et péage de Rieux réuni au domaine » Déclaration de M. de Choiseul. Cour des Comptes. — Réformation de 1682 ; « mais le s. de Rieux étant débouté de son droit les Religieux ne peuvent jouir que quand le sr de Rieux jouira. — 1727 a été payé, ainsi les religieux sont rentrés en possession. Ce droit de Rieux est évalué à la somme de 24 l. payée pour l'année 1727. »

De ce qui précède il suit : 1° que l'exemption des religieux était suspendue par la saisie, ce qui peut surprendre puisque par la saisie le domaine était au lieu et place du seigneur de Rieux ; 2° que cette exemption était évaluée 24 livres et que le domaine arrêtait le sel de l'abbaye jusqu'à l'acquittement de cette somme.

de Rieux de reconstruire le pont (1) ? Ce que nous savons du moins, c'est que, après la mort de Henri de Guénégaud, la seigneurie étant passée à son fils, le Roi renouvela la sommation faite deux siècles plus tôt à Jean IV de Rieux ; et le comte de Rieux ne se mettant pas au travail, le conseil d'Etat, par arrêt du 16 janvier 1685, prononça la saisie du péage de Rieux et de deux autres passages (2).

Une note de l'aveu de Redon (1580) nous apprend que la saisie durait encore en 1694. Nul doute qu'il en fut de même en 1697 quand le comté fut acquis par Noël Danycan, ce riche armateur de St-Malo, digne ami de Duguay-Troin, et dont le souvenir mérite d'être associé à celui du héros malouin. Ses prédécesseurs les deux maréchaux de Rieux et les preux de leur race auraient reconnu un digne successeur dans le riche bourgeois qui avait armé deux vaisseaux de cinquante canons pour le bombardement de Rio-Janeiro (1711).

En 1707, Danycan avait marié une de ses filles à Charles Huchet, sgr de la Bédoyère, qui allait devenir procureur général au parlement de Rennes, et lui avait donné la terre de Rieux.

La saisie avait-elle cessé à ce moment ? On le croirait quand on voit Lobineau écrire en 1707 : « Le pont de Rieux ne subsiste plus ; et les seigneurs de cette terre, au lieu de faire pour la commodité publique la dépense qu'il semble que la justice exigerait d'eux, tirent de grands profits du passage qu'ils afferment (3). »

Les profits dont parlait l'historien doivent s'entendre moins du péage du bac que des droits payés par les navires passant devant

---

(1). Il fut obligé de se démettre de sa charge et Colbert lui succéda (1669).

(2). En 1281, Guillaume de Rieux avait engagé à l'entretien du pont « tous ses biens meubles et immeubles » (Ci-dessus p. 181). La seigneurie de Rieux a-t-elle été saisie toute entière en 1685, en vertu de cet engagement vieux de quatre siècles ? Non. Nous allons voir seulement que le péage d'Aucfer et celui du Passage-neuf (Béganne) étaient saisis en même temps que le péage de Rieux, et qu'un autre péage sur un bac voisin n'était pas saisi.

(3). Hist. p. 276.

Rieux ; mais ces droits étaient-ils aussi considérables que semble le dire Lobineau ? Nous allons voir que non.

L'illustre historien est si exact d'ordinaire que l'on n'ose soupçonner une erreur à propos d'un fait qu'il avait pu constater *de visu* (1). Mais, si le péage avait été pour un temps rendu au comte de Rieux, la saisie a été bientôt renouvelée.

En effet, le 5 février 1725, l'intendant adjugeait pour « six années à commencer du 1er janvier précédent, la ferme des droits domaniaux et seigneuriaux appartenant au Roi sur les passages d'Aucfer, de Rieux et Neuf sur les rivières d'Oust et de Vilaine, moyennant la somme de 1575 livres par année (2). »

Supposons que ce prix de ferme soit de la moitié du profit des trois péages (3150 livres). Supposons même que le péage de Rieux fût à peu près de cette somme, il faudra bien reconnaître que ce péage était une compensation absolument illusoire des frais de reconstruction. Abandonner le péage de Rieux (avec les péages voisins) à la saisie du domaine pour s'épargner l'obligation de bâtir le pont était un acte de sage administration.

Les seigneurs successifs de Rieux firent ainsi le sacrifice du péage ; et le domaine en ayant pris possession mérita, plus justement qu'eux, le reproche de Lobineau, puisqu'il ne reconstruisit pas le pont.

---

(1). Ce qui semble donner raison à Lobineau et prouver que le péage de Rieux a été pour un temps rendu au seigneur de Rieux, c'est la mention suivante relative au péage d'Aucfer, saisi avec celui de Rieux :

Marguerite de Kerverrien, dame de Vaucouleurs de Lanjamet, veuve de Guillaume de Vaucouleurs de Lanjamet, chevalier, sgr des dits lieux, conseiller en la Cour, héritière de son mari, rend aveu à Noël Danycan comme seigneur de Rieux ; et elle comprend dans son aveu « son droit aux revenus du pont et passage d'Aucfer, pour autant qu'elle y est fondée à son tour et rang. . » Ce qui semblerait indiquer que plusieurs jouissaient alternativement du passage. — Invent. des titres de St-Sauveur. Sans date, la mention étant incomplète. — Ci-dessus. *Additions* IX. p. 172.

(2). C. 2334.

VI.

La saisie persista après la vente du comté de Rieux faite en 1761, à Louis-Auguste de Rieux, marquis d'Assérac, lieutenant général ; et, à sa mort, le 1er mars 1767, son fils Louis-François n'eût pas à comprendre les péages de Rieux, d'Aucfer et du Passage Neuf parmi les revenus de son comté de Rieux (1).

---

(1) Louis François de Rieux épousa, le 7 septembre 1767, Marie Anne de Saulx-Tavannes, fille de Charles, lieutenant général. Leur fils aîné, né le 11 septembre 1768, fut Louis Charles Marie, qui fut le dernier de son héroïque maison. Fait prisonnier à Quiberon, il périt au Champ des martyrs (août 1795).

Au mois de mai 1768, le jeune comte vint à Rieux avec sa mère Jeanne Louise Claude d'Illiers d'Entragues, et la jeune comtesse ; et la ville apprenant leur prochaine arrivée à Redon, envoya trois députés au château de la Forêt-Neuve, « pour les saluer et les prier d'accepter des rafraîchissements » à leur passage en ville. (Dél. du 14 mai 1768).

Ces *rafraichissements* furent un festin *pantagruélique* dont voici le curieux mémoire copié aux archives de l'intendance, C. 412. Je respecte l'orthographe.

« Mémoire de ce qui est dû à Gervais pour le repas offert par MM. de la ville à Madame de Rieux sçavoir :

Pour dix ordœuvres à 30 sous	15 l.	
Un bouillis	5	
Deux terrines, une tourte.	18	
Quatorze entrées à 4 l.	56	
Sept plats de rotz à 4 l.	28	
Deux salades à 15 sous	1	10 s.
Quinze plats d'entremets à 4 l.	60	
Trente six assietes de dessert à 25 s.	45	
Trois cristaux à 6 l.	18	
Deux livres de caffé à 3 l.	6	
Six livres de sucre à 16 s.	4	16
Pour pain	20	
Pour un pâté froid	9	

Seconde table.

Deux entrées. . . . :	8	
Deux plats de Rotz.	4	
Une salade		15
Quatre livres de confiturés sèches	9	
Huit bouteilles de vin de Bourgogne et deux de muscat	27	10
Dix de vins vieux.	6	
Quatre de Champagne	16	

En 1775, Ogée écrivait : « Les seigneurs de Rieux ont un droit de coutume sur les marchandises, bateaux et barques qui montent et descendent la rivière de Vilaine. L'acquit de ces droits se faisait anciennement vis à vis le château de Rieux, où le bureau était établi ; il se fait présentement à Redon pour la commodité des marchands. (1) »

Il fallait dire : pour la commodité du receveur du domaine établi à Redon. En effet, le droit de péage ou coutume payé à Redon était bien le droit de la seigneurie de Rieux, mais perçu par le domaine royal en vertu de la saisie qui durait encore en 1789. — Nous voyons en effet la ferme des trois péages d'Aucfer, Rieux et Passage-Neuf donnée une dernière fois par le domaine en 1737, pour cinq années (2).

Depuis l'établissement du bac de Rieux, le péage exercé à raison du bac avait seul sa raison d'être : il était la compensation de l'entretien du bac : au contraire, le droit ancien qui continuait d'être perçu sur les navires montant et descendant était désormais sans cause juridique, puisqu'il n'y avait plus ni pont ni *portes* à entretenir. Il subsista pourtant ; mais il changea de nature ; il devint vraiment un de ces droits féodaux connus sous les noms de *pas* et *trépas*, qui étaient comme des douanes intérieures, et que supprima le décret des 15-28 mars 1790 (3).

    Cinquante de vin blanc 10 25
    Deux angélique 6
    Deux *huille de Vénus* 12
    Manque 10 bouteilles vides à 6 s. 3
Donné de plus 3 l. aux domestiques qui ont servi à table, plus pour *poudre fournie à l'occasion de Madame de Rieux* trente-trois livres quatre sols.   403 11
Il y a en outre pour 7 12
Pour Monnery   9
En tout . . . . 419 l. 23 s.

    Redon le 16 Juin 1768.
        Pour acquit   Gervais. »

(1). II. p. 679.
(2). C. 2451.
(3). Titre II, art. 13. Duvergier I. p, 138.
L'ordonnance des *Eaux et Forêts* d'août 1669 avait déjà réagi contre les péages établis arbitrairement : Art. 1er « Supprimons tous les droits

VII.

Quand Ogée dit que le pont de Rieux fut détruit en 1543, il ne faut pas entendre qu'il disparut sans laisser de traces : Ogée constate que de son temps (1775) il « en restait des débris (1) ; » et son continuateur écrivait en 1853 : « Ce qui semble prouver que le pont était en charpente, c'est qu'on aperçoit encore plusieurs rangs de pieux de bois qui, à basse mer, se montrent sur le rivage et se continuent, dit-on, sous l'eau, de manière à gêner encore la remontée des plus forts navires. »

Ce qui semble, dit-on, ces formules dubitatives peuvent étonner sous la plume d'un auteur qui a publié tant d'affirmations sans preuve.

Il est absolument certain que les rangs de pilotis se continuaient sous l'eau. Je les ai reconnus plus d'une fois en passant le bac de Rieux, il y a plus de trente ans, et aujourd'hui encore on peut les voir à marée basse, surtout sur la rive gauche.

Au temps où se publiait la seconde édition d'Ogée, quelques-uns de ces pilotis gênaient encore la navigation ; quelques années plus tard, plusieurs furent coupés, non sans peine.

C'était vers 1856, à l'époque où s'achevait le bassin à flot de Redon. A cette époque, mais trop tard, on émettait la pensée qu'au lieu de creuser ce bassin, il aurait mieux valu barrer la Vilaine à Rieux, et y construire une écluse. On aurait ainsi transformé la Vilaine en un vaste bassin à flot jusqu'à Redon. En temps ordinaire, une seule marée amène souvent les

---

établis depuis cent années sans titres sur les rivières, et défendons de les lever à peine d'exaction et de répétition du quadruple. »

L'ordonnance ne fut pas lettre morte, et, au dernier siècle, les archives de l'Intendance (C. 2437-2451) nous montrent (de 1717 à 1789) de nombreux exemples de péages supprimés par arrêts du conseil.

L'assemblée nationale alla plus loin ; et, comme il lui arriva souvent, dépassa le but. Certains péages fondés en titres à charge d'entretien des ponts ou bacs auraient dû être maintenus. Ils furent supprimés *en bloc* comme *féodaux*, et la conséquence (admise par la cour de Cassation) fut que l'obligation de l'entretien cessa.

(1). II. p. 680.

navires jusqu'à Rieux ; une fois l'écluse franchie, ils auraient navigué librement jusqu'à Redon, sans redouter, comme aujourd'hui, le manque d'eau et l'échouage (1).

---

(1). Cette critique, cela va sans dire, ne m'appartient pas ; je ne fais que répéter ce que j'ai entendu dire à M. de Longeaux, ingénieur en chef des plus distingués, qui fut chargé de reprendre et qui allait mener à fin les travaux du bassin à flot dans lequel j'ai vu la Vilaine entrer au mois de juillet 1856.

II.

PASSAGE, CHAUSSÉE & PONT D'AUCFER (1)

En sortant de Redon, la route de Vannes rencontre à deux kilomètres la rivière d'Oust au lieu nommé aujourd'hui *Aucfer*. Originairement ce lieu se nommait *Queffer* ou *le Queffer*. Dans l'usage on aura dit *du Queffer, au Queffer*, puis on a écrit le mot *Auquefer* et, selon la prononciation, *Auqueferre*, enfin par abréviation *Aucfer*, forme qui a prévalu (2).

---

(1) Ci-dessus, p. 30.

(2). D'où vient le mot *Aucfer* et que veut-il dire ?
J'ai entendu un intrépide étymologiste traduire *Auqueferre* par *Aquaferrea* (eau ferrugineuse) !
La forme primitive du mot est *Queffer* (Cartulaire et aveu de Redon, 1580). Ce mot breton, écrit d'abord avec deux *f* puis avec une seule, s'écrit souvent aujourd'hui *Quever* et *Quenver* ou, d'après la méthode nouvelle, *Kever* ou *Kenver*.
Quelqu'un a écrit que ce mot veut dire *confluent*, et trouve le lieu très bien nommé puisqu'il est voisin du confluent de l'Oust et de la Vilaine. Il n'y a qu'un malheur : c'est *Kember* ou *Kemper* qui signifie *confluent* ; et *Kefer* n'est pas synonyme de *Kember*.
Le mot *Kefer* aurait du succès au jeu des *synonymes*, tant il a de significations absolument différentes. Il veut dire :
1° Proportion, comparaison, côté, égard, considération (au sens de à côté, à l'égard de .. etc.) ; 2° arpent ou journal ; 3° bois du soc d'une charrue (Le Gonidec et Troude).
M. Loth (*Chrestomathie Bretonne* Annales de Bretagne IV. p. 513) explique *Quever* et *Quenver* par *vis à vis, à l'opposite, envers* ; et donne cet exemple : *a dreff hac a quever*, derrière et en face (vis à vis).
C'est peut-être en ce sens qu'on peut prendre le nom du lieu situé à *l'opposite*, *vis à vis* de Redon par rapport à l'Oust.
Je me hâte de dire que deux éminents celtisans n'admettent pas cette étymologie.

Aucfer est situé à quelques cents mètres au-dessus du confluent de l'Oust et de la Vilaine, qui se réunissent au point nommé aujourd'hui *Gouldeau* ou *Gouldo*, selon la prononciation des voisins.

Ce nom de *Gouldo* a lui-même subi une altération qui empêche au premier coup d'en reconnaître le sens étymologique ; mais ce sens apparaît clairement quand on lit dans l'aveu de 1580, *la Goule de l'eau*, c'est-à-dire *la Gueule de l'eau*, l'endroit où l'Oust entre dans la Vilaine comme dans une gueule ouverte pour recevoir ses eaux.

Le point de Gouldeau avait pour l'abbaye St-Sauveur une certaine importance : il marquait la limite du droit de « peschage prohibitif à tous autres, appartenant à St-Sauveur, dans la Vilaine depuis le bas de la Houssaye » à cinq cents mètres au-dessus de Redon, « et dans l'Oust depuis l'écluse de Veilledrais. (1) »

Sur le même espace, l'abbaye avait « la police sur les deux rivières, endroits, marais et étiers adjacents, droit de revue sur les rets et filets des pescheurs, à sçavoir si la maille est bonne et de compétente forme. »

C'est sans doute sur ce droit ancien de police que se fonde l'arrêt du parlement (chambre de la Tournelle) qui, le 16 juillet 1726, déclara « que les officiers de Vannes étaient descendus incompétemment sur la rivière d'Oust. (2) »

Il importait d'autant plus de faire constater ce droit de police sur l'Oust que cette rivière servait de limite commune entre l'abbaye et la seigneurie de Rieux, et que le seigneur de Rieux, maître de la rive droite, aurait pu être tenté de revendiquer le domaine sur la rivière. Mais les droits de police et de justice établis par l'abbaye enlevaient tout prétexte aux revendications de son puissant voisin.

---

(1) Un peu au-dessus de la ligne ferrée.
On écrit aujourd'hui *la Vieille-Drais*, commune de St-Perreux, autrefois trêve de Saint-Vincent.

(2). La note de l'arrêt est écrite en marge de l'aveu de 1580 : l'annotateur a ajouté, ce qui semble plausible : « Il doit en être de même sur la Vilaine », depuis la Houssaye, bien entendu.

Le domaine de l'abbaye comprenait cette prairie qui forme la vallée de l'Oust sur sa rive gauche depuis Gouldo jusque dans la paroisse de St-Vincent à un ruisseau dit la *Chaudière de Ressac*.(1) Ce vaste espace se nommait, dans la partie supérieure, la *prée de Corcouet* ; et plus bas, au voisinage d'Aucfer et de Gouldo, la *prée du Quefer*. Les prées de Corcouet et du Quefer comprenaient d'ailleurs nombre de parcelles portant des noms particuliers.

De St-Vincent jusqu'à Gouldo, l'Oust coule dans une vallée plate et marécageuse que couvrent encore aujourd'hui les eaux d'hiver, et qui autrefois devait former comme un vaste lac. En un seul point, à Aucfer, la rivière rase la colline à droite.

Aucfer était ainsi le point naturellement désigné pour le passage de la route de Redon à Vannes.

Mais, de Redon à Aucfer, comme sur la Vilaine de Redon à St-Nicolas, il a fallu surélever le chemin au dessus du sol de la vallée. L'aveu de 1580 mentionne la *chaussée du Quefer* ; il semble même énoncer, comme nous le verrons, que cette chaussée était coupée de ponts ou ponceaux, comme est coupée la chaussée de la voie ferrée qui traverse la vallée d'Oust à deux kilomètres au-dessus d'Aucfer.

La chaussée et le passage d'Aucfer ont chacun leur histoire ; pour éviter la confusion, nous traiterons l'une après l'autre, après quoi nous dirons quelques mots du pont d'Aucfer.

I. PASSAGE D'AUCFER

I.

Nous avons mentionné le droit exclusif de pêche et le droit de police et de justice appartenant à St-Sauveur et nous en

---

(1) Il s'agit de la partie de l'ancienne paroisse de St-Vincent comprise aujourd'hui dans la commune de St-Perreux.

avons conclu le domaine de l'abbaye sur la rivière d'Oust : l'abbaye aurait donc eu naturellement le profit du passage.

Mais l'abbaye a-t-elle jamais eu un bac à péage à Aucfer ? Le cartulaire n'en parle pas. De ce silence nous pouvons conclure que anciennement St-Sauveur n'avait sur ce point ni bac, ni péage. Il se peut que plus tard l'abbaye ait eu un bac ; mais, des aveux de Rieux de 1407 et 1504, et d'autres pièces plus récentes, il résulte que le bac et le péage d'Aucfer appartenaient au seigneur de Rieux, au moins depuis les premières années du XV⁰ siècle : aussi l'aveu de Redon de 1580 ne les réclame-t-il pas.

Cet aveu réclame sur l'Oust le passage et le péage de Bougrot (en Bains) beaucoup moins important que celui d'Aucfer (1) ; à Aucfer, il ne réclame même pas, comme ailleurs (2), la moitié du péage. Il y a plus : une note marginale mentionne un partage des revenus de l'abbaye fait, le 11 septembre 1655, entre l'abbé commendataire et les religieux de St-Sauveur (3). Trois loties égales sont formées dont les religieux choisissent la première ainsi composée : « les moulins de Redon et des environs avec les mouteaux des frairies de la rivière d'Oust, » sous cette condition ; « faire toutes les réparations et réfections des ponts, passages et chaussée du Queffer, moulins et chaussées, auditoires, prisons, halles de Redon. »

Ainsi les religieux auront les revenus des domaines avoisinant Aucfer, et l'énumération de ces revenus ne comprend pas le

---

(1). Frairie de Bains. « Le passage et port de Bougrot que tient le s' de la Fontaine doit 10 s. de rente. »

(2). Par exemple au Port de Roche entre les deux paroisses de Langon et Ste-Anne de Fougeray, au port Rolland (paroisse de Brain).

(3). Partage des revenus de l'abbaye fait le 11 septembre 1655, entre Auguste de Choiseul du Plessix-Praslin, chevalier de St-Jean de Jérusalem, premier chambellan de Monsieur, frère unique du Roi, abbé commendataire, et les religieux de St-Sauveur. Nommé en 1652, il se démit en 1681, pour soutenir sa maison dont il était devenu héritier.

Il avait succédé à ses deux frères :

1º César, successeur du cardinal de Richelieu, chevalier de Malte (1643-1648) tué à la bataille de Trancheron.

2º Alexandre, pourvu en 1648 qui abandonna l'état ecclésiastique en 1652, pour suivre la profession des armes.

(Morice. hist. II. p. CVI).

péage du bac d'Aucfer. Cette omission est d'autant plus significative que dans les revenus des frairies de la rivière d'Oust est compris « le péage et droit de coutume sur toutes marchandises entrant à Redon par Aucfer » droit que réclame, nous le verrons plus loin (1), l'aveu de 1580. Ajoutons que les religieux prennent la charge d'entretenir la chaussée d'Aucfer, c'est-à-dire la chaussée qui de Redon donne accès au bac (2).

Par contre, le sire de Rieux, dans ses aveux de 1407 et de 1504 déclare expressément « le bac d'Aucfer entretenu à ses frais et le péage perçu par lui ou en son nom. »

Ainsi, aucun doute sur ce point : dès avant 1407, le bac et le péage d'Aucfer appartenaient au seigneur de Rieux. Mais originairement, le passage de l'Oust, comme la rivière, avait été du domaine de l'abbaye ; et il n'a pu venir en la possession de Rieux qu'en vertu de quelque concession dont nous n'avons plus le titre, mais dont nous retrouverons la trace ou le souvenir à la fin du dernier siècle.

II.

Ogée nous donne d'intéressants détails sur l'exercice de ce droit de passage (3) : « Le passage d'Auqueferré sur la rivière d'Oust, fait partie de cette seigneurie (de Rieux). Anciennement, il avait été afféagé aux habitants du village de ce nom, sous l'obligation d'y entretenir des bateaux, et de payer au sire de Rieux une rente annuelle de quatre deniers, rente dont ils rendirent aveu en 1407 et 1504. Ce passage fut ainsi possédé par les habitants jusqu'en 1542 qu'ils l'abandonnèrent. Il retourna donc

---

(1). Ci-dessous *chaussée d'Aucfer*.

(2). Le péage exercé sur la chaussée qui conduit à la rivière d'Oust, et l'obligation d'entretenir la chaussée nous paraissent la preuve de l'exisancienne du bac entretenu par l'abbaye avant le seigneur de Rieux.

(3). V° Rieux, T. II, p. 679.

à la disposition du seigneur de Rieux, qui le donna aux mêmes conditions au sieur du Plessix-Limeur qui rendit incontinent aveu à la seigneurie (1). Ses descendants le possédèrent jusqu'en 1670, que la maison du Plessix ayant été vendue judiciairement, le seigneur de Rieux retira le tout par droit de fief... Ce passage est encore affermé à un particulier qui, en conséquence de sa ferme, est obligé à une redevance... » — Nous allons y revenir.

Voilà un exposé incomplet sans doute, mais très clair et qui a dû être écrit sur le vu de pièces. Je n'ai pas voulu l'interrompre ; mais il me faut revenir sur des faits qui se placent entre 1407 et le temps où écrivait Ogée.

Les héritiers du sieur de Limur, fermiers du passage après lui, se mettaient peu en peine d'y entretenir des bateaux, si du moins il faut s'en rapporter à une requête adressée par les habitants de la Roche-Bernard aux Etats ligueurs de Vannes, en 1593. Ces habitants se plaignent d'être contraints d'aller plaider à Redon, « lieu très incommode... à cause des deux rivières qu'il leur faut passer, où souvent il n'y a bateau (2). » Une des rivières est la Vilaine devant la Roche, et l'autre est l'Oust à Aucfer.

Disons aussi que le péage d'Aucfer saisi avec la seigneurie de Rieux par François II, puis restitué en 1487, fut saisi par le Roi, en 1685, avec les péages de Rieux et du Passage Neuf, et suivit depuis toutes les vicissitudes du péage de Rieux. C'est ainsi que nous l'avons vu donné à ferme par le domaine en 1727 et 1787 (3).

---

(1). *L'auteur veut dire Limur, seigneur du Plessix, paroisse de Peillac.* Nous avons vu un Limur choisi comme capitaine de Redon par l'abbé Jean de Tréal, en 1364. Ci-dessus, chap. IV. p. 24.

(2). *Documents inédits sur la Ligue*, p. 142. (Bibliophiles Bretons. 1880.)

(3) Mémoire de la communauté. 1787. C. 2451.

III.

Un autre renseignement donné par Ogée aurait mérité de sa part une vérification qu'il n'a pas faite et que nous allons essayer de faire.

« La redevance (du fermier du passage d'Aucfer) dit-il, s'acquitte d'une manière bizarre. La nuit de Noël, le passager est obligé de se trouver à la messe de minuit dans l'église de St-Sauveur de Redon et il se place à l'entrée du chœur. Entre les deux élévations, les diacres crient à haute voix par trois fois : « Passager d'Auqueferre, payez le droit que vous devez au seigneur ! » Le fermier obéit, et met sur l'autel quelques pièces de monnaie. Cette cérémonie aussi ridicule qu'indécente ferait croire que les moines de Redon seraient les seigneurs de ce passage. J'ai demandé à ce sujet des instructions que je n'ai pu obtenir. »

Aucun doute sur la réalité de la cérémonie que relate Ogée (1); et qui, comme nous le verrons, n'était pas sans exemple ailleurs ; seulement j'ai entendu dire que l'appel du passager d'Aucfer se faisait non à minuit, mais à la messe du jour, non entre les deux élévations, c'est-à-dire au moment le plus solennel de la messe, mais à l'introït.

De cette cérémonie Ogée semble tenté de conclure que les moines étaient seigneurs du passage. C'est juste le contraire de ce qu'il venait de dire. Il a demandé, dit-il, des renseignements qu'il n'a pu obtenir ; au lieu de se renseigner auprès de personnes qui pouvaient être mal informées, il eût mieux fait de recourir aux aveux de l'abbaye et de Rieux ; il y aurait vu, ce qu'il avait dit plus haut, que l'abbaye ne s'inféodait pas du passage d'Aucfer dont s'inféodait au contraire le seigneur de Rieux.

---

(1). M. Guihaire, ancien avoué à Redon, aujourd'hui octogénaire, a connu des personnes qui avaient été témoins de cette cérémonie.

Il y aurait vu aussi que le droit de péage était au moment où il écrivait, réuni au domaine royal. Ce n'était donc pas l'abbaye qui pouvait recevoir le fermage du péage d'Aucfer, et à quel titre le seigneur de Rieux l'aurait-il reçu dans l'église de St-Sauveur ?

Ajoutons que ce prix de ferme ne pouvait être seulement de *quelques pièces de monnaie;* et cette remarque seule démontrerait qu'Ogée n'a pas compris le sens de cette curieuse cérémonie.

Ce n'était pas la *ferme du péage* que le passager acquittait aux mains de l'abbé et dans l'église de St-Sauveur. Le droit que, sans doute comme mandataire du seigneur de Rieux, le passager payait à l'abbé, c'était la *redevance féodale* imposée autrefois au seigneur par l'abbé de St-Sauveur, non comme prix, mais comme reconnaissance solennelle de la concession anciennement faite par l'abbé du droit de passage d'Aucfer. — Voici, selon toute vraisemblance, ce qui s'était passé :

Au XIVe siècle, sinon avant, l'abbé, qu'il eût ou non établi un bac avec péage à Aucfer, avait permis au sire de Rieux d'en établir un. Mais il ne faut pas que de la perception du péage le sire de Rieux puisse, après longues années, inférer le domaine sur la rivière d'Oust, limite des deux seigneuries, mais qui est du fief de l'abbaye. Il est nécessaire que le souvenir, la preuve de la concession accordée par St-Sauveur se perpétue. Le moyen est tout trouvé : c'est l'hommage public, le paiement solennel d'une redevance même minime. Cet hommage et ce paiement auront lieu à l'église de St-Sauveur et dans un jour solennel pour qu'il y ait plus de témoins de la reconnaissance renouvelée chaque année par le seigneur de Rieux.

La forme de cette cérémonie est très étrangère aux mœurs du dernier siècle et du nôtre et peut sembler bizarre ; mais elle n'était pas bizarre, encore moins « ridicule et indécente », quand elle fut établie près de quatre siècles avant le temps d'Ogée.

Un point seulement laisse un doute. Etait-ce bien le diacre qui réclamait la redevance ? N'était ce pas plutôt le procureur fiscal de l'abbaye ? — Voici les raisons de le penser.

Chaque année, depuis 1475 jusqu'à 1788, Quimper a été témoin d'une cérémonie du même genre accomplie dans la cathédrale à la messe du jour de Noël. C'est, comme vous allez voir, une véritable audience tenue dans l'église, en vertu d'actes authentiques de 1475 et 1500 qui existent encore (1).

Henri du Juch, chevalier, capitaine de Quimper, seigneur haut justicier de Pratanroux (Penhars) était seigneur de Troheïr (Kerfeuntun), sous la haute justice de l'évêque. Un peu avant 1475, il imagina d'élever des patibulaires sur sa terre de Troheïr. C'était affecter la haute justice. L'évêque Thibaud de Rieux appela Henri du Juch devant la justice des regaires. Une transaction intervint, l'évêque consentit à tolérer les patibulaires (2); mais à la condition que le seigneur de Troheïr reconnaîtrait cette tolérance (reconnaissance qui était la négation de son droit); et que, en preuve de cette reconnaissance, il constituerait « de cheffrente... une paire de mitaines bonnes et honnêtes à bailler à un prélat pour être à son pontifical (19 mars 1475). »

Depuis, par un nouvel accord de 1500, les mitaines « stigmatées d'or » étant difficiles à trouver, furent remplacées par un demi-écu d'or. Mais mitaines ou demi-écus durent être présentés au début de la messe de Noël dans la cathédrale ; et voici le spectacle donné chaque année à Quimper pendant trois siècles.

Au moment où le chœur entonnait l'introït annonçant au peuple la joyeuse nouvelle: « Un enfant nous est né », les juges de l'évêque venaient se ranger devant son trône. Le sénéchal donnait la parole au procureur fiscal, et celui-ci disait à haute voix : « Il est dû au seigneur évêque un demi écu d'or par le seigneur de Troheir. Le seigneur est-il présent ?» Celui-ci ou son mandataire rendait hommage, remettait la pièce d'or ; et acte lui était don-

---

(1). Arch. du Finistère.

(2). *Tolérer,* mais non *autoriser.* La concession des patibulaires n'était faite que par le souverain. L'évêque consentait seulement à fermer les yeux sur cette usurpation ; elle ne lui portait aucun dommage du moment que le seigneur de Troheïr donnait ce que nous nommerions aujourd'hui « une lettre de non préjudice. »

Pour plus de détails cf. *Promenade au manoir de Troheïr,* etc., (1888) p. 7 et suiv.

né. En cas d'absence, le siège sur les réquisitions du procureur fiscal, donnait défaut et prononçait la saisie de la seigneurie (1).

Au milieu du dernier siècle, le sénéchal de Quimper, renouvelant de vieilles querelles, osait contester à l'évêque la justice dans la cathédrale (1745). Outre ses titres et un arrêt souverain de 1693, l'évêque invoquait victorieusement la cérémonie de la messe de Noël. Le sénéchal la déclarait « peu décente .» Elle était surtout bien embarrassante pour sa thèse ! Quelle meilleure preuve de la justice exercée dans l'église que cette audience des regaires tenue chaque année depuis trois siècles ?

Ou je me trompe, ou la cérémonie rappelée par Ogée devait avoir un sens analogue : reconnaissance solennelle d'une ancienne convention (2).

II. CHAUSSÉE D'AUCFER

I.

Une question souvent et longuement débattue est celle de savoir à qui incombait l'entretien de la chaussée donnant accès au bac d'Aucfer. Il eût semblé que cet entretien aurait dû être une charge du péage appartenant à la seigneurie de Rieux. Or nous allons voir que le sire de Rieux a pu contempler d'un œil tranquille et comme une chose étrangère le débat soulevé à cet égard entre l'abbaye, la ville de Redon, les Etats de

---

(1) Nous avons pu relever sept sentences de défaut et saisie de Troheir, aux dates de 1516 — 1657 — 1658 — 1693 — 1698 — 1699 et 1700.

(2) L'aveu de 1580 ne fait aucune allusion à cette cérémonie et cela peut surprendre. Les aveux de l'évêque de Quimper ne parlent pas non plus du paiement à faire à l'église ; mais ce silence s'explique : l'évêque, en tolérant les fourches patibulaires de Troheïr, avait toléré une contravention aux droits du duc qui seul pouvait *autoriser* les patibulaires ; l'évêque ne pouvait mentionner la redevance acquittée à Noël sans en dire la cause ; pour lui-même et pour le seigneur de Pratanroux, mieux valait garder le silence.

Bretagne et le domaine. Les archives de l'intendance et celles de Redon fournissent sur ce point de curieux renseignements (1).

La route de Redon à Vannes était très ancienne. A supposer qu'elle n'existât pas avant la fondation de Redon, elle devint à ce moment la communication nécessaire avec Vannes. Le passage appartenait originairement à l'abbaye, seigneur de cette partie de l'Oust ; on peut supposer que l'abbaye avait établi un bac, sans doute avec péage, à Aucfer, et qu'elle avait construit la chaussée qui donnait accès au bac. Elle avait sur cette chaussée « un péage et droit de coutume sur toutes marchandises entrant par là à Redon. » Ce droit est ainsi mentionné dans l'aveu de l'abbaye de 1580 ; et, comme on le voit, l'abbé l'avait retenu longtemps après qu'il eut (avant 1407) cédé au seigneur de Rieux le bac et le péage d'Aucfer.

Dès le milieu du XVII° siècle, nous voyons la ville de Redon et l'abbaye essayer de se décharger l'une sur l'autre de l'entretien de la chaussée.

En 1641, de grosses réparations sont nécessaires : la ville s'en charge ; mais à la condition d'obtenir un octroi qui les paiera (Etats, 7 janvier 1641). Cette requête de la ville ne crée pas pour elle l'obligation de réparer : la ville n'apparaît là que comme « entrepreneur » des travaux à faire.

C'est si vrai que peu après, et par arrêt de 1647, le parlement condamne l'abbaye à réparer la chaussée *à ses frais*.

L'acte de partage de 1655 que nous avons cité entre l'abbé et les religieux constate l'obligation prise par ceux-ci, vis à vis de l'abbé, de se charger des réparations. Une note marginale de l'aveu de 1580 nous apprend même que les religieux avaient obtenu de l'abbé qu'avant l'entrée en jouissance il mettrait la chaussée en bon état (2). Ces engagements réciproques de l'abbé

---

(1). Je renvoie aux liasses de l'intendance cotées C. 423, 2334, 2451. Dél. de la comm. de Redon du 31 janvier 1710, 13 janvier 1775, 1776 et 31 janvier 1780.

(2). La note dit que l'obligation fut prise par le cardinal de Richelieu. Erreur. Le cardinal était mort en 1642, — et l'abbé qui partageait avec les religieux en 1655 était son troisième successeur, Auguste de Choiseul. — Voir ci-dessus, Passage d'Aucfer I. p. 196 note 3.

et des religieux démontrent qu'ils considéraient l'abbaye comme chargée de l'entretien de la chaussée.

Cependant les réparations mises à la charge de l'abbaye ne se faisaient pas : les travaux adjugés d'office par un commissaire du parlement, ils furent exécutés ; mais l'abbaye ne les paya pas; et, en 1664, l'adjudicataire fit saisir les revenus de l'abbaye pour la somme de 9000 livres. L'abbé Auguste de Choiseul se pourvut devant les Etats ; il n'eut pas de peine à démontrer que le droit de péage exercé sur la chaussée était hors de proportion avec les dépenses d'entretien ; et il obtint des Etats une somme de 10.000 livres pour solder les réparations déjà faites et celles qui restaient à faire.

Cette décision gracieuse ne changeait rien à la situation en droit ; et l'abbaye n'en restait pas moins chargée des réparations. Il en fut de même après l'arrêt du 16 janvier 1685, qui prononça la saisie du péage au profit du domaine royal. Le seigneur de Rieux n'était pas chargé de l'entretien ; le domaine que l'arrêt mettait à sa place n'en fut pas chargé.

Tout au plus pourra-t-on dire, cent ans plus tard, qu'il serait *équitable* que le domaine prît à sa charge l'entretien de la chaussée « parce qu'il a le profit du passage, profit qu'il ne recueillerait pas si la chaussée ne donnait pas accès au bac (1). »

Mais cette raison d'équité ne touchait pas le domaine ; il entendait percevoir le péage, comme avait fait le seigneur de Rieux, en laissant à d'autres l'entretien de la chaussée.

En 1710, la chaussée a besoin de grosses réparations, la communauté signale le fait; elle charge son syndic d'intervenir « par forme de prière auprès des religieux », et, au cas où il ne serait pas écouté, de se faire autoriser à assigner l'abbaye devant qui de droit (2).

L'abbaye se rendit-elle à la prière du syndic ? Celui-ci eut-il à donner assignation ? C'est ce que nous ne pouvons dire. Tout ce que nous savons, c'est que, dans la période suivante, les reli-

---

(1) C'est la communauté de Rédon qui parle. Dél. 13 janvier 1774.
(2) Dél. 31 janvier 1710.

gieux réparèrent la chaussée, notamment en 1754. Ils se croyaient obligés à cet entretien à cause du péage qu'ils exerçaient sur la chaussée.

Or ce péage réglé sur un tarif établi plusieurs siècles auparavant était, on peut le dire, illusoire et ridicule au dernier siècle ; il atteignait à peine 40 ou 50 livres !

Les religieux crurent sans doute faire acte d'habileté en ne s'opposant pas à la suppression de ce péage ; et l'arrêt du conseil qui, le 18 juillet 1755, prononça la suppression, leur parut emporter comme conséquence la dispense d'entretien. L'année suivante, « n'ayant plus le péage, » les religieux se refusèrent à toute réparation.

Nous avons vu que, en 1772, les inondations de la Vilaine avaient rompu la chaussée de Saint-Nicolas (1); l'Oust causa des dégradations analogues à la chaussée d'Aucfer. Des réparations considérables sont reconnues urgentes ; tout le monde est d'accord sur ce point ; mais c'est à qui ne les fera pas. Les travaux à faire sont de nature à effrayer : il s'agit d'empierrer toute la chaussée, et de construire à neuf auprès du bac une cale prolongée de onze toises. Le premier devis monte à 13250 francs ; et, selon l'usage, il sera dépassé.

Combien les religieux s'estimaient heureux de n'avoir plus leur péage de 40 livres ou 50 livres ! A quoi leur eût-il servi pour couvrir une telle dépense ? Mais que l'abbaye ait ou non le péage, la communauté de Redon ne s'en préoccupe pas. Comme en 1710, n'obtenant rien du domaine, elle s'adresse à l'abbaye. (2) Les religieux protestent ; et, invoquant une prescription *libératoire*, ils offrent de prouver que depuis plus de trente années ils n'ont fait aucune réparation (3). La ville décide que, si cette preuve est faite, elle actionnera le domaine. Il est dit-elle, tout

---

(1). Ci-dessus, p. 170.

(2) Rapp. de l'ingénieur Even à M. Bruté de Rémur, receveur général des Domaines.

(3). Dél. du 13 janvier 1774. — L'abbaye invoquait la prescription de 30 ans, art. 285 de la N. C. dont l'application est bien douteuse. L'art. 282 établissant la prescription de 40 ans aurait été plus facilement applicable ; mais l'abbaye n'aurait pu faire cette preuve.

équitable que le domaine ayant le profit du péage répare le chemin qui conduit les passants au bac (1).

Mais la preuve offerte par les religieux ne sera pas faite. Comment ont-ils oublié les travaux faits par eux en 1754, à la veille de la suppression du péage, il y a seulement 22 ans ? Mieux eût valu soutenir en droit que la suppression du péage les sauvait de l'obligation de l'entretien. Mais le domaine n'admet pas ce raisonnement et prétend assujettir l'abbaye aux réparations comme avant 1755 (2).

Le conseil d'Etat jugea autrement ; et, en 1777, les religieux obtinrent un arrêt les déchargeant de l'entretien de la chaussée, « cet entretien ayant eu pour principe de droit le péage aujourd'hui supprimé. »

La suppression du péage en 1755 portait enfin ses conséquences, et les religieux pouvaient s'applaudir d'avoir perdu un revenu annuel de 40 ou 50 livres pour s'exonérer de dépenses se chiffrant par des milliers de livres.

Toutefois, leur sécurité n'était pas encore entière. Le conseil d'Etat semble disposé à mettre l'entretien à la charge de la province : « Les dépenses seraient payées sur les fonds destinés par les Etats aux dépenses des ponts et chaussées (3). »

Le domaine accueille cet avis ; mais les Etats protestent ; ils opposent au domaine un sérieux argument. La perception du péage quelqu'illusoire qu'il fût obligeait l'abbaye à réparer la chaussée : à ce titre, il importait de maintenir le péage : les Etats n'ont pas été consultés sur l'opportunité de la suppression faite en 1755 ; ils n'ont pas aujourd'hui à supporter la peine de cette décision qui, dans leur pensée, a été une lourde faute (4).

C'est alors que le domaine, ne sachant plus à qui s'en prendre, s'adresse à la communauté : mais la communauté repousse la réclamation : elle répond que « de tout temps immémorial l'en-

---

(1). Dél. 13 janvier 1775.
(2). Mémoire. 1776.
(3). C. 2334 Mémoire, 1778.
(4). C. 2334.

tretien, la réparation, la réfection de la chaussée dans toute son étendue a été aux charges de l'abbaye St-Sauveur » ; et, chose curieuse ! la communauté, qui ne tient aucun compte de l'arrêt du conseil de 1777, ressuscite pour le besoin de sa cause, l'arrêt du parlement de 1647 (!).

L'abbaye ainsi mise en cause a une réponse bien simple à faire : elle invoque la suppression du péage et l'arrêt de 1777, que le domaine et les Etats ne contestent pas. Cette réponse suffirait : l'abbaye n'a pas à dire qui devra être chargé de l'entretien ; mais elle a une petite vengeance à exercer contre la communauté et elle ajoute :

« Il serait juste de charger la communauté de tout l'entretien ; » et elle appuie cet avis de plusieurs raisons qui, il faut le dire, ne sont que spécieuses.

1° La chaussée se trouve dans la banlieue ; 2° La ville de Redon perçoit sinon un péage sur la chaussée et sur le bac, du moins des octrois sur les paroisses de Rieux, Allaire et Béganne ; 3° le 7 janvier 1641, elle demanda l'autorisation de solliciter un octroi pour la réparation de la chaussée.

La ville avait invoqué un arrêt de 1647, l'abbaye tient à prouver que sa mémoire est aussi fidèle : elle invoque un acte isolé et sans signification encore plus ancien.

Mais l'abbaye ajoute comme correctif, que si la communauté est chargée de l'entretien, le domaine devrait lui céder ses droits de bac à Aucfer en compensation des dépenses d'entretien.

Voilà une solution et des plus équitables, et il est permis de croire que la communauté l'aurait agréée : nous la verrons tout à l'heure évaluer à plus de 2000 livres le fermage annuel du bac d'Aucfer ! Reste à savoir si le domaine aurait donné les mains à cet arrangement.

Pendant ces discussions, l'état de la chaussée empirait, et le passage était devenu dangereux et même impraticable. Un arrêt du 29 avril 1779 autorisa l'administration « à faire les réparations par provision, sauf à répéter en définitif, si elles

---

(1). Dél. 8 juin 1778.

sont à la charge de l'abbaye. » Voilà donc l'abbaye encore une fois menacée: le conseil d'Etat semble, en 1779, avoir mis en oubli son arrêt de 1777.

L'adjudication des travaux à faire eut lieu le 7 juin 1780. Le sʳ Hédeux, entrepreneur à Rennes, resta adjudicataire pour une somme de 15200. Il se met aussitôt à l'œuvre ; mais des plaintes s'élèvent de toutes parts. A les entendre, l'entrepreneur rend la chaussée encore plus impraticable : « Le passage est rendu impossible à pied et à cheval, s'écrie le fermier du passage, Blanchard ; il ne passe plus personne ; je suis ruiné; je ne reçois plus rien (1). »

La vérité est que l'entrepreneur ne connaissait pas le mode d'empierrement auquel son contemporain l'ingénieur Macadam allait donner son nom. Les moellons que le sʳ Hédeux déversait de proche en proche par charretées étaient tels qu'ils sortirent de la carrière.

Les plaintes furent accueillies : ordre fut donné au sʳ Hédeux de recouvrir ses pierres de plus petits cailloux : une indemnité de 1848 l. lui fut allouée; et un délai de six semaines lui fut imparti pour « perfectionner » son ouvrage. L'ouvrage fut, à ce qu'il semble, jugé parfait, puisqu'il fut reçu, le 15 septembre 1783, par l'ingénieur Even.

Six ans plus tard, le 25 juin 1789, une lettre du même ingénieur annonce que les dégradations augmentent ; et que, si la chaussée n'est pas réparée avant l'hiver, le passage sera forcément interrompu.

L'Etat s'adressa-t-il à l'abbaye St-Sauveur pour le paiement des dépenses faites en vertu de l'arrêt de 1779 ? C'est ce que nous ne savons pas. Cela ne semble pas probable. Quant aux dépenses à faire en 1789, elles ne pouvaient plus regarder l'abbaye qui allait être supprimée.

On a pu quelquefois de notre temps employer l'expression *gâchis administratif* ; si le mot est nouveau, la chose est vieille : je viens d'en fournir la preuve.

---

(1) 3 avril 1783.

III. Pont d'Aucfer.

Les Romains ne prenant pas passage à Redon n'eurent pas besoin d'un pont à Aucfer. Ils passaient l'Oust plus haut, dans la commune actuelle de Peillac, au point dit encore aujourd'hui *passage des Romains* (1).

Après la fondation de l'abbaye et de la ville de Redon, la communication s'établit entre la ville nouvelle et Vannes; et, lorsqu'un pont eut été construit sur la Vilaine devant Redon, le passage de l'Oust à Aucfer dut être très fréquenté. Il le fut bien plus encore, lorsque, au milieu du XVIe siècle, la ruine du pont de Rieux détourna la route de Rieux sur Redon. Mais, pour suppléer au pont de Rieux, le pont de Redon ne suffisait pas : il en fallait un second à Aucfer.

Un pont à Aucfer aurait été utile au point de vue de l'agrément personnel des ducs. A Redon, se rencontrent comme à un point central, les routes de Rennes, Vannes et Nantes ; et l'itinéraire de Jean V, que nous avons cité plus haut (2), semble démontrer que la route de Vannes et de Nantes à Rennes se prenait habituellement par Redon.

Toutefois, si le pont de Redon était déjà vieux quand les abbés de Saint-Sauveur le reconstruisirent, au milieu du XVe siècle, il ne paraît pas que, malgré les inconvénients et même les dangers du passage en bac, un pont à Aucfer ait été projeté avant 1646.

Le 16 juillet de cette année, le parlement adjugea « le bail de la construction au sr Thomas Brodeu, pour la somme de 14000 livres, ordonnant que cette somme serait payée sur les villes et paroisses qui auront passage sur ce pont. »

Le pont ne fut pas construit.

Vingt six ans plus tard, en 1672, quand la seigneurie de Rieux

---

(1) Ci-dessus — Pont de Rieux I. p. 178. note 1.
(2) Chap. V. p. 39 et suivantes.

était en la possession d'Henri de Guénégaud et que le péage d'Aucfer était rentré à la disposition du seigneur, le projet du pont fut repris et poussé *un peu plus loin* qu'en 1646, si l'on en croit Ogée :

« La pierre était déjà taillée et les matériaux tout préparés, « lorsque l'on sentit que cet établissement nuirait à la naviga- « tion, et le projet fut abandonné (1). » Il est incroyable qu'un pareil motif ait mis obstacle à un travail si utile.

Quoiqu'il en soit de cette historiette, un siècle passa sans qu'il fût question du pont. En 1785, après de grosses réparations faites à la chaussée, des ingénieurs proposent la construction d'un pont dont la dépense est évaluée par eux 80 000 livres (au lieu de 14.000 comme en 1646) ; et, le 10 novembre 1785, la communauté de Redon offre de se charger de la construction du pont « à la condition que le Roi lui abandonne pendant trente années les droits de passage du bac tels qu'il se perçoivent. »

Si le pont devait coûter 80.000 livres, et si la communauté comptait rentrer dans ses déboursés en percevant le péage pendant trente années, c'est qu'elle évaluait ce péage à 2666 livres par an. La communauté de Redon se promettait sans doute (et son calcul était juste) que la construction du pont amènerait par Redon tout le trafic de Nantes à Vannes. (2)

La proposition n'eut pas de suite ; et c'est seulement vers 1820 qu'un pont de bois a été construit à Aucfer. Il subsiste aujourd'hui.

---

(1) Ogée II p. 679 V° *Rieux*.

(2) C. 423. La communauté escomptait sans doute le péage du pont à construire. Il n'est pas probable que le péage du bac, bien qu'important, atteignît le chiffre de 2266 livres. — A cette époque, une grande route venait d'être construite à St-Perreux. Le bac de St-Perreux, qui jusque là n'avait rapporté que 250 à 300 livres, monta tout à coup à 850. La route amenait là nombre de ceux qui auparavant passaient à Aucfer. — En 1787-89 un sr Gicquel était fermier du bac de St-Perreux : une indemnité de 150 l. lui avait été payée pour le passage des troupes. L'intendant la rejette, « le passager à cause des profits actuels du pont pouvant bien supporter le désagrément de passer une fois le temps les troupes de Sa Majesté. » (C. 2451).

III

BEAUMONT (1)

Je ne puis songer à faire l'étude de la seigneurie de Beaumont; mais je puis rappeler en quelques mots ce que je trouve sur Beaumont dans l'extrait d'un inventaire des archives de Saint-Sauveur et dans l'aveu de Paul Scotti de 1580.

Dès le commencement du XV° siècle, sinon auparavant, Beaumont appartenait à la famille de Théhillac qui allait le garder pendant plus de deux siècles (2). Au milieu du XVII° siècle, nous trouvons la seigneurie aux mains de Julien Gicquel, le procureur syndic que nous avons vu réclamer et obtenir pour *un moment* rang à l'assemblée de ville avant les représentants de l'abbaye, seigneur de la ville (3). Gicquel mourut en 1662, laissant des enfants mineurs (4) ; et la seigneurie sortie de leurs mains, sans

---

(1). Ci-dessus, p. 41.

(2) Aveux rendus de proche en proche à Saint-Sauveur — 26 février 1406, Jean de Théhillac.—1er mars 1429, d^{lle} Guyonne de Sévigné sa veuve. —30 juillet 1476, François de Théhillac. — 21 janvier 1479, Jean de Théhillac.—1482. Idem — 1483. Jean de Rieux, maréchal de Bretagne, tuteur de Jean de Théhillac. — 15 avril 1543, Jacques de Théhillac — 1580, René de Théhillac nommé dans l'aveu de St-Sauveur. — 27 septembre 1602, Jacques de Théhillac.

(3) Ci-dessus, chap. XVI. iv. p. 113.

(4) 19 septembre 1662. Aveu rendu par Julienne Aoustin veuve de Julien Gicquel, comme tutrice de ses enfants, et offre du rachat du 17 janvier 1662.

doute par vente, passa successivement à plusieurs familles bourgeoises (1).

L'aveu de Saint-Sauveur donne comme suit la consistance de Beaumont, en 1580.

« Maison, manoir, terre et seigneurie appartenant à haut et puissant René, sieur de Théhillac, fuye, garennes, jardins, vignes, domaines, bois de haute futaye, le tout en un tenant : contenant le dit pourpris environ douze journaux. »

L'abbaye Saint-Sauveur avait ses fourches patibulaires au sommet de la colline de Beaumont.

On lit à ce propos dans la même aveu :

« Droit de juridiction ... patibulaires à quatre pots pour justicier et punir les malfacteurs et délinquants appréhendez en la dicte juridiction, quelle justice est assise sur la montagne de Beaumont ; et a (l'abbaye) ceps et collier en la dicte ville. »

On le voit, les patibulaires de l'abbaye ne servaient pas seulement à l'exposition des corps des hommes suppliciés et détachés de la potence ; c'est aux patibulaires que le condamné subissait le supplice. Une exécution capitale était alors comme aujourd'hui un spectacle : et les officiers de justice n'étaient pas seuls à conduire le patient : la foule les accompagnait ; mais le *chemin aux larrons* était trop étroit pour elle ; et beaucoup pour arriver les premiers et prendre les *bonnes places* passaient sur les terres voisines. Il semble même que les officiers de justice, peut-être pour abréger les angoisses du condamné, quittaient le chemin et coupaient au court par les champs.

Une exécution devenait ainsi une occasion de dommages pour le seigneur de Beaumont : il se plaignit, et, en 1540, il assigna l'abbé de St-Sauveur (2) : c'est sans doute à cette occasion qu'intervint l'arrangement que mentionne l'aveu de 1580 et que voici :

---

(1) 5 août 1695. Aveu par Thomas François Bigeaud et Julienne Gérard. — 11 décembre 1714. Aveu par Michelle Le Texier, dame de Pradrois.

(2). « Procédure entre l'abbaye et le sr de Beaumont pour raison du chemin aux larrons par lequel on mène les criminels pendre à Beaumont » de l'an 1540.

« ... *Item* ès fois et quantes (autant de fois) que un criminel est condamné par la court de Redon à prendre mort, pour ce que (parce que) partie du chemin à aller à la justice patibulaire d'ycelle court, est entre les fiefs et terres du sieur de Beaumont, luy (sieur de Beaumont) contrainct et compelle les dicts hommes et subjets (1), garder, prohiber et deffendre par toutes voyes aux passants, le dict condamné et ceulx de la compaignie conduisant le dict condamné, de non entrer es dictes terres et fiefs ailleurs que par le dict chemin. (2) »

Le seigneur de Beaumont avait basse et moyenne justice; et, par un privilège particulier, son sergent était « exempt de fouage et autre subside en la paroisse de Redon. »

Le seigneur avait aussi une prérogative spéciale que l'aveu de 1580 énonce ainsi :

« *Item* ès fois et quantes que l'on faict en la ville de Redon un maistre bouchier, il est faict information par le dict sieur de Beaumont ou ses commis (les gens délégués par lui) sçavoir si ou non celluy homme est suffisant pour excercer le mestier de boucherie, et s'en informe par les autres maistres bouchiers qu'il soit suffisant pour estre maistre bouchier. Le dict sieur de Beaumont ou son commis présente le dict homme au prieur au cloître de la dicte abbaye pour le faire jurer de bien et dûment se porter au dit mestier de boucherie.

« Et au jour que le dit homme fait sa feste, est deub au s* de Beaumont *son mois* (4), sçavoir quatre pains, quatre quartes de vin et un plat de viande selon la sorte de la feste.

---

(1). « Les dicts hommes et subgets... » l'expression n'est pas claire. Il semble que, vu le nombre restreint et insuffisant des hommes de Beaumont, il s'agit des hommes de l'abbaye *compellés* à faire la haie sur le passage du cortège.

(2). Remarquez les expressions : *les passants*, c'est la foule ; la *compagnie du condamné*, ce sont les officiers de justice. C'est de là qu'on peut inférer que les officiers de justice s'écartaient aussi du *chemin aux larrons*.

(3). « fait sa feste », c'est-à-dire *prend possession*.
Mois est-il pris ici au sens de *tribut* ? C'est douteux. Ne faut-il pas lire *mai*, par allusion à quelque cérémonie analogue à la plantation des mais à la porte des magistrats. Il est clair que la redevance du nouveau boucher ayant le caractère d'hommage devait se faire avec solennité.

« Et outre de chacun des dits bouchiers vendant bœuf en détail en la cohue de Redon est deub au dict sr de Beaumont une fois l'an, le jour de caresme prenant, un gros os moellier de bœuf (1). »

Mais *la feste*, c'est-à-dire l'installation d'un boucher, n'a pas lieu souvent ; quatre pains, quatre pots de vin, un plat de viande à cette occasion, un os moëllier, tant gros soit-il, de chacun des bouchers au *mardi gras*... ce sont de minces redevances et purement honorifiques. Les Théhillac s'en étaient contentés ; mais le bourgeois devenu seigneur de Beaumont prétendit à d'autres profits. Dans un aveu de 1696, il réclama le droit d'*épaves* et *gallois*, c'est-à-dire la propriété des choses trouvées et des terres vaines et vagues comprises dans les limites de sa seigneurie. Il oubliait qu'il n'avait pas la haute justice. Or l'article 48 de la Coutume attribue les épaves et gallois au seigneur haut justicier seul ; et, pour ce motif, ceux de Beaumont appartenaient à l'abbaye de St-Sauveur.

---

(1). La perception de l'*os moellier* n'est pas sans exemple. A Quimper, le seigneur de Guengat réclamait « un os moellier de chaque boucher et le droit de faire courre une poule blanche aux bouchers la veille de St Pierre. » Au matin de ce jour, la poule était présentée au sénéchal de l'évêque, seigneur de la ville, qui donnait acte « qu'elle était toute blanche. » Au dernier siècle, l'évêque contestait le droit, en reconnaissant l'usage ancien. — Cf. ma *Promenade à Quimper* en 1764.

IV.

LE BOIS-RAOUL — RENAC (1)

L'histoire des transmissions de cette seigneurie peut intéresser : on la trouve en résumé dans deux actes donnés aux *Preuves* de D. Morice (2).

Au XIV° siècle, Renac appartenait à Guillaume d'Aspremont, un des tenants du côté des Anglais au combat des Trente ; il eut pour femme Perrine Rossignol. Ils eurent pour héritière Jeanne d'Aspremont (3), qui, en 1390, était femme de Herpedainne ; et qui, devenue veuve après 1401, épousa Savary de Vivonne, sieur de Thors. Leur fille, Isabeau, dame de Thors et de Renac, épousa Charles de Blois, troisième frère d'Olivier, et fut mère de Nicole qui a continué la descendance de Penthièvre.

Après la félonie des Penthièvre (1420), Renac fut confisqué et Jean V en fit don à Penhouet et à Tristan de la Lande (4) ; des débats s'élevèrent entre eux ; et le duc, pour les mettre d'accord, donna Renac à son frère Richard, comte d'Etampes.

---

(1). Ci-dessus, p. 44.

(2). III. col. 31 et suiv.

(3). M. de Courcy la dit fille de Raoulet du combat des Trente et de Julienne Soual.

(4). On voit ailleurs (Lobineau p. 552) que Jean V avait donné Renac à Louis de la Motte et à la dame de la Marche. Cette indication est contraire à l'exposé fait devant la cour de Ploërmel et que nous suivons.

Mais Penhouet protesta contre ce retrait du don à lui fait par le duc ; il entama un procès contre Richard ; et, pour procurer la paisible possession à son frère, Jean V fit payer à Penhouet 4000 écus, environ cent mille francs de notre monnaie.

En mourant, Richard assit le douaire de sa veuve Marguerite d'Orléans en partie sur la terre de Renac (1438).

Renac appartenant non à Charles de Blois mais à sa femme, la confiscation de 1420 pouvait, ce semble, être critiquée. D'un autre côté le pardon accordé aux Penthièvre aurait dû entraîner la restitution des terres confisquées sur eux. Mais plusieurs n'étaient plus à la disposition du duc qui les avait données ; et les nouveaux possesseurs se voyaient exposés à des réclamations judiciaires.

Le duc François Ier comprit qu'il lui fallait acheter la paix des Penthièvre, et il se montra disposé à leur payer une indemnité. A la fin de 1445, on le voit députer Jean Labbé et Regnaud Godelin à Fontenay-le-Comte « pour appointer avec les gens d'Isabeau de Vivonne, à cause de la terre de Renac. (1) »

Ces pourparlers et d'autres analogues suivis avec d'autres personnes amenèrent le traité signé à Nantes, le 27 juin 1448, par le duc et par Jean de Blois, agissant en son nom et au nom de tous les siens, notamment Isabeau de Vivonne, sa belle-sœur, alors veuve, et Nicole de Blois, sa nièce (2).

Jean de Blois *consent* pour lui et pour eux toutes les sentences de confiscation. Isabeau de Vivonne notamment abandonne toutes ses prétentions sur Renac (art. XII). De son côté, le duc promet 120.000 écus d'or neuf, à distribuer entre tous les Penthièvre (art. XI) ; et nous voyons ailleurs que Isabeau de Vivonne reçut pour sa part 10.000 écus (3).

François de Bretagne, fils de Richard, qui fut plus tard François II, était devenu seigneur de Renac à la mort de son père ;

---

(1). Morice II. col. 1397. Compte de Guyon de Carné. Du 17 8bre 1445 au 10 janvier 1446.

(2). Morice II. col. 1415.

(3). Morice III. col. 33 et 34.

plus tard il laissa la possession viagère de la terre à sa mère, dame de Vertus.

Cette concession faite à sa mère n'empêcha pas François II, quelques années plus tard, de disposer de la seigneurie de Renac. En 1462, Tanneguy du Châtel, vicomte de la Bellière, le fidèle et dernier ami de Charles VII, abandonnant son titre de grand écuyer de France, était rentré en Bretagne à l'appel du duc. Le duc célèbre et ne sait comment payer cette fidélité qu'il méconnaîtra un jour. Le 13 novembre 1462, il donne Renac à du Châtel ; il érige pour lui la seigneurie en bannière (non en baronnie, comme on l'a écrit ;) et permet au nouveau banneret d'y construire « un château et place forte. (1) »

L'entrée en possession ne devra se faire qu'au décès de la dame de Vertus : il semble donc que ses droits soient sauvegardés. Mais la dame de Vertus, se disant dame de Renac, s'oppose à la publication de la donation aux plaids généraux de Ploërmel : c'est en vain que, par lettre du 10 mars 1462 (1463 n. s.) le duc « impose silence au procureur » de sa mère ; l'entêté procureur formule son opposition, qui, après l'audition de plusieurs témoins, est rejetée (2).

Après la mort de du Châtel en 1477, Renac passa à sa fille Jeanne, dame de la Bellière, que le Roi, sur la demande de son père, avait mariée à Louis de Montjean, et qui fut mère de René, maréchal de France, mort en 1539.

Renac passa ensuite dans la maison d'Acigné par le mariage de Jeanne de Montjean avec Jean (VII) d'Acigné ; enfin leur petite-fille, Judith d'Acigné, porta Renac dans la maison de Cossé-Brissac, en épousant, en 1573, Charles de Cossé, depuis maréchal de France, comte, puis duc de Brissac (3).

---

(1). Morice III. Col. 31. — Si le duc a créé du Chastel *baron de Renac*, c'est par un autre acte que celui du 13 novembre 1462, acte que je n'ai pu trouver. — Le château fort de Bois-Raoul, chef-lieu de la seigneurie, s'élevait à l'extrémité de la commune actuelle de Renac vers St-Just. Le château dit de Renac non loin du bourg de Renac et dans la vallée de la Vilaine ne fut construit que postérieurement.

(2). Morice III. col. 33 et 34.

(3). Prod. pour la réform. de 1668 et P. Anselme.

V

LE PLESSIX DE RÉCSAC (1)

I.

Qu'est-ce que ce lieu ? M. de Courson (Cartulaire. *Index.*) donne *Resac, locus in Broerec*. C'est bien vague. D'autre part on lit à *l'Appendice*, p. 284 : De villulis quæ sunt in Broguerec : « tertiam partem dedit in Resac » et p. 285 « partem in eodem Resac. » Les lieux nommés dans ce chapitre semblent être dans la paroisse de Nuial aujourd'hui Noyal-Muzillac.

Cette indication ne peut nous satisfaire : il n'y a pas de lieu nommé le Plessix en la paroisse de Noyal. D'ailleurs ce n'est pas à un lieu situé en Noyal, à moitié chemin de Redon à Vannes, que pourrait se rapporter l'indication souvent répétée dans les actes de Jean V : *lès Redon* Le nom du Plessix-Recsac-lès-Redon se trouve constamment emmêlé avec les noms des lieux circonvoisins de Redon (2) : il nous faut donc chercher ce lieu non loin de cette ville.

L'aveu de Paul Scotti va nous renseigner. Nous y lisons au chapitre du Queffer — « Le pré de Rochefort, sis en la prée de Corcouet, joignant d'un bout de terre aux *ménéhis* de Ressac, d'autre un ruisseau appelé *la Chaudière de Ressac*. »

---

(1) Ci-dessus p. 42.
(2) V. Mandements de Jean V. Itinéraire. Ci dessus, p. 41.

Cette première indication nous met sur la voie. Il faut chercher Ressac vers l'Oust, à la limite du fief de Saint-Sauveur, que borne de ce côté le ruisseau dit *la Chaudière*.

En effet nous lisons plus loin : « Clos de Ressac en la paroisse Saint-Vincent (év. de Vannes), joignant d'un bout et d'un côté rivière d'Oust, d'autre bout landes de Saint-Vincent, d'autre côté rivière d'Arc (Arz), maisons, jardins, terres labourables, prés et pâtures. »

Ainsi le clos de Ressac était situé dans l'angle que forme la rivière d'Arz à sa jonction avec l'Oust au-dessous de Saint-Vincent.

« Le clos de Ressac comprend trois villages : celui de l'abbaye, « de la Vairie, de la Monlucraye, où est le herbrégement (*sic*) et « tenue des barons à présent caduc et inhabité. »

Cet « hébergement des barons », ruiné en 1580, n'était-il pas le manoir rural où séjournait le duc Jean V ?

Aujourd'hui encore se trouvent au bord de la rivière d'Arz une terre et un manoir nommés le Plessix occupant le site du Plessix-Ressac.

II.

Dans la phrase de l'aveu de 1580 citée plus haut, il y a un mot digne d'attention : *Les menehys de Ressac*.

Menehis est là pour *minihis*. En Bretagne le mot *minic'hy* (*manach-ty*, maison du moine) signifie *asile*. Le nom de minihi de Ressac ne garderait-il pas le souvenir d'un asile appartenant à Saint-Sauveur ? L'abbaye Saint-Sauveur a eu droit d'asile : ce point ne peut être douteux. Si l'aveu de 1580 ne réclame pas ce droit, nous verrons bientôt la cause de ce silence.

Il se pourrait donc que St-Sauveur ait eu un asile au Plessis Ressac. En effet l'asile n'était pas nécessairement contigu à l'église ou à l'abbaye (1). Il en devait être ainsi surtout en Bretagne ou les asiles avaient plus d'étendue qu'ailleurs (2). En plusieurs lieux, une procession faisait sinon annuellement du moins périodiquement le tour de l'asile(*tro-minihy* (3) pour en signaler et en maintenir les limites, et le parcours de la procession était quelquefois constaté authentiquement (4).

Sans songer à denier le droit d'asile, les ducs de Bretagne s'opposèrent avec raison à l'extension du droit et des lieux d'asile. Leurs plaintes furent entendues ; et un légat du pape Nicolas V, le cardinal d'Estouteville, venu en Bretagne en 1452, publia un réglement qui, sans modifier les limites des asiles, en restreignit les immunités. L'approbation que le pape donna à ce réglement était la condamnation de l'abus (5).

Moins d'un siècle plus tard, le roi François 1er retira le droit d'asile à ceux contre lesquels avait été rendu un décret de prise de corps. (1539).

De ce moment, ce droit fut sans importance ; et peu à peu les

---

(1) Ex. à Quimper. L'église de St-Corentin avait un asile, hors de la ville close fief épiscopal, au faubourg ducal de la Terre au Duc, à *Mez-minihy* (champ de l'asile).
C'est aujourd'hui la place La Tour d'Auvergne.

(2) La plupart contenaient un champ où le réfugié faisait paitre une vache. *Mez-minihy* de Quimper était de ce genre. « Le minihy de Tréguier comprenait quatre lieues de pays. » (Lobineau. Hist. p. 583.) Le nom de Minihy-Tréguier conservé à une commune suburbaine en marque la place. — L'asile de St-Ronan (Locronan) n'avait pas moins d'étendue. — La ville de St-Malo tout entière était asile. (Lobineau. Hist. p. 846.)

(3) Ces processions sont mentionnées dans de vieux titres sous le nom de *Tromini* (corruption évidente de *Tro-minihy*). Sous le nom de *Trominie* ou *Troménie*, elles se font encore dans beaucoup de lieux du Finistère. La *Troménie* de Locronan qui se fait tous les sept ans parcourt plusieurs lieues. Ces processions marquent, sans qu'on s'en doute, les limites d'anciens asiles.

(4). Ex. Le 2 juin 1652, deux notaires constatent le parcours de la procession de Locmaria à Quimper. — L'aveu du 7 avril 1669 mentionne cette procession comme tombée en désuétude. Son utilité avait cessé le prieuré ne réclamant plus l'asile. Archives du Finistère.

(5) Lobineau. Hist, p. 655. Même après ce réglement, on voit en 1479 cinq prévenus de meurtre se réfugier à l'église des Carmes de Nantes, et le duc François II ne voulant pas violer l'asile faire garder les issues par des sergents pendant près de deux ans. Lobineau. Hist. p. 734.

aveux au Roi cessèrent de le réclamer ; c'est ainsi que l'aveu de Paul Scoti le passe sous silence. Nous le voyons réclamé dans un aveu de 1664 ; mais c'est seulement à titre de souvenir. (1)

Du moment où le ministère public fut chargé de la poursuite criminelle, le droit d'asile avait fait son temps ; mais, il faut le reconnaître, à l'époque où la poursuite était exercée par la partie lésée, elle pouvait n'être pas exempte de violence; et l'Eglise, en étendant sa main sur le réfugié, rendait service à la justice, puisqu'elle donnait à la colère le temps de se calmer.

---

(1) La prieure de Locmaria (Quimper) réclame l'asile ou *franchise*, le 5 octobre 1664. La cour des Comptes ordonne qu'il sera fait preuve du droit (presque théorique désormais) dans les six mois. La prieure ne tente pas la preuve ; et dans son aveu du 7 avril 1669 il n'est plus question de la franchise ni du « droit de cinq sous payé par chacun de ceux qui viennent réclamer la franchise. »

VI

SEIGNEURIE & CHATEAU DE ROCHEFORT (1)

I.

La seigneurie de Rochefort s'étendait sur onze paroisses, elle en partageait trois autres avec la seigneurie contiguë de l'Argoët; en outre elle possédait un village près d'Elven, chef-lieu de l'Argoët ; et dans cinq paroisses comprenait des fiefs emmêlés au domaine ducal et à la seigneurie de Rieux (2).

Rochefort était un démembrement de l'Argoët donné, de 1180 à 1220) en partage à un cadet (3). Ce démembrement presqu'égal à l'Argoët lui-même forma une importante seigneurie ayant pour chef-lieu le château de Rochefort situé en la paroisse de Pluherlin, dont *la ville* de Rochefort était trève.

En 1294, le seigneur de Rochefort déclarait devoir trois che-

---

(1) Ci-dessus, p. 80.

(2) Si on veut une indication plus précise la voici : Paroisses en entier à Rochefort (sauf quelques domaines ducaux en....) : Arzal, Marzan, Péaule, Limerzel, Caden, Malensac, Pluherlin avec Rochefort, sa trève, Questembert, Berric, Lauzach ;

2º paroisses partagées avec l'Argoet : Sulniac, Larré, Molac ;

3º le village de St Christophe enclavé dans l'Argoët, paroisse d'Elven ; quelques domaines dans les paroisses ducales de Ambon, Muzillac (ou Bourg-péaule), Noyal-Muzillac, et dans la seigneurie de Rieux en Saint-Gravé et Saint-Jacut.

M. de la Borderie. Mélanges d'hist. et d'Arch. Bretonnes. I. p. 99.

(3) M. de la Borderie. *Géog. féodale.* p. 35 et 113.

valiers à *l'ost* du duc (1) ; et en 1304, il figure parmi les bannerets appelés à la guerre en Flandre (2).

Rochefort entra dans la maison de Rieux, en 1374, par le mariage de Jeanne, dame de Rochefort, Assérac et Châteauneuf, baronne d'Ancenis, vicomtesse de Donges, avec Jean II de Rieux qui allait devenir maréchal de France (1397). C'est au château de Rochefort que tous les deux moururent (3).

Dans le même siècle, leur arrière-petit-fils, Jean IV, tuteur de la duchesse Anne, était seigneur de Rieux, Rochefort et baron d'Ancenis. Il allait, par son mariage avec Françoise Raguenel dame de Malestroit, l'Argoët, Châteaugiron, Derval, Rougé, etc., réunir en ses mains les seigneuries de Rochefort et l'Argoët (4).

Au mois de mai 1490, Jean de Rieux, en face d'une armée levée par sa pupille pour le combattre, consentit enfin à la paix ; et se tourna résolument contre les Français; ceux-ci se vengeant de leur ancien allié, « brûlèrent et rasèrent ses maisons, » notamment « les châteaux de Rieux, Rochefort, Ancenis et Elven ».

Rieux n'avait pas eu honte de faire payer cher son retour au devoir ; et, sur l'autorisation des Etats (Vannes 4 juillet 1490), la duchesse, par ordonnance du 9 août suivant, « pour le récompenser en quelque manière des pertes qu'il avait souffertes de la part

---

(1) D. Morice. Pr. I. 1111. Baillie de Nantes.

(2) M. de Couffon de Kerdellec'h. Chevalerie de Bretagne. II. p. 4.

(3) On lit dans Ogée (V° Rochefort II. p 681).
« L'an 1349, la seigneurie de cette ville (Rochefort) passa dans la maison de Rieux par le mariage de Jean III du nom avec Jeanne de Rochefort baronne d'Ancenis, le 16 février 1374 ». Il faut retrancher la date 1349 que dément la date *certaine* 1374, — et lire Jean II au lieu de Jean III. On trouvera plus loin (château de Rieux) quelques indications sur les seigneuries de la maison de Rieux.

(4) Le P. Anselme ajoute à ces titres la Bellière ; mais la Bellière et Combourg furent le partage de Jeanne, sœur cadette de Françoise, mariée à Tanneguy du Chastel

Il ne nomme pas l'Argoet, mais cette seigneurie était dans la même main que Malestroit en 1402 (Lobineau. Pr. Col. 829) ; et en 1451, quand le père de Françoise, maréchal de Bretagne, fut créé baron. (Lobineau. Pr. col. 1142.) Nous retrouvons l'Argoet aux mains des Rieux.

des Français, » avait accordé à son indigne tuteur la somme énorme de cent mille écus d'or (environ sept millions de notre monnaie), plus une pension annuelle de douze mille livres (480.000 francs (1).

Rieux avait ainsi le moyen de relever ses châteaux, et il se mit à l'œuvre (2).

Un aveu de 1542 décrit le château de Rochefort comme un logis « emparé », c'est-à-dire fortifié.

Cinquante ans plus tard, comme nous l'avons vu (3), Rochefort était de nouveau ruiné par la guerre, en 1594. Si cette date n'est pas certaine, du moins est elle approximative. En effet, nous ne voyons pas les Etats réclamer la démolition de Rochefort comme ils réclament, et avec tant d'insistance, celle de Douarnenez (île Tristan), Châteauneuf, St Mars la Jaille, Ranrouet et Blavet (Port-Louis).

Un titre de 1633 nous montre Rochefort ruiné (4) :

« Un château auquel il ne reste que les ruynes, comme murailles, vestiges de grands bâtiments sans planchers ni couvertures, où l'on recognoit facilement les marques d'une ancienne illustre maison, et accommodées pour logement et fortifications pour résister aux efforts de la guerre, comme on voit par les fossés, vestiges des ponts-levis, grandes et grosses tours reves-

---

(1) Morice. Pr. III. 674 et 675. Ordonnance en faveur du maréchal.
M. de Courcy (Itinéraire de Nantes à Brest, p. 26) a écrit à propos de Rieux que ce « château fut démantelé en 1496, par ordre de la reine Anne, comme ceux d'Elven, de Rochefort et d'Ancenis, lorsqu'elle voulut punir la révolte de son tuteur. » C'est une inadvertance démontrée par l'ordonnance de la duchesse, datée de 1490. — Ogée a écrit (II. p. 678): « En 1490, la reine Anne ordonna de démolir les châteaux de Rochefort... etc. » (Anne ne devint reine que le 6 décembre 1491.) — Cette erreur a été réimprimée. (M. J. Desmars. *Redon et ses environs*. p. 132). C'est pourquoi il importait de la relever.

(2) Rieux fut reconstruit puisque Jean IV put y mourir en 1518. On lui a attribué la construction de la célèbre *tour* d'Elven. (M. de Courcy. Hist. de Nantes à Brest p. 34.) Enfin Ancenis a passé après le XVe siècle pour une des plus fortes places de Bretagne.

(3) Ci-dessus. p. 79 et suiv.

(4). Etat du revenu et des redevances nobles des terres de Rieux-Rochefort. (Cabinet de M. Raison du Cleuziou. St-Brieuc). Cette pièce est malheureusement incomplète.

tues de pierres de taille, une cour d'une très raisonnable grandeur, la place d'un jardin, le tout contenant trois ou quatre journaux d'étendue sur le sommet d'une montagne.

« Auquel chasteau le seigneur a droit de faire guet par ses hommes, curage des douves et fossés par devoirs seigneuriaux.

« En iceluy chasteau, il y a une chapelle aussi ruinée fondée sous le titre de St-Jean l'Evangéliste, qui est à la présentation du seigneur et vaut de rente annuelle 150 l. ».

C'est, semble-t-il, l'incendie qui eut raison du château, car, en 1633, les murs étaient encore debout. Julien de Larlant, président aux enquêtes (1655), reconstruisit Rochefort ; et un aveu de 1684 le décrit avec tours, machicoulis et fossés (1). « Le château a été une seconde fois ruiné dans les guerres de la chouannerie. De son enceinte extérieure il reste cinq tours ou débris de tours : l'une a servi de chapelle, l'autre est encore habitée (2) ».

II.

L'acte de 1633 que je citais tout à l'heure fournit des indications sur les revenus. Je les résume ici :

« Au pied et au levant dudit château est la ville de Rochefort assez bien bâtie et fort peuplée. Il y a marché tous les mardis ; et douze foires par an dont trois se tiennent au lieu de St-Fiacre, hors et proche la ville. — Halle et cohue. — Four banal où ceux de la ville et du vieux bourg sont tenus aller cuire le pain.

« Les marchés, foires et four banal sont affermés par an 400 l.

« Le droit de *jauge et bon vin* qui est que nul ne peut vendre vin en détail durant 40 jours et 40 nuits, à commencer à vêpres

---

(1). Il va sans dire que, au milieu du XVIIe siècle, le président de Larlant ne réédifia pas des tours et des murs de défense. L'aveu décrit ce qui avait échappé à la guerre.

(2). M. de Courcy. Itinéraire de Nantes à Brest, p. 28 (1865). Au lieu de une seconde, il serait plus exact de dire *une dernière fois*.

du dimanche d'après l'Ascension, sans permission du Seigneur, pendant lequel temps le droit d'impôt et billot appartient au Seigneur. (Droit affermé 150 l.).

« Un droit appelé *le gaige*, qui est une imposition payée par la ville de Rochefort et le clos d'icelle — 67 l. 7 sous.

« Le moulin à tan de Rochefort où tous les tanneurs sont obligés de moudre leur tan, 60 l.

« La prison et geôle affermés 25 l.

« Les greffes de Rochefort, (juridiction ordinaire et des eaux, bois et forêts 1100 l.

« Il y a trois juges ordinaires, sénéchal, alloué et lieutenant, un procureur fiscal, quatre sergents et nombre de notaires. L'office de sénéchal évalué 12,000 l., celui d'alloué, 5,000 l., celui de lieutenant 3,000 l., celui de procureur fiscal 4000 l. Les sergents et notaires chacun 60 l. (1).

« En la ville de Rochefort il y a une église collégiale composée d'un doyen chef, six chanoines, dont l'un chantre, quatre chapelains, deux choristes et un sacristain, à tous lesquels bénéfices Mgr de Rochefort présente *pleno jure*. — La seigneurie doit au chapitre 300 l. de fondation par an oultre les autres bienfaits des fondations faites par les anciens seigneurs.

« Dans la même église, prieuré de la présentation du Seigneur valant 250 l., et a droit d'y dire la grande messe aux quatre fêtes solennelles. (Prieuré de Notre-Dame de la Tronchaye.)

« Autre prieuré au faubourg de la ville nommé le prieuré St Michel qui doit deux messes par semaine. Affermé 400 l. quitte de toutes charges, à la présentation.

« Prieuré de la Barre affermé, charges faites, 50 l. »

---

(1). Il n'est pas possible que les offices de sergents et notaires ne valent que 60 l. Il faut entendre, je pense, que chacun paie une redevance annuelle de 60 l. à la seigneurie.

III.

Un aveu de 1554 mentionne de curieux droits de la seigneurie de Rochefort (1).

« Pareillement le Seigneur a ung debvoir appelé le *Jeu au Duc*, quel jeu se faict avecques une beste feinte nommée *Drague* ô (avec) son poulichot, commenczant le mardi après la Penthecouste et dure celluy jour et le lendemain. Auxquels jours Guillaume Pasquier, dict le *Duc d'Amour*, est tenu et doibt, sur ses héritages où il est demeurant, conduire ou faire conduire trois foys par chacun jour la Drague, couverte de tapisserie, o son poulichot, et aller au chasteau et à la dicte ville de Rochefort ; et (il faut) qu'il y ayt, tant à la conduite de la Drague que à faire dancer les gens qui veulent dancer à la halle et cohue, quatre sonneurs tant gros bois que aultres pour le moins ; et celluy Pasquier doibt, le dict mardi au matin, porter un brandon feillé de boul (bouleau) ou aultre boys au chasteau premier (d'abord) et à chacun tavernier du dict Rochefort, et prend de eulx le dict jour, de chacun un pot de vin, mesure du dict lieu, et la coutume sur les marchandyes de pain et aultres, savoir deux deniers de chascun marchant vendant marchandie le dict jour de mardi. »

Le *duc d'Amour* a réjoui les habitants de Rochefort le mardi de la Pentecôte ; mais, au 1ᵉʳ janvier suivant, il apparaitra comme un sévère justicier (2).

« Ung aultre debvoir est deu (par lui) au sire, le premier jour de janvier en chascun an : qu'est que le dict *duc d'Amour* est tenu aller par les maisons de la dicte ville et forsbourgs de

---

(1) Je prends ces renseignements dans *Mélanges d'Histoire et d'Archéologie bretonnes* ; (I p. 98 — 101.) Article de M. de Borderie. Les *Mélanges* (1855). forment deux petits volumes pleins de science et d'intérêt.... mais à peu près introuvables. Ce sera l'excuse de cette longue citation.

(2) Nous nous reportons au stile de l'aveu qui fait commencer l'année à Pâques.

Rochefort, et illecques chercher fillasses, scavoir lins et chanvres queulx ne sont bréés ou abillés, et les apporter à la cohue et en faire feu. ».

Voilà une manière énergique de stimuler les paresseux : Vous avez récolté le lin et le chanvre en août et septembre, quatre et trois mois plus tard, il vous en reste à *brayer* et *habiller* ! C'est trop tard : le *duc d'Amour* est chargé de vous l'enlever et de le brûler !

Mais cette exécution rigoureuse, au 1ᵉʳ janvier, jour des étrennes (1), va finir en une fête joyeuse.

L'aveu de 1554 continue : « A la cohue se doit trouver la derroine (dernière) fille ou femme mariée au dict an, et la doit aller quérir le dict *duc* jusques à la maison de la dicte femme et l'amener au dict lieu de la cohue, quelle mariée dira une chanson nouvelle. »

Remarquez : une chanson *nouvelle*, *inédite* ! la dernière mariée ne pourra chanter une chanson déjà chantée par une autre.

Le dernier marié aura lui-même un devoir à accomplir ; mais on ne lui demande pas comme à sa femme un ouvrage d'esprit : il s'agit d'un tour de force ou d'adresse.

Six jours après le 1ᵉʳ janvier, vient le jour des Rois si cher à nos pères. Ce jour, c'est le dernier marié qui entre en scène :

« Item ung aultre debvoir le jour des Rois en chaicun an, c'est que l'homme derroin marié au dict an, en la dicte ville et forsbourg est tenu rendre et bailler es mains du dict sire ou de son chastelain (2) une soulle (3), quelle le dict marié doit getter par

---

(1) Bien que le 1ᵉʳ janvier ne fût plus le premier jour de l'année, les étrennes, selon le vieil usage romain, se donnaient le 1ᵉʳ janvier. Lobineau en fait la remarque. (Hist. p. 573.) Les comptes de chancellerie, publiés aux *Preuves* de Morice et Lobineau, font foi de cet usage.

(2) Le gouverneur du château, celui qui en a la garde. C'est le sens primitif du mot.

(3) *Soulle*, ballon de cuir jeté à des joueurs qui se le disputent pour l'emporter à un endroit convenu. — V. E. Souvestre les *Derniers Bretons*. Chap. IV. § 3. — Pour l'auteur, qui a besoin de trouver partout des merveilles, le jeu de la soule « est le dernier vestige du culte que les Cettes rendaient au soleil ». « La soulle par sa forme sphérique représentait

dessus le four à ban de la dicte ville ayant un pied bitant (1) contre le mur du cimetière de Notre-dame de la Tronchaye. Et si le dict marié ne peut passer la dicte soulle de franc (2) par dessus le dict four, il est tenu payer l'amende au dict seigneur. »

Il m'a paru que je pouvais rappeler ces vieux usages. Nos pères un peu enfants s'amusaient de la soule et de la chanson de la mariée. L'exercice violent de la soule est remplacé aujourd'hui dans les fêtes publiques par le mât de cocagne, le baquet russe et autres exercices moins dangereux ; et c'est un progrès. Mais les *confetti* qui de nos jours font invasion même dans les fêtes de village valent-ils la chanson *nouvelle* de la mariée ?

---

l'astre du jour »; et *soule* vient du latin *Sol*. L'imagination est une belle chose !

Jeter la soule était en usage dans la principauté de Guémené: à Corlay elle se jetait de la terrasse du château.

(1) *Bitant* c'est-à-dire *touchant*. Au jeu de boules encore aujourd'hui dans les Côtes-du-Nord, on dit : La boule *ne bite pas au maître*.

(2) Franchement, nettement, sans toucher le four.

VII.

CHATEAU DE RIEUX

I.

Peu de f milles historiques de Bretagne ont brillé d'un plus vif éclat que la maison de Rieux : moins encore ont eu une succession directe masculine aussi longue.

Les Rieux ont été les successeurs sinon les descendants d'Alain le Grand mort en 907. Nous trouvons leur nom dans le cartulaire de Redon, dès 1021 ; toutefois la filiation certaine ne remonte pas au delà de Roland qui apparaît aux Etats de Vannes en 1203. Depuis Roland jusqu'au petit-fils de Jean IV, tuteur de la duchesse Anne, Claude II mort sans postérité (1) en 1547, les Rieux ont compté treize générations (2).

Quand la branche ainée masculine s'éteint en la personne de Claude II, deux branches cadettes continuent le nom : la branche

---

(1). Et non fils. (M. Desmars, p. 137).

(2). Le P. Anselme et la Chesnaye des Bois qui le copie comptent une génération de moins. Ils omettent un seigneur de Rieux à la fin du XIII° siècle. Ci-dessus, p. 181 et 182, texte et note 3. Il s'agit de Guillaume Ier qu'il faut intercaler entre Geffroy, 1275, et Guillaume, mineur, lors du traité de 1289.
A propos de ce traité, on lit dans le Catalogue des Abbés de Redon dressé par D. Morice, (Hist. de Bretagne II.C III) : « Jean de Guipry transigea, l'an 1288, avec Guillaume sire de Rieux, pour les réparations d'une *porte de la ville de Redon* appelée la porte Redonnoise. » — Il s'agissait d'une *porte du pont de Rieux*. Ci-dessus p. 5 et 183.

d'Assérac, issue de François, second fils de Jean IV, et celle de Châteauneuf et Sourdéac, qui eut pour tige Jean, troisième fils du même (1).

Les Rieux-Châteauneuf fournirent seulement deux générations et finirent en 1629 ; leurs cadets seigneurs de Sourdéac s'éteignirent après quatre générations en 1713.

Les seigneurs, puis marquis d'Assérac continuèrent le nom pendant huit générations. Nous avons vu l'un d'eux, cinquième descendant de François fils de Jean IV, redevenir seigneur de Rieux, par acquêt, en 1761 ; nous avons vu son fils solennellement reçu à Redon avec sa jeune épouse, en 1768 (2) ; c'est leur fils qui sera le dernier de de l'héroïque maison : il périra après l'affaire de Quiberon, en août 1795. Après cinq siècles, il était le vingtième descendant de Roland de Rieux.

*
* *

Les Rieux portaient d'azur aux neuf besants d'or, en souvenir des Croisades, avec la devise *A tout heurt belier* ou *A tout heurt Rieux*.

Ils allaient justifier leur devise : en effet à combien de *heurts* n: les voyons-nous pas au cours de notre histoire ?

Roland de Rieux était de la troisième croisade, celle de Philippe-Auguste et de Richard Cœur-de-Lion. Il en ramena même des religieux Trinitaires dont l'ordre venait d'être fondé (1191) (3). Quelques années plus tard, avec Guillaume-Richard

(1). M. Desmars (p. 135) compte trois branches : Assérac, Châteauneuf, Sourdéac. Sourdéac est une branche cadette de Châteauneuf. — Il y a quelques erreurs dans cet intéressant petit volume, notamment p. 137.

(2) Ci-dessus, p. 189.

(3). M. Desmars écrit p. 133. « Roland de Rieux prit part à la 1re croisade et ramena de Palestine des religieux trinitaires qu'il établit dans son château. » P 135 il se contredit: « Les trinitaires ramenés comme nous l'avons dit à la fin du XIIe siècle par Roland de Rieux. » La 1re croisade est de 1096. Les trinitaires n'ont été fondés que en 1191. Si Roland de Rieux les a ramenés de Palestine, c'est lors de la 3e croisade (1190-1192).

M. de Courcy indique Roland croisé en 1187. Il n'y eut pas de croisade en 1187 : il faut sans doute entendre la 3e croisade.

de Rieux, il combattra sous Philippe-Auguste à Bouvines. (1214) (1).

Le petit-fils de Roland, Gilles, est de la septième croisade, la première de St-Louis, en 1248.

En 1294, le duc Jean II se croyant, en tant que comte de Richemont, tenu de prendre parti pour le roi d'Angleterre, convoque les seigneurs bretons à Ploërmel. Guillaume de Rieux se rend à l'appel du duc et le suit en Guyenne où le duc commande l'armée anglaise (1295—96).

Quatorze ans plus tard, le duc Arthur II envoyait Guillaume comme ambassadeur en Espagne demander la main d'Isabeau de Castille pour Jean héritier de Bretagne. — Guillaume mourut en route (1310).

Désormais, de proche en proche, tous les seigneurs de Rieux ont leur place marquée dans notre histoire.

Jean Ier fils de Guillaume, embrasse le parti de Charles de Blois, pendant que son beau frère Olivier de Clisson se range sous la bannière de Montfort. Nous l'avons vu investi par le Roi d'un important commandement à Redon et pays voisins (2). Son frère Guillaume est tué à la Roche Derrien (1347) ; lui-même meurt à Paris en 1357.

Son fils Jean II, qui deviendra maréchal de France (1397), et son cadet Guillaume continuent la lutte. Tous deux sont à Auray, leur oncle Clisson combattant dans le parti contraire. Guillaume est relevé mort auprès de Charles de Blois, et Jean est fait prisonnier. (1364).

Nous avons vu Jean II se tournant contre le duc Jean IV quand celui-ci trahit le roi de France (1372). Plus tard il tient le parti de son oncle Clisson dans ses démêlés avec Jean IV. Il était auprès du connétable à Ancenis, quand le duc de Bourgogne vint tenter une dernière fois de mettre la paix entre le duc et son terrible vassal (1394).

---

(1). Hévin. *Questions féodales*, p. 639. — Ces deux Rieux n'ont pas été seigneurs de Rieux. Ils étaient contemporains de Gilles (1205-1227), fils de Roland mort en 1205.

(2) Ci-dessus p. 22.

Le duc Jean V n'eut pas de sujet plus dévoué que Jean III de Rieux. En 1420, quand ses cousins de Penthièvre ont emprisonné le duc et son frère Richard, c'est le sire de Rieux qui commande la Bretagne réunie en armes sous les murs de Chantoceaux.

Le jeune frère de Jean III, Pierre, sire de Rochefort, devenu maréchal de France après son père (1417), sera le compagnon de Jeanne d'Arc devant Orléans (1429) ; plus tard le connétable de Richemont lui confie la garde de St-Denis, de là le maréchal pousse ses courses jusque sous les murs de Paris ; le premier, après dix-huit ans, il fait voir aux parisiens la bannière française ; il rend l'espérance à ceux qui sont restés fidèles à la France ; et prépare ainsi l'entrée de Richemont à Paris.

Le fils de Jean III, François, devenu cousin des ducs François 1er et Pierre II par son mariage avec Jeanne de Rohan, est lieute-général du duché pendant l'absence du duc Pierre II.

Quant à son fils Jean IV, nous l'avons montré jaloux de toute influence, ambitieux, insatiable d'argent, associé avec son oncle Jean Vte de Rohan contre François II, acceptant le titre de lieutenant général du Roi en Bretagne, lui Maréchal de Bretagne et le plus proche parent du duc, puis faisant sa paix et commandant l'armée Bretonne à St-Aubin du Cormier ; puis enfin devenu tuteur de la jeune duchesse prétendant la gouverner despotiquement, lui imposer un mariage abhorré, par son opposition paralysant la défense du duché contre l'armée française, enfin se faisant payer — nous avons vu à quel prix (1) son retour au devoir. C'est en toute justice que l'histoire en son *dernier jugement* met Jean IV de Rieux au nombre des réprouvés (2).

Après lui et en partie grâce à lui, son fils Claude n'avait pas à choisir entre la Bretagne et la France. Il servit fidèlement le roi François 1er. Il combattit à Pavie, il y fut fait prisonnier, et il s'empressa de payer sa rançon pour réclamer l'honneur d'être un des otages du Roi de France (1526). Il mourut en 1532.

---

(1) Ci-dessus p. 224.

(2). M. de la Borderie. *La Bretagne aux derniers siècles du moyen-age* p. 269 et 270.

On a écrit que, après Jean IV, la maison de Rieux ne fit que décliner. (1) Il faut dire pourtant que son premier mariage avec Catherine de Laval avait apporté à Claude la chance de dédoubler ses possessions seigneuriales ; et que en secondes noces il s'allia à la maison de Bourbon. Après lui son fils Claude II mourut presque enfant ; mais de ses filles l'une devint comtesse de Laval et par là baronne de Vitré et de Quintin ; l'autre, marquise d'Elbœuf (1531), vit son fils duc et pair, grand écuyer et grand veneur de France.

Nous avons dit que après la mort de Claude II (1547) les branches d'Assérac et de Châteauneuf continuèrent le nom de Rieux.

La branche d'Assérac donna au dernier siècle un lieutenant général et un maréchal de camp.

La branche cadette de Châteauneuf dite de Sourdéac est plus connue. René marquis d'Ouessant, qui en fut la tige, est le célèbre gouverneur de Brest, lieutenant général de Henri IV dans les évêchés de Tréguier, Léon et Cornouaille, qui, avec le maréchal d'Aumont, remit la Basse-Bretagne sous l'obéissance du Roi. Il mourut en 1628 (2).

Guy son fils aîné, gouverneur de Brest, s'attacha à la fortune de la reine Marie de Médicis et fut à ce titre déclaré criminel de lèse majesté. Plus tard pardonné, il put rentrer en France et recouvra ses biens confisqués. Il mourut en 1640.

Son frère cadet René et son fils Alexandre allaient acquérir des mérites auxquels leurs ancêtres n'avaient pas aspiré.

René fut abbé du Relec, de Daoulas, conseiller d'État, grand maître de l'oratoire de la reine, enfin évêque de Léon (1613). Comme son frère aîné, il suivit Marie de Médicis dans les Pays-bas, et fut privé de l'administration de son diocèse (1635). Réintégré en 1646, il mourut peu après dans son abbaye du Relec,

(1) M. Desmars p. 136.

(2). Je ne parle pas d'une autre célébrité de la famille, Renée, sœur de Sourdéac, dite la *belle Châteauneuf*, qui fut aimée du duc d'Anjou, depuis Henri III, et exilée pour avoir bravé la reine Louise de Vaudemont.

« avec la réputation d'un des prélats les plus splendides et les plus éloquents du royaume. » (P. Anselme)

Selon Tallemant des Réaux, Alexandre était un singulier original. « Il se fait courir par ses paysans, dit-il, comme on court un cerf, et dit que c'est pour faire exercice. Il a de l'inclination aux mécaniques : il travaille de la main admirablement... (1) ».

Cette heureuse disposition détermina-t-elle sa *vocation* ? Il devint un des fondateurs de l'opéra en France en collaboration avec l'abbé Perrin. Après plusieurs essais, ils montèrent, en 1671, la pastorale de *Pomone* en cinq actes : le marquis de Sourdéac « avait fait les machines ». Or voici ce que dit St-Evremont qui fut un des heureux spectateurs : « *Pomone* est le premier opéra français qui ait paru sur notre théâtre.... M. de Sourdéac en avait fait les machines : c'est assez dire pour vous donner une grande idée de leur beauté. On voyait les machines avec surprise, les danses avec plaisir.... (2) » Le succès de *Pomone* qui dura huit mois entiers fut prodigieux. — Le marquis de Sourdéac mourut en 1675, laissant un fils en qui s'éteignit la branche de Sourdéac, en 1713.

C'est ce fils, nommé René Louis, qui présenta au Roi Louis XIV, en 1710, un « mémoire avec généalogie de la maison de Rieux », qui démontrait et sans peine la parenté des Rieux avec la maison de France, et par suite avec la plupart des maisons régnantes. (3)

Le nom d'un autre descendant de Claude Ier a sa place dans l'histoire de France : c'est celui du fils de Charles II duc d'Elbeuf, qui prenait le titre de comte de Rieux. Le 29 juillet 1652,

---

(1) Tallemant des Réaux. *Historiettes*. T. IX. p. 193-194.

(2) St-Evremont. *Les Opéras*, comédie. T. IV. p. 90. — Pour plus de détails on peut voir *Vie de St-Evremont*. T. I. p. 147.

(3) Cette généalogie dressée par Mathieu Marais, plus étendue que celle donnée par le P. Anselme, est en manuscrit à la bibliothèque publique de Rennes. (n° 526 mss.) — Levot a écrit (V. *Rieux* II, 743). « On voit dans cette généalogie que Sourdéac, le gouverneur de Brest, était allié de Henri IV au 4° degré. » C'est une erreur, comme on le verra par l'extrait suivant qui établit très clairement la parenté.

Marguerite de Bretagne, fille du duc Jean IV, mariée à Alain IX

pendant les troubles de la Fronde, il avait une violente querelle avec le duc de la Trémouille. Le grand Condé intervenant brusquement lui donna un soufflet. Sans s'étonner, Rieux le lui rendit. Condé le fit enfermer à la Bastille ; mais les gentilshommes prirent parti pour le prisonnier qui fut relâché (1).

II.

Si par le mot *Château* on veut entendre un poste fortifié, le *château* de Rieux est de date bien antérieure à l'illustre famille qui en a pris le nom.

vicomte de Rohan, eut entre autres enfants :

	Jeanne mariée à François, sire de Rieux, d'où	et	Catherine, qui, veuve de Jacques de Dinan, épousa Jean d'Albret, d'où
I.	Jean IV de Rieux, tuteur d'Anne de Bretagne.		Alain d'A. qui épousa Françoise de Blois, dite de Bretagne.
II.	Claude d'où les	François tige des	Jean sgr de Châteauneuf	Jean d'A. qui épousa Catherine de Foix, reine de Navarre.
III.	marquis puis ducs d'Elbeuf	seigneurs puis marquis d'Assérac	Guy sgr de Châteauneuf	René sgr de Sourdéac m^{is} d'Ouessant	Henri d'A. roi de Navarre, qui épousa Marguerite de Valois, sœur de François Ier.
IV.				Guy id.	Jeanne d'A. reine de Navarre, qui épousa Antoine de Bourbon.
V.				Hercule id.	Le roi Henri IV.

Comme on le voit, Sourdéac, gouverneur de Brest était au même degré que l'aïeul du Roi Henri IV lequel était son neveu au 10e degré.

(1). Guizot, *Hist. de France*, IV. p. 228. — Henri Martin, *Hist. de France*, XII p. 424 — Un comte de Rieux avait promis à Montmorency de mourir auprès de lui, et il tint sa parole à Casteluaudary (Guizot. IV. 50) ; mais il était des Rieux du Languedoc (Aude).

Dès que les Romains eurent construit un pont devant Rieux, ils durent en assurer la défense sur l'une et l'autre rive. Après la retraite des Normands, à la fin du IXe siècle, nous voyons Alain le Grand faire sa résidence ordinaire au château de Rieux (1).

Qu'était-ce que ce château ? Etait-ce l'ancien *castellum* romain réparé et quelque peu modifié ? Etait-ce un donjon carré selon la mode des plus anciens donjons, entouré d'une cour fortement palissadée, et renfermant des bâtiments de service ? C'est le plan de cette multitude de châteaux élevés un peu plus tard et dont nous retrouvons encore les vestiges.

Quoiqu'il en soit, dès le XIIIe siècle, les seigneurs de Rieux, successeurs d'Alain le Grand, durent substituer à l'ancienne forteresse une enceinte murale garnie de tours élevées à plusieurs étages et couronnée de créneaux. Tout contre cette enceinte, mais en dehors et entourée d'un fossé particulier, s'éleva une maîtresse tour dite donjon. L'enceinte fortifiée renfermait les logements de service et d'habitation avec des appartements spacieux et de vastes salles : aménagement nouveau commandé d'une part par les besoins de la défense, et de l'autre par les progrès du luxe (2).

Un acte de l'année 1430, nous permet de *restituer* la demeure seigneuriale de Rieux à cette époque (3) :

« *Premier* le chasteau et forteresse de Rieux avec ses closures, fossés et doves, jardins, coullombiers, viviers et autres appartenances, desquels chasteau et forteresse les habitans et demeurans de simple estat, hommes du dit sire de Rieux tant en proche que (arrière fief) ès paroisses de Rieux, Béganne Allaire, Fégréac, Peillac, St-Jagu, St-Vict, Glénac, Les Fougerets, St-Martin, St-Congar et St-Gravé debvent le guet et guarde et le curage et réparation des doves quand besouyn et nécessité en est.. »

---

(1) Ci-dessus p. 180.

(2) De Caumont. *Arch. des écoles primaires.* P. 280 et suiv.

(3) Arch. Loire-Inf. Ancienne cote. B. 370. Mynu de la Chastellenye et forteresse de Rieux tombés en rachapt par le décès de M{ire} Jehan (III) Sr de Rieux et Rochefort, l'an 1430 (p. 1).

Voilà la forteresse avec ses douves et ses remparts ; et voilà la demeure seigneuriale avec ses dépendances. Colombier, vivier, jardin (1), se retrouvent dans la plupart des descriptions de maisons nobles avec la chapelle et le bois (futaie) de décoration (2).

L'aveu de Rieux ne mentionne pas la chapelle. La chapelle du château est apparemment dans la *ville* de Rieux, l'église des Trinitaires fondée par Jean (1er du nom) en 1345 ; ou bien l'église de Notre-Dame de Rieux dont les seigneurs sont fondateurs, et qui garde les restes de plusieurs d'entre eux.

L'aveu ne mentionne pas non plus le bois de décoration. Il n'y a pas place pour un bois sur l'étroit promontoire que domine le château. Mais le seigneur de Rieux a bien mieux qu'un bouquet de haute futaie. Au pied de sa colline n'a-t-il pas une forêt où il peut courre le cerf et combattre le sanglier ?

* *

Le XIV et le XVe siècle sont le temps de la splendeur du château de Rieux, et quels hôtes il a reçus vers cette époque !

En 1395, c'est le connétable de Clisson ; il vient pour signer à Aucfer la paix avec le duc Jean IV. Il est à Rieux chez son neveu Jean II, qui l'a secondé dans ses guerres contre le duc Jean IV, et qui, avant deux ans, sera maréchal de France. Quelle joie pour le connétable si dans le fils cadet du sire de Rieux, Pierre âgé de six ans, il devinait un second maréchal !

Un peu plus tard, c'est le duc Jean V. Son itinéraire ne nous le montre à Rieux que sur la fin de sa vie (novembre et décembre

---

(1). La terre devait suffire à tous les besoins ; rien ne se tirait du dehors qu'en vins de Gascogne et d'Aunis. Ces vins étaient de luxe ; et les ducs en faisaient souvent des présents : ils servaient même parfois d'enjeux. — Actes de Jean V, nos 404, 411, 669, 939. Ce dernier acte constate que le duc jouant à la paume contre Pierre de Rostrenen a perdu un tonneau de vin d'Aunis.

(2). Seul des bois de la seigneurie, le bois de décoration entre dans le préciput de l'aîné ; mais il doit être « contigü à la maison, basse-cour ou jardin, enfin le *vol du chapon* . » Hévin. Consult. XLVII. p. 300.

1436, et au 1ᵉʳ janvier, jour des étrennes 1440 ; mais comment croire qu'il n'y soit pas venu — et souvent — avant ces dates? Le *bon* duc savait s'arrêter en route entre Nantes et Savenay pour visiter son ancien valet de chambre Jean Babouin (1) ; aurait-il hésité, passant tant de fois en vue de Rieux sur la route de Vannes à Redon, à se détourner un peu pour voir son vieil ami, Jean III, dont il tint un des fils sur les fonts de baptême ? Le dévouement que Rieux avait montré au duc et à Richard, en 1420, valait bien ces marques d'amitié. Le duc et son frère semblaient multiplier les alliances entre leur maison et celle de Rieux. Il fut question du mariage d'Isabeau, fille aînée de Richard devenu comte d'Etampes (1421) avec François, héritier de Rieux (2). Marie, sa sœur, fut promise en mariage à Pierre le maréchal de France (3). Enfin, après la mort d'Isabeau tout enfant, François de Rieux épousa Jeanne de Rohan nièce de Jean V (1442).

Un autre lien unit bientôt les deux maisons. La sœur de François de Rieux nommée Marie avait été donnée en mariage à Louis d'Amboise comte de Thouars. En 1427, elle devint mère d'une fille nommée Françoise. Celle-ci avait trois ans quand le connétable de Richemont l'obtint en mariage pour son neveu Pierre de Bretagne, qu'il allait faire son héritier, et qui plus tard allait devenir duc après son frère (4).

Dès ce moment l'enfant fut amenée en Bretagne pour être élevée auprès de son jeune fiancé, et la duchesse Jeanne de France la traita en fille chérie. Françoise ne quitta la cour qu'après son mariage, quand elle avait quinze ans, en 1443 (5).

---

(1) Au manoir de la Hémériaie (aujourd'hui la Haye-Mériais, commune de Cordemais entre Nantes et Savenay. — Actes de Jean V. 2269.

(2) Lobineau. Hist. p. 583 et généalogie de Bretagne.

(3) Lobineau. Hist. p. 588 et 608. Le maréchal né le 9 septembre 1389 était à cette époque (1431) dans sa quarante et unième année ; Marie de Bretagne née en 1424, avait sept ans. Le mariage ne suivit pas vraisemblablement. Le maréchal fait prisonnier traitreusement en 1438, mourut en prison. — Abbesse de Fontevrault en 1456, Marie mourut en 1477.

(4) Lobineau. Hist. 581 — 588.

(5) On lit dans le P. Anselme ; (C. VI. p. 763 et suiv.) que Jean III d'un premier mariage avec Béatrix de Montauban eut Françoise et Marie

Dans cet intervalle nul doute que la cour allant de Vannes à Nantes n'ait plus d'une fois visité Rieux. C'est ainsi que la cour de Bretagne était à Rieux, et le comte de Montfort, depuis François Ier, y faisait une grave maladie en décembre 1436.

A ce moment Jean III de Rieux était mort, et le duc et sa cour étaient les hôtes de François de Rieux, que son mariage avec Jeanne de Rohan allait faire neveu du duc (1442.)

Devenu duc (août 1442) François de Bretagne revint plus d'une fois à Rieux. En 1445, il y reçut la visite du personnage le plus illustre que Rieux ait jamais vu, son oncle le connétable Arthur de Richemont. Celui-ci venait solliciter la grâce du coupable mais malheureux Gilles.

Plus tard, en 1455, nous voyons Pierre II et la duchesse Françoise d'Amboise reçus à Rieux par François, cousin germain de la duchesse.

Parmi les lecteurs Redonnais plusieurs connaissent assurément ce chemin creux qui partant d'Aucfer longe la colline à droite de la grande route nouvelle, est rejoint la route en face du chemin vicinal de Rieux. Ce chemin creusé par les eaux et par le passage exercé depuis des siècles est l'ancien chemin de Redon à Rieux; et c'est celui que la cour de Bretagne suivait en allant de Redon à Rieux.

Nous ne voyons pas que Rieux, si bien défendu par la nature et sans doute par l'art, ait été le théâtre d'aucun fait de guerre pendant le XIVe et la plus grande partie du XVe siècle ; et, bien que ses seigneurs l'eussent un peu délaissé pour Rochefort et Ancenis, il devait être vers la fin du XVe siècle à peu près tel que nous le montre l'acte de 1430.

A cette époque, Jean IV de Rieux, tuteur d'Anne de Bretagne,

---

qui demeura jeune sous la tutelle de sa belle-mère. — C'est une erreur que le P. Anselme démontre lui-même quand il dit que Jean III se remaria en 1414 avec Jeanne de Harcourt. et vécut jusqu'en 1431. Cette erreur a passé dans La Chesnaye des Bois.

Mais Moréri écrit que Marie était du second mariage avec Jeanne d'Harcourt, et que Jean (filleul de Jean V mort jeune) et François eurent pour mère Béatrix de Montauban.

Levot fait aussi naître François de ce premier mariage, mais en 1438 : erreur typographique certaine.

attira lui-même sur ses châteaux la ruine et la dévastation. Nous l'avons dit en parlant de Rochefort (1), les Français appelés en Bretagne par Rieux se vengèrent sur ses possessions de son retour à la cause bretonne.

Rieux eut le même sort que Rochefort : s'il fallait prendre à la lettre les termes de l'ordonnance de la duchesse Anne, il aurait été « brûlé et rasé ». Que l'incendie ait détruit les intérieurs des habitations, soit! Mais comment aurait-il eu raison des murs d'enceinte ? D'autre part quel travail que la démolition, « le rasement » de telles constructions, et que de temps l'armée française y eut perdu ! Il est donc permis de croire que les fortifications furent seulement ruinées, c'est-à-dire mises hors d'état de servir.

Quoiqu'il en soit, avec les sept millions de francs (de notre monnaie) et les 480.000 francs de pension annuelle dont la duchesse allait, contrainte et forcée, gratifier son avide tuteur, celui-ci put rebâtir ou réparer Rieux, comme il fit de Rochefort et d'Ancenis.

III

Claude avait épousé en premier mariage Catherine de Laval, sœur aînée de Guy XVII. En mourant (1526) elle lui laissa deux filles, Renée et Claude. D'un second mariage avec Suzanne de Bourbon de la Roche-sur-Yon (1529), Claude eut un fils, Claude, et une fille, Louise, qui étaient à peine âgés de deux ans et un an, quand il mourut et fut inhumé à Rieux (19 mai 1532).

De ce jour, le château de Rieux ne paraît plus avoir été l'habitation du seigneur. C'est à Ancenis que Suzanne de Bourbon tutrice de ses enfants alla résider avec eux.

Claude fut comte d'Harcourt, seigneur de Rieux et Rochefort ; Louise fut dame d'Ancenis.

(1). Ci-dessus, p. 223.

Il reste un minu passé par Suzanne de Bourbon, en 1532, au nom de son fils mineur. Elle ne prend pas la peine de décrire le château de Rieux. Dix ans plus tard, elle rendra, encore comme tutrice, aveu au Dauphin duc de Bretagne ; et elle recopiera la mention sommaire du minu de 1532 : « Les chasteau et ville de Rieux situés sur la rivière de Vilaine avec les ponts... » (1).

Toutefois, si la douairière de Rieux ne décrit pas la forteresse, ses tours et ses fossés, elle n'omet pas de mentionner le capitaine du château ; et elle réclame pour lui « par navire où il y a vin passant devant Rieux, quatre pots de vin, mesure de Rieux. »

Un mot de l'aveu de 1532 permet de croire que la capitainerie de Rieux devait être une sorte de sinécure ; et que le capitaine avait peu de monde à commander. On lit : « Les guetz du dit chasteau accensés pouvant valoir, commun an, tant ès paroisses de Rieux et de Béganne que de Fégréac, la somme de six vingts livres monnaie. (2) »

Cette déclaration nous révèle toute une révolution dans les mœurs militaires de l'époque.

*
* *

L'aveu de 1430 nous a montré tous les vassaux des douze paroisses de la seigneurie faisant le guet au château, c'est-à-dire tenus, au premier appel du seigneur ou du capitaine, de

---

(1). Arch. Loire-Inf. B. 370 (Cote ancienne, 10 juin 1532. Minu et décl. des terres que tenait en son vivant Claude sire de Rieux, fait en la juridiction de Ploërmel par Suzanne de Bourbon sa veuve, comme tutrice et garde de son fils Claude de Rieux, etc.

1er mai 1542. Aveu rendu en la juridiction de Ploërmel au Dauphin duc de Bretagne par Suzanne de Bourbon dame de Rieux, Rochefort, comtesse de Harcourt, vicomtesse de Donges, comme ayant la garde et administration de Claude de Rieux son fils.

(2). Ce mot est écrit tantôt *accens*, tantôt *assens* et même *acens* selon la prononciation. Le mot se prend en différents sens : c'est la ferme du pâturage, c'est le fermage en général. Hévin. Coutume, art. 255. II. p. 56. V. aussi consultation sur l'art. 255.

venir monter la garde sur le rempart. Ce devoir personnel, quelque rigoureux qu'il soit, s'explique. Les vassaux sont intéressés à la garde du château, où, en temps de guerre, ils trouveront un refuge avec leurs familles.

Mais, pour se rédimer du service personnel, quelques vassaux ont offert au seigneur une contribution en monnaie qui servira à l'entretien du château. Les guerres privées ont cessé, les châtelains, qui n'ont plus souvent besoin du service effectif, ont accepté et même favorisé l'*accens de guet* (c'est-à-dire le loyer de guet), parce qu'ils y trouvent leur profit. L'accens de guet est devenu d'usage général ; et si, en 1430, le seigneur de Rieux réclame encore le service personnel, d'autres, dès cette époque, y ont renoncé.

C'est ce que nous apprend la constitution du duc Jean V, Vannes, 8 octobre 1430 (1). Le duc s'élève non contre l'usage de l'accens, mais contre l'abus qui en est résulté. Les seigneurs ont transformé l'accens de guet en une rente qu'ils font percevoir comme leurs autres rentes. « Mauvaise exaction, dit le duc, qui va à la perdition des forteresses. » En conséquence il annule les rentes ainsi établies, quelqu'anciennes qu'elles soient ; il permet « à ses sujets de se accenser au guet » ; il fixe la contribution à six sols au maximum, les seigneurs restant libres, ou d'accepter l'accens, ou de contraindre au devoir personnel de guet, « auquel cas l'accens de guet ne sera pas payé. »

Trente ans plus tard, Pierre II revient sur ce point dans sa constitution de Vannes, 27 mai 1451 (2). Le duc nous révèle et réprime un autre abus des seigneurs. Des châteaux auxquels les vassaux devaient le guet ont été démolis, et en grand nombre ; les vassaux n'ont plus de refuge en temps de guerre. Or les seigneurs contraignent les vassaux, non sans doute à faire le guet, mais à payer l'accens de guet ; « bien que ce paiement, dit le duc, soit sans cause puisqu'il n'y a plus métier (besoin) de guet. » En conséquence le duc décide que « tant que ces places

---

(1). Sauvageau. Coutume de Bretagne, T. II. 2ᵉ partie, p. 12 et 13.
(2). Sauvageau. Coutume. T. II. 2ᵉ partie, p. 38.

seront démolies, l'accens ne sera plus levé, si les seigneurs ne commencent en cet an présent à les fortifier et ne continuent (la reconstruction) sans cesser. » Dans la pensée du duc l'accens doit aider à réédifier les places.

Plus tard, le devoir de guet et par conséquent l'accens de guet ne fut plus exigé que des places frontières ou en temps de guerre, ce qui semblait de toute justice (1).

Du moment que l'accens de guet est réclamé en 1532, c'est que le château de Rieux existait encore à l'état de forteresse. Mais, remarquons-le, le devoir de guet ne semble plus imposé d'une manière générale aux vassaux des douze paroisses nommées dans l'aveu de 1430, et dont quelques-unes sont relativement très éloignées du château. Il est dû seulement par les hommes des deux paroisses de Rieux et Béganne, qui touchent Rieux, et par celle de Fégréac en vue de Rieux sur la rive gauche de la Vilaine.

Claude II mourut le 26 avril 1547, à peine âgé de dix-sept ans et sans hoirs.

IV.

Sa mort ouvrait une opulente succession. Nous ne pouvons dire la distribution qui fut faite de toutes ses seigneuries entre ses trois sœurs ; nous savons seulement que Rochefort échut à Renée, héritière principale comme aînée, qui, le mois suivant, allait, du chef de sa mère, hériter de son oncle Guy XVII, le comté de Laval avec les baronnies de Vitré et de Quintin. Louise,

---

(1). Hévin prétend trouver cette restriction dans les deux constitutions ci-dessus (*Questions féodales*, p. 225. — J'avoue ne pas l'y voir si clairement. Il ajoute un peu plus loin que « le roi François Ier, par lettres du 18 juillet 1535, pour la Bretagne, ordonna que le guet serait fait en tout temps (et par conséquent l'accens payé en tout temps) ; mais il réduisit la contribution de 6 à 5 sous. »

sœur germaine de Claude, reçut en partage, outre Ancenis, le comté d'Harcourt et Rieux (1).

En 1554, Louise de Rieux epousa René de Lorraine marquis d'Elbeuf, général des galères, qui mourut à trente ans, en 1566. Il laissait un fils, Charles, né le 18 octobre 1556. Celui-ci était en grande faveur, il eut le titre de grand écuyer et veneur, fut gouverneur du Bourbonnais, remplaça le grand maitre de France au sacre de Henri III, et fut créé duc d'Elbeuf en 1575. Après tant de grâces, il fut, en 1588, soupçonné, en tant peut-être que prince Lorrain, d'attachement aux Guises, et gardé en prison jusqu'en 1592(2). A cette époque, il rentra en grâce et il combattait

---

(1) Un mot du P. Anselme pourrait induire en doute. Il a écrit : (T. VI. p. 769. Généalogie de Rieux). «La succession de Claude II revint à sa sœur ainée du premier mariage. » Oui, la sœur aînée même simplement consanguine primait la sœur germaine dans la succession paternelle. Mais nous voyons ailleurs le P. Anselme attribuer à Louise de Rieux les titres de comtesse d'Harcourt, dame d'Ancenis et de Rieux. — D'autre part, il donne à Renée le titre de dame de Rochefort (T. V. p. 13) — Mais celle-ci avait, selon toute apparence, pris dans la succession de son frère d'autres seigneuries paternelles. — Claude Ier est dit comte d'Harcourt, seigneur de Rieux, Rochefort, Réaumet, (sans doute Ranrouet), Ancenis et Donges ; et ce n'était pas tout....

(2) Le duc était un vrai *caméléon* : un de ces hommes dont on ne sait pas et qui ne savent pas eux-mêmes leur couleur politique. Deux pièces authentiques fournissent sur ce point de curieux renseignements. (Contrat passé, le 3 novembre 1592 entre le duc d'Epernon et le duc d'Elbeuf pour la rançon de ce dernier. Requête du duc d'Elbeuf aux Etats (ligueurs) de Vannes au sujet de sa rançon, 24 février 1593. Choix de documents sur la Ligue en Bretagne p. 126 et 140. Bibliop. Bretons.)

Arrêté en 1586 ou 1589, le duc d'Elbeuf était prisonnier au château de Loches sous la garde de Gaillard de Sallerne. Par lettre du 17 juillet 1792, le Roi Henri IV autorisa son élargissement, moyennant une rançon de 135,000 écus à payer à Jean de la Valette, duc d'Epernon, gouverneur d'Aunis et Saintonge.

Le 3 novembre 1592, le duc paie une somme de 60 000 écus dont 11000 en perles, bagues et joyaux. Le reste est stipulé payable : 50 000 écus en huit mois, et 25 000 écus en un an. Si ce terme passe sans parfait paiement, il sera dû « en outre », à titre de clause pénale, 25 000 écus. Enfin le duc doit « laisser en hostage aux mains de Gaillard de Sallerne, sa fille unique Claude Léonore de Lorraine, âgée de 10 ans au plus. »

Ces conventions signées, le duc sort du château de Loches, avec des des conditions que ne rappelle pas l'acte, mais qui restreignent sa liberté jusqu'au parfait paiement de la rançon.

— C'est ce que montre la requête adressée aux Etats de Vannes, le

auprès de Henri IV à Fontaine-Française ; avant sa mort, en 1605, il avait hérité de son neveu à la mode de Bretagne, Guy XX de Laval toute la succession de la maison de Rieux (1).

La seigneurie de Rieux était aux mains du duc d'Elbeuf au temps des troubles de la Ligue.

Malgré toutes mes recherches, je n'ai pu trouver un fait de

---

24 février 1593.

Cette requête connue du Roi aurait pu motiver une nouvelle arrestation Le duc dit : « L'obligation où j'ai été de laisser ma fille en gage « a meu Monsieur le Duc de Mayne (Mayenne), lieutenant général de « l'Etat et couronne de France (car pour tel le fault recongnoistre « afin de ne pas séparer les d. Etats) nous permettre de faire quelque « levée en forme de pancarte sur aucune marchandise passant au droit « de nos ville et château d'Ancenis... » Cette autorisation a paru contraire « a la liberté du pays et aux privilèges des Etats. » Le duc supplie les Etats d'autoriser « cette levée de derniers sous l'autorité du duc du Mayne. »

Ce n'est pas tout, il a besoin de dire : « N'estoit que les conditions de « notre élargissement nous retiennent, nous nous trouverions aux Etats « en personne... ainsi que le devons faire comme estans du corps et ori- « ginel des dicts Etats. »

— D'ailleurs s'il désire « avoir les mains desliées, c'est, dit-il, pour « faire preuve par bons effects de nostre zèle et affection au sainct par- « ty de l'Union des Catholiques, et combien le temps nous dure pour n'y « pouvoir de rien servir.... »

C'est parler en zélé ligueur ! Le 3 juin 1595, revenu au Roi, le duc combat à Fontaine Française. Mais, l'année suivante, il est apparemment revenu à la Ligue, puisqu'il trahit les intérêts du Roi, en vendant à Mercœur sa place forte d'Ancenis.

(1) Renée de Rieux née en 1524, avait (1540) épousé Louis de Saint-Maure, M¹ˢ de Nesle. Quand elle hérita Laval (1647), son mari prit le titre de Guy XVIII, et elle même le nom de Guyonne. Ils se séparèrent, et Guyonne devenue calviniste et retirée à Vitré mourut sans enfants, en 1567. Sa sœur cadette Claude, née en 1525, avait été mariée par contrat de 1537, à François de Coligny, seigneur d'Andelot, frère de l'amiral, qui attira sa femme dans le calvinisme. A la mort de son oncle Guy XVIII, elle eut en partage la seigneurie de Montfort-la-Cane. Coligny mourut en 1560, laissant un fils mineur Paul.

En 1567, celui-ci, du chef de sa mère, hérita de sa tante Renée, le comté de Laval et Rochefort, et prit le nom de Guy XIX. Il épousa Anne d'Alègre, comme lui calviniste, et mourut (1586), laissant un fils âgé de deux ans, François de Coligny, dit Guy XX.

Guy XX échappant à la tutelle de sa mère, reçu par le roi Henri IV, revint à la foi catholique, et combattant en Hongrie avec Mercœur fut tué dans un combat auprès de Comorn (3 décembre 1605). Ses biens venus de Rieux retournèrent à son oncle à la mode de Bretagne, Charles d'Elbeuf, pendant que le comté de Laval allait à Henri de la Trémouille, duc de Thouars et prince de Talmont.

guerre se rapportant à Rieux. Si d'Elbeuf a pu être soupçonné de complicité avec les Guise, c'est seulement en 1591. Or Talhouet était gouverneur de Redon pour Mercœur depuis le printemps de 1589.

Nous avons vu que l'habile et dévoué capitaine de Redon « tenait tout le pays d'alentour en sujétion, et qu'il avait fait raser les châteaux qui resserraient ses courses (1). » De ces châteaux, Rieux était le plus voisin et le principal. Il commandait la Vilaine ; il pouvait gêner la montée des navires sur lesquels Talhouet levait des contributions à leur passage devant Redon : il était trop isolé pour recevoir du secours. Comment Talhouet n'aurait-il rien tenté sur ce château ? L'aurait-il épargné à cause de la parenté du duc d'Elbeuf avec Mercœur ? Et pourquoi, si ce parent était adversaire de Mercœur ?

J'oserais supposer que le souvenir de ce coup de main s'est perdu comme bien d'autres, et qu'il faut mettre Rieux au nombre des châteaux ruinés par Talhouet.

Il faut bien admettre en effet que, après la paix, le château de Rieux ne paraissait plus un poste militaire menaçant. Autrement, comment les Etats n'en auraient-ils pas poursuivi la démolition, comme ils firent de tant d'autres (2) ?

J'ai entendu conter à Redon l'anecdote suivante : Le cardinal de Richelieu devenu abbé de St-Sauveur, se promenait un soir d'été sur la terrasse au bord de la Vilaine ; il admirait le paysage que ferme vers le sud la colline de Rieux. La masse noire du vieux donjon se dressait alors en toute sa hauteur. Le donjon

---

(1). Ci-dessus, p. 78.

(2). Dès le mois de mai 1598, les Etats de Nantes demandaient au Roi la démolition « de toutes les fortifications élevées pendant les troubles. » Leur demande fut accordée en grande partie. Le fort de l'Ile Tristan notamment, naguère occupé par la Fontenelle, fut démoli, entre le 18 août et le 17 octobre 1600. Mais il fut reconstruit par ordre de Louis XIII, en 1614. Cette année même, les Etats en demandaient la démolition ainsi que celle de Blavet (Le Port-Louis), St-Mars la Jaille et Ranrouet ; en 1616, ils ajoutaient à cette liste Châteauneuf près de St-Malo. — Le fort de l'Ile Tristan fut définitivement détruit en 1619. Le fort de Blavet fut aussi démantelé, sauf à être reconstruit quelques années plus tard.

orgueilleux, le nom même de Rieux évoquaient des souvenirs anciens de rébellion. Le cardinal ordonna la destruction de ce qui restait de la vieille forteresse.

Cela se passait, dit-on, en 1629 (1). Ogée, sans donner de date précise, a écrit : « Sous le ministère du cardinal de Richelieu, on commanda dix-sept paroisses pour faire sauter le château de Rieux ; mais tout cela n'aboutit qu'à faire tomber quelques pans de murailles dans les fossés où ils sont encore, et à faire pencher le donjon qui est resté dans la même attitude, sans qu'il s'en détache une seule pierre. »

Dix-sept paroisses pour faire sauter des murs ! Il n'est pas besoin de tant de monde pour faire partir des mines. La convocation des hommes de dix-sept paroisses (si ce renseignement était certain) indiquerait un projet de démolition ; mais, on du bientôt le reconnaître, la sape ne pouvait avoir raison de ces murs enduits d'un ciment devenu plus dur que la pierre. A Rieux, comme ailleurs, il fallut, de guerre lasse, recourir à mine, et c'est la poudre qui a pu ébranler le donjon par sa base sans pourtant le jeter par terre (2).

A cette époque la seigneurie de Rieux était aux mains de Charles II d'Elbeuf qui, mourant en 1657, le transmit à son fils de même nom. A peine entré en possession, celui-ci vendit la seigneurie à Henri de Guénégaud, comme nous l'avons dit plus haut. Un siècle plus tard (1761), Louis-Auguste de Rieux, marquis d'Assérac, redevint par acquêt possesseur du berceau

---

(1). M. de Courcy : Itin. de Nantes à Brest, p. 26.

(2) Le 15 avril 1898, Henri IV avait ordonné la destruction de la tour de Cesson, près St Brieuc. Mais la sape n'avançait guère : le 11 octobre, presque rien n'était fait. Au mois de novembre, le syndic de St Brieuc, renonçant à démolir, introduisit dans l'épaisseur des murs des mines chargées d'une énorme quantité de poudre. Mais l'explosion, au lieu de produire l'éboulement, fendit la tour en deux de bas en haut. La moitié est (vers la mer) soutint vaillamment le choc ; l'autre moitié tressauta en reculant, puis perdant l'aplomb tomba, non s'émiettant pierre à pierre mais se brisant en quartiers dont quelques uns formaient d'énormes blocs. L'autre moitié est toujours debout, — V. mon étude sur la *Tour de Cesson* et le *Fort de Saint-Brieuc*. 1893.

de ses ancêtres.

Le donjon subsistait encore penché au-dessus de la vallée, comme Ogée l'a vu quinze ans plus tard. Il fallut un tremblement de terre pour le jeter bas en 1799. Depuis, la nature a fait son œuvre ; le lierre et les ronces couvrent les débris de l'orgueilleux donjon.

Quelques fragments énormes, quelques pans de murs écroulés, des fossés qui se comblent, voilà ce qui reste de l'antique forteresse (1).

*
* *

Rieux n'a rien gardé de ses puissants seigneurs, pas même leurs tombes... ni leur souvenir. Nommez aux habitants du voisinage les seigneurs de Rieux, dont deux maréchaux de France, et les hôtes du château, nos ducs et duchesses, nos deux connétables, Clisson et Richemont, « le plus glorieux libérateur de la France après Jeanne d'Arc », vous ne réveillerez aucun souvenir.

Mais parlez-leur de Françoise d'Amboise... Le peuple en a gardé la mémoire. Il sait qu'elle apparut sur le trône de Bretagne comme un ange de bonté. L'image de Françoise vient d'être posée dans l'église de Rieux : c'était sa place : Françoise était de Rieux par sa mère : tout enfant, puis devenue duchesse, elle a prié dans l'église de Rieux ; et le pauvre, en s'agenouillant devant sa statue, se rappelle que ses pères ont béni la pieuse duchesse qui fut si douce aux pauvres gens.

---

(1) Au commencement du siècle, il restait dans l'enceinte du château un corps de logis vaste mais en fort mauvais état, qui avait fait partie du couvent des trinitaires. Quelques habitants s'étaient logés dans ces masures. Rieux fut acquis par M. Théiohan père, qui fit démolir la plus grande partie des bâtiments menaçant ruine et restaura le pavillon qui seul subsiste.

VIII.

LA CROIX D'AUCFER

J'ai signalé la croix d'Aucfer comme ayant été plantée en mémoire du traité de paix conclu entre Jean IV et Olivier de Clisson (1). Cette mention m'a valu une aimable lettre. Un lecteur bienveillant me prie « d'étudier la croix et la tradition. » Cette prière était un ordre ; et, après trente-quatre ans, je suis retourné à Aucfer. J'étais accompagné d'un ami dont la fidèle affection date de plus loin encore, et de M. l'agent-voyer d'arrondissement qui voulait bien présider aux fouilles à faire (2).

Si le lecteur veut bien nous suivre qu'il me permette de lui dire quelques mots de la chaussée sur laquelle nous marchons.

I.

Je lisais dernièrement : « La chaussée, construite peut-être à « l'époque romaine, doit être un tronçon de cette voie qui, par

---

(1) Ci-dessus p. 30.
(2) M. Bôcher, juge d'instruction à Redon et M. Daniel, agent-voyer en chef.
C'est un devoir pour moi que de publier ma reconnaissance à M. Rousseau, ingénieur en chef des ponts et chaussées, qui, avec une grâce parfaite, a bien voulu non seulement autoriser mais faire faire une fouille aux abords de la croix. Je dois aussi des remerciements à M. l'agent voyer en chef, qui a bien voulu m'accompagner sur les lieux et présider au travail.

LA CROIX D'AUCFER

« Beaumont et la Bataille en Bains, se dirigeait de Rieux vers
« Rennes ou Corseul (1). » En un autre endroit, le même auteur
dit : « (Les Romains) du Châtelet, où ils arrivaient par leur
« chaussée d'Aucfer, gagnaient par Codilo les pentes abruptes de
« Beaumont (2), » pour éviter la vallée du Tuet alors inondée.

De Beaumont, la voie aurait longé la colline de Bahurel, et traversé la commune actuelle de Bains, pour aller à Guer, et de Guer à Corseul ou à Rennes.

La voie est signalée sur deux points. A gauche de l'Oust, on la montre dans la commune de Bains, au voisinage de La Ferrière (nom significatif, s'il est très ancien) entre Bains et St-Marcellin. A droite de l'Oust on nous fait voir l'assiette de la voie romaine dans ce chemin *creux*, qui partant d'Aucfer longe la colline à droite de la route actuelle et rejoint cette route en face du chemin vicinal de Rieux (3).

Nous nous garderons de contester la voie de Bains à St-Marcellin ; mais nous ne pouvons reconnaître dans le chemin creux d'Aucfer aucun vestige de voie romaine...

Nous ne croyons pas à une voie de Rieux à Guer, par Aucfer.

Une première objection saute aux yeux : l'impossibilité du passage de la vallée d'Oust à l'époque romaine. — Mais, me dit-on, les Romains ont bien construit un pont à Rieux sur la Vilaine et l'Oust réunis ! — Sans doute, mais à Rieux « les collines des deux rives se rapprochent comme pour inviter à traverser (4). » Un pont joignait les deux collines. A Aucfer, c'est tout le contraire ; ce n'est pas l'Oust seulement qu'il s'agit de franchir, mais, après l'Oust, un marais non moins large et plus bas que la prairie coupée aujourd'hui par la chaussée.

---

(1) M. Desmars p. 129.

(2) M. Desmars p. 5.

Le Tuet est ce ruisseau assez abondant en hiver, qui amenait les eaux de la vallée entre les routes de Guer et de Rennes dans le fossé nord de la ville qu'il contournait. Ci-dessus, p. 11 et 14.

(3) « Ce chemin creux servait de lit à la voie Romaine. » M. Desmars, p. 130. Ci-dessus, p. 240.

(4) M. Kerviler, ingénieur en chef des ponts et chaussées, auteur d'un important travail sur les *Voies romaines en Armorique*, auquel j'ai déjà fait plusieurs emprunts. — Ci-dessus, p. 8, 177, 178.

Que cette plaine basse large de 1500 mètres, de nos jours encore couverte par les eaux d'hiver, ait été considérablement surélevée par les apports de vase continués pendant dix huit siècles : voilà un fait que personne ne contestera.

Est ce que cette plaine à l'époque romaine n'était pas *sous l'eau ?* Peut-être les romains naviguaient-ils à cette place ? et peut-être la voie signalée à Bains donnait-elle accès à quelque port sur la rive gauche de l'Oust (1) ?

On peut ajouter, je crois, que, si la voie *pouvait* contourner la vallée du Tuet, elle *devait* franchir la vallée de Via, limite commune de Redon et de Bains. Le ruisseau de Via tombe aujourd'hui dans l'Oust auprès de St Perreux ; la vallée est très basse, et l'étang de Via est le dernier témoin d'un vaste marais. Ne se peut-il pas que la voie de Bains accédât au fleuve dans ces parages ? Aujourd'hui encore l'Oust semble défier les efforts faits pour dénoyer sa vallée (2).

A supposer, (ce qui n'est pas) que cette vallée fût à l'époque romaine, en l'état où nous la voyons pendant l'hiver, on peut douter que les ingénieurs romains eussent entrepris la construction du pont et de la chaussée d'Aucfer. — Pourquoi ? — Parce que, pour aller de Rieux à Guer et de là à Rennes et à Corseul, ils avaient une autre route, et pas sensiblement plus longue.

M. Kerviler a tracé jusqu'à huit routes convergeant vers Guer : routes de Rennes, d'Alet, de Corseul, de Coz-Yaudet par la Trinité-Porhoët, de Carhaix, de Vannes, de Durétie (passage du Gué de

---

(1) Je rappelle que (vers 1840) il a été trouvé les débris d'une galère romaine auprès de St-Nicolas ; et que, en 1857, lors de la construction du chemin de fer, j'ai vu sortir du sol de la prairie un mât de navire. (Ci-dessus, p. 7.) Or la vallée de la Vilaine est un peu plus élevée que la vallée de l'Oust.

(2). En ce moment même, l'habile ingénieur en chef d'Ille-et-Vilaine propose un moyen auquel on n'avait pas encore songé. Au lieu des ponceaux que les moines de Redon entretenaient dans la chaussée, (ci-dessus p. 196.) et dont la suppression a transformé la chaussée en une digue, M. l'ingénieur en chef projette le *dédoublement* du pont d'Aucer et l'élargissement en proportion du lit de l'Oust. Les grandes eaux d'hiver trouveront ainsi un libre passage.

l'Isle), enfin du pont de Rieux... Disons un mot de ces deux dernières voies.

La voie passant au Gué de l'Ile se bifurquait sur la rive droite de la Vilaine. Une branche allait à l'ouest vers Vannes. L'autre, par Péaule et Limerzel passait l'Arz puis l'Oust vers St-Martin, et rejoignait à Missiriac la route de Vannes à Guer.

De même la voie passant à Rieux se bifurquait un peu à l'est d'Allaire. Une branche allait à Vannes par Questembert ; l'autre prenant au nord-ouest passait l'Arz, puis l'Oust *au pont des Romains*, en la commune de Peillac, au-dessus du confluent de l'Aff, et rejoignait la voie de Durétie à St-Martin, ou prenant à l'est arrivait par Carentoir à Guer (1).

Comme on le voit, en tant que route de Rieux à Rennes ou à Corseul, la route par Bains aurait fait double emploi : au delà de St Marcellin, continuant dans la direction indiquée, cette voie aurait atteint Guer ou peut-être Maure et un peu plus loin la route de Guer à Rennes...

Donc les Romains n'ont pas passé la vallée d'Oust à Aucfer ; et ils n'ont pas construit la chaussée (2).

Mais nous sommes au bout de cette chaussée, et voici la vieille croix !

II.

La croix se voit à vingt mètres environ du pont, à droite, entre la banquette de la route et une rampe herbeuse qui des-

---

(1) Ci-dessus p. 178 et note.

(2) Cette affirmation pourrait sembler présomptueuse de ma part ; mais j'ai soumis mon opinion à M. Kerviler qui m'a répondu : « Tenez bon : vous êtes dans le vrai. »

M. Kerviler ni moi ne songeons à contester la voie venant de Guer à Bains ; mais nous disons que, si elle venait à Beaumont, comme on le veut, elle s'arrêtait à la rive gauche de la vallée d'Oust.

M. Kerviler estime que cette voie ne peut être classée dans le grand réseau : c'était une voie locale, *vicinalis*.

cend vers l'Oust. Disons tout de suite que cette rampe est celle qui donnait accès au bac et que nous avons vue réparée et améliorée en 1780—83 (1).

La croix est au ras du sol ; les pieds du Christ disparaissent en terre. Il est procédé au déblaiement, et voici ce que nous pouvons reconnaître.

Dans sa partie inférieure, le soubassement est formé de maçonnerie : du côté de la rampe, de grandes pierres de granit taillées, du côté de la chaussée un simple blocage enfoui dans le remblais. La partie supérieure est composée d'une pierre unique de granit formant un carré long, de 80 c. de largeur, sur 1^{m}20 de longueur et 17 c. d'épaisseur. Sur le dessus, cette pierre est entaillée en carré ayant 60 c. de côté, à la profondeur de 5 c. Au milieu de cet évidement se remarque une entaille carrée de 24 c. de côté.

Le socle s'encastrait dans l'évidement, et l'entaille du milieu devait recevoir le fût qui, passant à travers le socle, trouvait ainsi un point d'appui dans la base même.

Le socle a disparu. Le fût a été brisé à 15 c. au dessous des pieds du Christ. Ce qui en reste repose aujourd'hui dans l'entaille au milieu de la base, assujetti au moyen de pierres jointes à la chaux. Il y a apparence que le fût devait être peu élevé à raison du poids qu'il supportait : il était sans doute du même bloc que la croix.

Dans l'état actuel, la croix forme un bloc de 70 c. de hauteur, sur 62 de largeur et 28 à 30 d'épaisseur.

Ce bloc finit en une sorte de couronnement aujourd'hui très fruste et dans lequel on ne peut distinguer aucun détail d'ornementation. Le couronnement forme au-dessus de chacune des quatre faces un fronton en triangle. Sur les faces latérales, le fronton laisse passer les bras cylindriques de la croix ; sur les faces principales, le fronton forme comme le dessus d'une niche.

Les deux faces principales sont sculptées. La face du côté de la rampe figure au milieu Notre-Dame tenant l'Enfant Jésus ;

---

(1). Ci-dessus, p. 208.

aux angles à droite et à gauche sont deux personnages debout, vêtus de robes ; mais qu'il est difficile de déterminer. Ils ne paraissent pas des anges : du moins on n'aperçoit aucun rudiment d'ailes.

La face du côté de la chaussée montre au milieu le Christ, et aux angles deux personnages auxquels manquent les têtes qui étaient placées sous les bras du Christ. C'est sans doute, selon l'usage, la sainte Vierge et saint Jean : les mains devaient être ramenées sur la poitrine, sans doute jointes dans l'attitude de la prière.

L'image du Christ, quelque fruste qu'elle soit, nous montre des détails caractéristiques.

La tête est inclinée à droite : au-dessus, suivant le mouvement de la tête, on voit une sorte de *bourrelet*, qui ne peut figurer ni le nimbe ou auréole, ni même la couronne d'épines, et que nous caractériserons plus loin. De la ceinture descend jusqu'au dessous des genoux une sorte de *jupon*. Ce vêtement semble assez ample pour s'écarter un peu du corps vers la gauche. Les pieds sont posés l'un à côté de l'autre.

* * *

Le couronnement de la croix, le bourrelet qui surmonte la tête du Christ, le jupon qui couvre la partie inférieure du corps permettent de fixer approximativement l'âge de la croix d'Aucfer.

On sait que jusqu'au XIe siècle le Christ a été rarement figuré en croix. Après cette époque, cette représentation devint fréquente. Alors la tête apparaît « couverte d'une couronne ou d'une espèce de toque (1) ». La couronne est sans doute la marque de la royauté du Christ même mort sur la croix. Le Christ apparaît vêtu d'une robe à manches. Plus tard, la robe disparait ; le buste est nu ; la partie inférieure du corps seulement est couverte d'une sorte de jupon.

---

(1). M. de Caumont. *Abécédaire*. I. 332.

Mais si les croix *de pierre* étaient nombreuses au XI⁰ siècle, ce n'est qu'au XII⁰ siècle que le Christ apparait sculpté sur quelques croix, et on imita pour cette image le type alors adopté, c'est-à-dire le Christ couronné et vêtu. Au XV⁰ siècle, les croix sculptées devinrent très communes. M. de Caumont en signale et en dessine notamment en Bretagne (1).

Ces croix sont en général surmontées d'un couronnement que sa forme rapproche de celui de la croix d'Aucfer ; le Christ est vêtu du jupon ; mais, s'il porte la couronne d'épines, il n'a plus la couronne ou toque signalée dans la période précédente.

Ainsi la croix d'Aucfer nous montrant en même temps la couronne et le jupon, présente réunis un caractère attribué aux croix antérieures au XV⁰ siècle, et un caractère appartenant aux croix de ce siècle même.

La couronne qui surmonte la tête du Christ d'Aucfer permettra-t-elle de faire remonter la date de cette croix au XII⁰ siècle ? Assurément non. A cette époque, le Christ aurait été vêtu tout entier. Il est clair que le sculpteur, en habillant le Christ comme on le faisait de son temps, a conservé la couronne emblématique que sans doute il avait vue sur des croix ou des peintures anciennes.

Evidemment, c'est au caractère *le plus récent*, le jupon, qu'il faut s'attacher pour déterminer l'âge de la croix. Sauf meilleur avis, je serais disposé à voir dans la croix d'Aucfer une œuvre du XV⁰ siècle ; et la couronne passée de mode à cette époque permettrait peut-être de remonter aux premières années du siècle.

L'an 1400, qui commence le siècle, est bien près de 1395, date du traité d'Aucfer. C'est peut-être la date approximative indiquée par le style de la croix qui a porté à voir dans la croix d'Aucfer un *memento* de l'heureux traité qui rendit enfin (et cette fois d'une manière durable) la paix à la Bretagne.

Eriger une croix en souvenir d'un heureux évènement était dans les mœurs religieuses du temps ; et il se comprend bien que cette tradition ait eu faveur. Toutefois, elle n'a cours aujourd'hui que

---

(1). Archéologie des Ecoles primaires, p. 344.

parmi les lettrés. Au moment où nous creusions au pied de la croix, un passant, fonctionnaire à Rédon, nous rappela le traité d'Aucfer ; mais, quelques instants après, une femme du village d'Aucfer nous apprenait qu'au témoignage de son père mort il y a huit ans, à quatre-vingt douze ans, né par conséquent en 1794, « la croix était nommée par les anciens, la croix des mar-« tyrs. » C'est sous ce vocable que les habitants d'Aucfer vénèrent aujourd'hui la vieille croix. (1)

IV.

La tradition me paraissant très vraisemblable, et étant confirmée par le style de la croix ; je m'étais dit : Si la croix a été dressée en mémoire du traité de 1395, elle a dû être élevée à la

---

(1) C'est l'affirmation d'une seconde habitante d'Aucfer. Je n'ai pu songer à vérifier ces dires, qui mériteraient confirmation. On peut, en effet, se demander d'où viendrait le nom de *croix des martyrs*.

A ce propos une communication a été adressée au *Journal de Redon*. Je m'empresse de la publier en remerciant l'auteur :

« Redon, 19 mars 1895.

« Dans le n° du 14 courant du *Journal de Redon*, M. Trévédy exprime une légende erronée au sujet de la croix en pierre près du pont d'Aucfer. D'après des dires de gens du voisinage, il qualifie cette croix de *Croix des martyrs*. Il y a là une erreur : la Croix dite *du Martyr* était en bois et située sur le côté droit en allant à Aucfer, à peu près en face des cloches de l'usine à gaz. Elle a fini de disparaître vers 1840, au moment de la construction du bassin à flot. Voici son histoire :

« En 1815, pendant les cent jours, les chouans entrèrent à Redon le jour de la petite fête-Dieu. Quelques-uns des leurs s'étant postés sur le haut de la butte d'Aucfer, ils vinrent en guise de défi planter un drapeau au pied de la Croix de pierre. Un gendarme de Redon, probablement à la suite d'un pari, vint enlever ce drapeau et, grâce à sa promptitude et à la vitesse de son cheval, revint à Redon sain et sauf après avoir essuyé un feu bien nourri.

« Probablement un de ces chouans s'étant hasardé à venir à Redon fût attaqué et tué à l'entrée de la chaussée d'Aucfer. On accusa ceux qui l'attaquèrent de l'avoir maltraité outre mesure, et un habitant de Redon, ancien émigré, fit dresser à l'endroit une croix qui fut dénommée *croix du martyr*.

« Le gendarme qui fut l'auteur de ce meurtre fut décoré après 1830, mais, personnellement, on ne l'a pas accusé d'avoir dépassé les droits de représailles que l'état des esprits alors pouvait justifier. »

place même où il fut signé. J'ai écrit que « Clisson, qui était à Rieux, l'hôte de son neveu Jean II, passa la rivière d'Oust » pour venir signer le traité. (Ci-dessus, p. 30).

Je me suis trompé. Je prie le lecteur de prendre acte de ma rétractation, et d'agréer mes excuses pour cette inadvertance. Je vais, en toute humilité, produire un acte authentique démontrant mon erreur : c'est le traité d'Aucfer lui-même (1).

Le texte nous apprend que Clisson comparut à l'acte dressé à Aucfer avec son gendre, Jean de Blois, comte de Penthièvre. qui lui-même y était partie. Le duc Jean V était représenté par trois mandataires. Le traité fut rédigé à Aucfer, puis le lendemain il fut porté au château de Rieux, pour être juré par Clisson et le comte de Penthièvre, comme il sera porté quelques jours plus tard à Guingamp pour être juré par le duc.

Mais en quel lieu les mandataires du duc, Clisson et le comte de Ponthièvre se sont-ils rencontrés ? Il faut reconnaître que la chaussée sur la rive gauche de l'Oust, nue et sans aucun abri comme aujourd'hui, aurait été singulièrement choisie, le 19 octobre, pour une conférence qui devait durer longtemps.

Sans doute toutes les conditions étaient arrêtées d'avance entre le duc, Clisson et Jean de Blois. Mais la rédaction même en avait-t-elle été convenue? Admettons-le. Du moins faudra-t-il en faire la transcription minutée; et la main du *passe* Garnier, qui trace les caractères du XIVe siècle, ne court pas sur le velin comme la main de nos sténographes sur le papier satiné. Il faut du temps, plusieurs heures sans doute. pour transcrire un acte qui, dans les *in-folios* des doms Lobineau et Morice, tient près d'une colonne et demie.

Comment admettre aussi que les mandataires du duc, au lieu de passer l'Oust, s'ils venaient, comme il semble, de Redon, aient attendu sur la rive gauche le connétable et le comte de Penthièvre, cousin du duc ? N'était-ce pas à eux de passer l'Oust pour aller jusqu'au connétable et au comte à Aucfer ?

A Aucfer, les abris ne manquaient pas : il y avait, selon toute

---

(1). D. Lobineau, Pr. 790-791. D. Morice, Pr. II. 655-656

apparence, une chapelle et un manoir, sans parler des maisons du village (1).

Aussi est-ce à Aucfer même que le traité a été rédigé. Nous lisons à la fin de l'acte : « Ce fut fait à Auquefer près de Redon le dix-neufvième octobre... »

Le mot *Auquefer* ne peut signifier que le village adossé à la colline de la rive droite de l'Oust. La rive gauche est la *prée du Quéfer* et n'est pas *Auquefer*. Le traité étant écrit à *Auquefer*, planter la croix du souvenir sur l'autre bord de la rivière, c'eût été donner une fausse indication du lieu du traité.

Mais, si la croix ne marque pas le lieu où le traité a été signé, elle peut en rappeler la date ; et, à ce point de vue, la tradition se vérifie pour partie.

. *
.* *

Je serais porté à croire que la croix érigée vers le temps du traité d'Aucfer aura remplacé une croix plus ancienne existant au même endroit. Notre croix garderait ainsi le souvenir du traité, mais ne marquerait pas la place où il fut signé. Je m'explique.

M. de Caumont rapporte au XIIe siècle les premières croix en pierre figurant le Christ ; mais il dit que, au XVe siècle, ces croix devinrent très communes. On peut supposer qu'il y avait devant Aucfer une croix ancienne, sculptée ou non ; l'attention ayant été appelée sur ce lieu par le traité d'Aucfer, la vieille croix fut remplacée par une croix à la mode nouvelle, c'est-à-dire chargée de sculptures.

Pourquoi, me dira-t-on, supposer une croix ancienne avant celle-ci ? Pour une raison bien simple qu'expliquent les habitudes

---

(1). La chapelle St-Julien (M. Desmars, p. 130). L'existence d'un manoir ancien m'est attestée par M. Guihaire qui l'a vu étant enfant, il y a près de quatre-vingts ans.

L'existence d'une agglomération de plusieurs feux à Aucfer résulte des actes que j'ai cités plus haut (ci-dessus, passage d'Aucfer, p. 195) notamment d'un aveu de 1407.

religieuses de nos pères et que nous pouvons encore vérifier sur nombre de points. On plantait des croix sur les routes aux passages dangereux. Après les dévastations de la fin du siècle dernier, que de croix se voient encore au passage des rivières ! Aujourd'hui nous franchissons ces rivières sur des ponts ; mais que d'autres avant nous les passaient à gué ou en bac et non sans danger ! De nos jours même, en Basse-Bretagne, à l'approche de ces *côtes* escarpées qui subsistent encore, que de croix voyons nous marquant le commencement de la descente, c'est à dire l'approche du passage dangereux (1) !

Le passage d'Aucfer était réputé périlleux ; et il pouvait l'être en effet quand l'Oust inonde la vallée, et que, aux heures du reflux, les eaux se précipitent en torrent. Il est donc très vraisemblable qu'une croix fut très anciennement, et longtemps avant le traité d'Aucfer, plantée à l'approche du bac ; et il semblerait même qu'il devait y en avoir une autre sur la rive droite (2). Avant de s'embarquer, le voyageur saluait l'une d'elles, pour demander secours ; et en touchant l'autre rive, il saluait l'autre croix, en remerciement.

C'est pourquoi la face antérieure de la croix qui nous occupe

---

(1) Nombre de ces croix massives, en granit à peine dégrossi et sans Christs paraissent très anciennes.
Signalons la croix signal de la *lieue de grève* près de St-Michel (canton de Plestin). La croix aujourd'hui couverte de coquillages, comme un rocher, est ainsi disposée que tant que la mer ne couvre pas es bras le passage est sans danger. De là le mot des pêcheurs de la côte : « *La croix nous voit.* »
D'autres croix sont plantées en souvenir de morts accidentelles ou de meurtres. Enfin j'ai lu quelque part que des croix furent plantées le long des routes pour marquer les *lieues de Bretagne* dont Pierre de l'Hospital, sénéchal de Rennes et président de Bretagne, « avait ba... la cor-
« de et mesure: c'est assavoir une corde contenant six vingts pieds assise
« six vingts fois. » (Const. de Pierre II. Vannes, mai 1451. Sauvageau. Cout. de Bretagne II. p, 39.) Cette mesure est rappelée dans l'article 393 de la N. C.; et elle était en usage dans la première moitié de ce siècle. 120 pieds × 120 = 14400 pieds = 4800 mètres. La lieue de Bretagne était donc de 4. k. 800 ^{m}. D'ordinaire on dit, en nombres ronds, 5 kilomètres.

(2) Si la seconde croix à droite de l'Oust était plantée du même côté de la route que la première, elle aurait été en face de la *maison du passage* qui existe encore, c'est-à-dire au point où s'élèvent aujourd'hui des maisons de construction récente, entre la rampe qui conduisait au bac et la route au bout du pont.

était tournée vers le chemin du bac : les granits taillés de la base témoignent de cette disposition. Le Christ était donc tourné de ce côté, et il est resté ainsi orienté jusqu'au temps de la construction du pont, quand la chaussée a été prolongée jusqu'au tablier du pont, et que le passage en bac a été supprimé. C'est à dire jusqu'à 1822—1827 (1).

.*.

La croix d'Aucfer a son histoire qui nous a été dite par le doyen des habitants du village, Julien Duchesne âgé de quatre-vingt-trois ans, né par conséquent en 1811. La mémoire du vénérable témoin semble sûre: il a omis seulement un détail que nous a rappelé sa fille, fidèle dépositaire des récits de son vieux père.

Duchesne a toujours vu « la croix des Martyrs » debout ; mais il a entendu dire que avant lui elle avait été renversée. C'était à la fin du dernier siècle, et c'est à ce moment que le fût et le socle ont été enlevés. Mais la croix mutilée fut remise en place et notre témoin « depuis qu'il se connaît, l'a toujours vue. » Lors de la construction du pont, Duchesne avait onze ans, et « il faisait la cuisine — (quelle cuisine ! dit-il en riant) — au chef des ouvriers. » — « A cette époque, nous dit sa fille rappelant les souvenirs de son père, des changements furent faits à la croix. » Cela veut dire sans aucun doute que le Christ, qui auparavant faisait face au chemin du bac, fut retourné vers la chaussée pro-

---

(1) 1822—1827, voilà la date vraie de la construction du pont relevée sur les plans et documents officiels. Il faut substituer cette date précise à la date *vers 1820* que j'ai donnée ci-dessus, (p. 210).

A ce propos on lit dans Ogée (*Additions V° Rieux*. II p. 680) : « Le passage a été supprimé, il y a près de 25 ans ; et un pont a été construit aux portes de Redon. » Pourquoi ne pas dire à Aucfer ? L'édition étant de 1853, l'indication *près de 25 ans* renvoie à 1828. — M. Desmars, (p. 129) dit vers 1830.

Le pont était en bois sur deux piles en maçonnerie. En 1876, sur les piles anciennes, il a été construit un pont en fer.

longée jusqu'au pont sur laquelle allait désormais s'exercer le passage.

Duchesne nous fournit aussi quelques renseignements sur le bac qu'il a souvent passé « On ne passait pas toujours à cause du courant : on attendait que la marée fût bonne. Il y a sous l'herbe de la rampe auprès de la croix un pavé de grosses dalles : de l'autre bord, il n'y avait pas de pavé, parce qu'on marchait sur le roc. — A marée basse, les vases rendaient l'accès de la rampe très difficile ; il fallait pousser des planches du bateau sur les vases. »

On voit quels étaient les dangers et les inconvénients du passage ; et on reconnaîtra qu'il avait pu sembler opportun de planter une croix aux abords du bac. (1)

En contestant la tradition concernant la croix d'Aucfer, aurais-je eu le malheur de diminuer le respect dû à ce monument ? A Dieu ne plaise ! Au contraire, je voudrais, s'il était possible augmenter ce respect. Vais-je dire le nom du fondateur de la croix ? — S'il faut rapprocher la croix du traité d'Aucfer, ce fondateur fut-il un des signataires du traité : le duc Jean IV, Clisson, Jean de Penthièvre ou sa femme Marguerite de Clisson, qui a tant édifié? Quel qu'il ait été, le fondateur avait, suivant l'usage, gravé, « insculpté » ses armoiries sur le socle ou le fût ; l'un et l'autre ont disparu emportant leur secret. Mais ce que l'on peut dire, c'est que nos ducs, nos duchesses, les hôtes illustres de Rieux que j'ai nommés plus haut, Richemont, Françoise

---

(1) Je ne prétends pas imposer mon opinion ; et c'est pourquoi je veux dire une objection qui n'est faite : « Vous reconnaissez, me dit-on, que la croix d'Aucfer est de l'âge du traité d'Aucfer. Pourquoi ne pas admettre qu'elle marque la place même où l'heureux traité fut conclu ? — Cette conclusion a dû se faire avec un certain apparat, vu la qualité des signataires Ceux-ci devaient être acompagnés d'hommes d'armes. Des tentes ont dû être dressées qui devaient couvrir un grand espace. Cela ne pouvait se faire que sur la rive gauche de l'Oust. Au mois d'octobre, la prairie n'est pas couverte d'eau, et elle offre un emplacement excellent pour un camp. Au contraire, la rive de droite resserrée entre la rivière et le coteau n'offrait pas une espace suffisant. Il n'est pas probable qu'on ait choisi pour la signature du traité une des pauvres maisons du village.... »

d'Amboise ont, dès le XV° siècle, adressé à la croix d'Aucfer le salut que nous lui adressons et que d'autres lui adresseront quand nous ne serons plus :

O CRUX, AVE !

J'ai fini... En posant la plume j'éprouve le sentiment mélancolique du voyageur déjà avancé en âge abandonnant des lieux chéris qu'il ne reverra plus...

Si le lecteur a eu la patience de me suivre jusqu'ici, peut-être reconnaîtra-t-il que les pages qui précèdent ont coûté quelque travail ? Mais qu'il suspende son jugement ! Je lui dois une confidence :

Depuis bientôt douze années je suis *officiellement* reconnu incapable de tout effort d'esprit. C'est ainsi que fut motivée mon expulsion de la magistrature. N'a-t-on même pas tenté de me faire application de la loi du 16 juin 1824, admettant à une retraite proportionnelle les magistrats atteints d'infirmités ?...

On m'a ainsi donné le droit de publier la dédicace suivante :

« A Monsieur le docteur CHAUVEL
Chevalier de la Légion d'honneur,
Président de l'Association des médecins du Finistère.

Au mois de juillet dernier, vous m'avez donné des soins à la suite d'un spasme du cœur causé par des troubles de l'estomac. Cet accident venait fort à propos à la veille de *l'épuration* de la magistrature. On a dit et répété que le travail m'était désormais interdit.

Cette raison a-t-elle contribué à déterminer ma mise à la retraite ? Je n'en sais rien et ne m'en soucie guère. Du moins est-ce par elle qu'on a expliqué — avec des larmes dans la voix — la mesure qui m'a frappé.

Il m'était permis de rire de cette joyeuseté, comme j'avais ri — quand d'autres s'indignaient, — des épithètes d'*énergumène* et d'*homme* dangereux accolées à mon nom, en juillet 1878, pour empêcher ma nomination à la Cour... Mais votre amitié prenant la chose au sérieux, vous m'avez dit : « Travaillez donc et faites mentir ces nouvellistes. »

Je me suis mis aussitôt à l'œuvre et je continuerai chaque jour ; mais, puisque je travaille *par ordonnance de médecin*, permettez-moi de mettre votre nom en tête de cette première notice consacrée au souvenir de l'illustre Laennec, votre compatriote ; et agréez ce témoignage de mon obéissance à vos prescriptions et de mes sentiments de respectueux dévouement.

Quimper, 17 février 1884 ».

J'ai tenu ma parole... J'ai travaillé, et plus que je n'aurais fait dans l'exercice de mes fonctions judiciaires (1).

On m'a écrit de divers points : « Vous avez fait mentir les *nouvellistes*. »

C'est ma seule vengeance. Elle me suffit. N'était-elle pas légitime ? Pour leur complaire devais-je me condamner à l'oisiveté que la loi divine défend ? Me fallait-il profiter — avec des remerciements — de loisirs dont, grâce à Dieu, je ne sens pas le besoin après onze années.

20 mai 1895, quarantième aniversaire de mon arrivée à Redon·

---

(1). V. ci-dessous les titres des *Etudes* publiées jusqu'ici par l'auteur

TABLES

HISTOIRE

I.	Origines jusqu'au XIVe siècle	1
II.	Les murs de la ville	10
III.	Guerres de Blois — Montfort	15
IV.	Règne de Jean IV	23
V.	Règne de Jean V	31
VI.	Règnes de François Ier, Pierre II et Arthur III	43
VII.	Règne de François II	49
VIII.	Anne de Bretagne, duchesse	58
IX.	Anne, reine de France	64
X.	XVIe siècle	68
XI.	La Ligue, Débuts	71
XII.	La Ligue. Suite	77
XIII.	La Ligue. Suite	82
XIV.	La Ligue. Suite et fin	89
XV.	Episode du temps de la Ligue	101
XVI.	René, Gilles et Louis de Talhouet, gouverneurs	106
XVII.	Derniers gouverneurs	117
XVIII.	Garnison de Redon (XVII et XVIIIe siècles)	134
XIX.	Derniers évènements militaires	144
XX.	Destruction des remparts	117

CORRECTIONS & ADDITIONS

I.	Sur les industries de Redon au XIIIe siècle.	159
II.	Les Iles de Brain	159
III.	Séjour de Jean V à Redon, en 1428	160
IV.	Séjour de Richemont à Rieux, en 1445	161
V.	A propos de Perrinaïc	162
VI.	François Angier et Julien du Breil de Pontbriand, gouverneurs	16
VII.	Sur le comte de Combourg	165
VIII.	A propos du port de Redon	166
	— de la chaussée de St-Nicolas.	169
IX.	Erratum à la page 48 note 3	172
X.	Extrait de la généalogie de Bretagne	173

APPENDICE

I.	Pont et passage de Rieux.	177
II.	Passage, chaussée et pont d'Aucfer.	193
III.	Beaumont	211
IV.	Beaubois et Renac	215
V.	Le Plessix-Ressac	218
VI.	Château de Rochefort	222
VII.	Château de Rieux	230
VIII.	Croix d'Aucfer	249

Du même auteur :

ETUDES SUR QUIMPER & LA CORNOUAILLE

in-8°

Première Série, (1882—1885)

I. — Promenade à la montagne de la *Justice* et à la *Tombe de Tanguy* (Penhars, près Quimper).
II. — Dernier débris de la chapelle Saint-Jean (Quimper).
III. — Promenade aux châteaux de Coatfao et Prataoras (Pluguffan et Penhars, près Quimper).
IV. — Fourches patibulaires du fief de Quémenet (Penhars).
V. — La Maison natale du docteur Laënnec. — Une lettre inédite de Laënnec.
VI. — Notice sur les *Nécrologes* du couvent de Saint-François de Quimper.
VII. — Marion du Faouët, chef de voleurs, pendue à Quimper au dernier siècle.
VIII. — Les *Caqueux* devant le sénéchal de Quimper, en 1667.
IX. — Jean Beaujouan, procureur du Roi à Quimper (1640). — Sa Notice sur le couvent de Saint-François.
X. — Promenade dans Quimper, d'après un plan de 1764 et divers documents inédits.
XI. — Les Sept-Iles (Côtes-du-Nord et les *Perroquets de mer*.

Deuxième série, (1886—1887)

I. — Groupe équestre (anguipède) de Guelen (commune de Briec).
II. — Ambassadeurs de Siam à Quimper (1686-1687).
III. — Thèse illustrée du collège des Jésuites à Quimper (1752).
IV. — Les Finances de la ville de Quimper (1668-1681).
V. — Groupe équestre (anguipède) de Saint-Mathieu (Plouaret).
VI. — Artillerie de Quimper (1495-1789).
VII. — L'*Usement* de Rohan en vers français et latins, par B. Georgelin, sénéchal de Corlay (Côtes-du-Nord).
VIII. — Derniers débris du couvent de Saint-François de Quimper.

IX. — Le docteur Laënnec fut-il élève du collège de Quimper ? Non — Réponse à M. Goblet.
X. — Rôle de la *Capitation* de Quimper (1750).
XI. — Promenade aux manoirs de Pratanroux et Pratanros (Penhars).
XII. — Un patriote breton : le Quimpérois Michel Marion (xve siècle).
XIII. — La cathédrale de Quimper a-t-elle été reconstruite en 1858 ?
XIV. — Promenade aux manoirs de Troheïr, Kerpaën, Les Salles et le Parc (Kerfeunteun).
XV. — Lettres sur l'histoire de la baronnie de Pont-Labbé.
XVI. — Seigneurs nobles et Seigneurs roturiers.

Troisième série, (1888—1891)

I. — Ce qui reste des anciens Nécrologes du Couvent de St-François de Quimper.
II. — A propos d'un procés fait au cadavre d'un suicidé à Quimper. (1692).
III. — Histoire de la maison de Névet.
IV. — Erquy et Pléneuf (Côtes-du-Nord.)
V. — Lycée de Quimper et Église de Loctudy.
VI. — Le Papegaut de Carhaix
VII — Voyages dans le département actuel des Côtes-du-Nord (1775, 1785).
VIII. — Voyage d'Ambroise Paré en Bretagne. Luttes Bretonnes.
IX. — Ambroise Paré est mort catholique.
X. — Le Couvent de St-François de Quimper. Sa Fondation.
XI. — Fous, Folles et Astrologues à la cour de Bretagne.
XII. — Voyages dans le département actuel du Finistère (1775, 1785)
XIII. — Pêcheries et Sècheries de Léon et de Cornouaille
XIV. — Siège de Concarneau (1619).

Quatrième série (1892—1894)

I. — Portrait de Françoise d'Amboise à Redon.
II. — Le centenaire Jean Causeur.
III. — Organisation judiciaire de la Bretagne avant 1789.
IV. — Théophile-Marie Laënnec — et sa *Moutarde Celtique*.
V. — Les *gens infâmes*, selon la T. A. C de Bretagne.
VI. — Le couvent St-François de Quimper. Episodes de son histoire
VII. — Histoire du *Roman* de Perrinaïc.
VIII. — La statue du Rillan. Un *Dieu au maillet*. (Commune de St-Brandan près Quintin).

ETUDES BRETONNES
grand in-8°,

Première série, (1885—1888)

I. — Deux Ordonnances de police à Quimper (1404, 1719).
II. — Michel Laënnec et l'Eloquence Académique à Quimper au dernier siècle.
III. — Un Sénéchal de Corlay correspondant de Voltaire.
IV. — Monseigneur Nouvel, Évêque de Quimper.
V. — Le Marquis de Plœuc.
VI. — Les Sœurs du Saint-Esprit, à Quimper, au dernier siècle.
VII. — Sur l'élégie de Monsieur de Névet (Barzaz-Breiz).
VIII — Le dernier exploit de la Fontenelle.
IX. — A propos du château de Ranrouet (Loire-Inférieure).
X. — Fréron et sa famille.
XI. — Seigneurie et Seigneurs de Guémadeuc.
XII. — Sergents féodés, généraux et d'armes.

Deuxième série (1889—1891)

I. — Catalogue des objets ayant échappé au Vandalisme dans le Finistère par Cambry (Avertissement au)
II. — La pêche de la sardine en Bretagne au dernier siècle.
III. — Les Anguipèdes bretons.
IV. — Observations sur l'ouvrage intitulé *Le Littoral de la France*.
V. — Marion du Faoüet, chef de voleurs (1715-1755).
VI. — Jehan Meschinot, poète d'Anne de Bretagne.
VII. — Les grands écuyers héréditaires de Bretagne.
VIII. — Le *Déluge* de Châtelaudren (Côtes-du-Nord). (1773.)
IX. — Le siège de Crozon (1594). Anglais et Espagnols en Bretagne.
X. — Julienne Cuquemelle (1666-1733) et ses cantiques.

Troisième série (1892—1894)

I. — Les papegauts de Bretagne et notamment le papegaut de Quimper.
II. — Royou-Guermeur, ami de Marat.
III. — François de la Couldraye, sénéchal d'Hennebont et ses poésie

IV. — La Tour do Cesson et le fort de St Brieuc,
V. — Le *Roman* de Perrinaïc.
VI. — Le présidial de Dinan.
VII. — La comtesse de Nantois dite *la Muse Bretonne*.
VIII. — Les deux Fédérations de Pontivy, 1790.

**

Catalogue des objets échappés au vandalisme dans le Finistère, par Cambry. Réédition avec introduction et notes. Un vol. gr. in-8° (1889).

Lettres sur la Géographie et l'Histoire de la Bretagne et du Finistère.

Est-il vrai que tous les seigneurs étaient nobles ? Non. Réponse à M. Lavisse. — *Union monarchique* de Quimper. 1886.

Dates principales de la construction de la cathédrale de Quimper. Soc. Arch. du Finistère. XV. p. XXII.

Capitaines et gouverneurs de Quimper. Id. XV. p. 206 et XVIII p. L XXX.

Sur les mots *Probus miles, prudens scutifer, eques auratus*, employés au nécrologe de St François de Quimper. Id. XV. p. 231.

Le moulin du prieuré de Locmaria. Id. XVII. p. LXXXI.

A propos du château de Rustéphan. Id. XVIII. p. 86.

A propos de la construction des flèches de la Cathédrale de Quimper Id. XVIII. p. 89.

Lettres à l'auteur de la *Géographie historique* des Côtes-du-Nord. — *Indépendance Bretonne* de St-Brieuc. (1891).

Le comté de Goëlo. *Intermédiaire des Chercheurs* (1894). p. 158

Histoire militaire de Redon,) Un vol. gr. in-8° 1895.

En préparation :

La Tour d'Auvergne Corret, Premier grenadier des armées de la République.

Sur le mot *Noble homme*.

La séparation des Lépreux.

Armée royale en Bretagne. (1595—1610

Histoire du Comité révolutionnaire de Quimper.

Géographie ancienne de la Bretagne.

Procès à la mémoire des suicidés.

Histoire militaire de Concarneau.

Bérenger de la Tour, poète du XVI° siècle. etc..

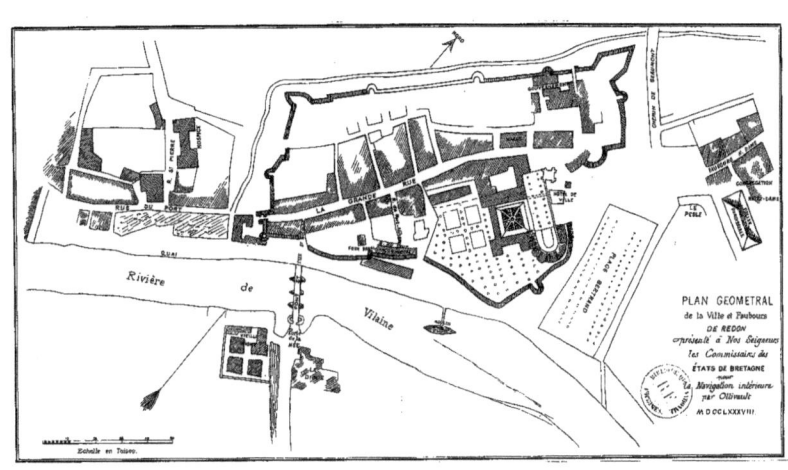

www.ingramcontent.com/pod-product-compliance
Lightning Source LLC
Chambersburg PA
CBHW050646170426
43200CB00008B/1180